KB151785

손병희의 철학

인내천과 이신환성

한국현대철학선

손병희의 철학

인내천과 이신환성

김용휘 지음

이화여자대학교출판문화원

| 시리즈를 펴내며 |

이제까지 한국에서의 철학 연구는 동양과 서양으로 나누어 주로 강대국 (중국·미국·영국·독일·프랑스)의 사상들 가운데 주류로 알려진 것을 중심으로 이루어져 왔다. 한국에서 동양과 서양을 분명하게 분리하는 태도는 20세기 초 일본의 동양통합론에 의해 더욱 확산되고 습관화되었다. 이 때문에 전 인류의 지혜를 참조하여 자신의 문제를 해결하려는 보편적이면서도 주체적인 연구 태도는 희석되고, 전공별로 나누어진 좁은 테두리 안에 갇히게 되었다.

서양철학의 연구는 본국에서 제기된 문제와 해답을 개괄적으로 소개하거나 모방하여 한국의 현실에 적용하는 수동적 태도를 벗어나지 못했다. 이러한 실정 때문에 서양철학 문헌들에 대한 사상적 연구는 번역과 개괄적인 소개 논문의 수는 증가했으나, 그 창의성에서는 해방 전후의 수준보다 떨어진다고 할 수 있다. 철학 교육의 차원에서도 연구 대상에 대한 주체적이고도 비평적인 설명과 평가를 제대로 하지 못하고, 일시적 유행 사조로서 혹은 임의적으로 선택된 전공이라는 이름으로, 대학 교육의 현장에서 교육되어왔다.

동양철학으로 분류되어왔던 동아시아 사상도 철학과마다 한두 명의 연구자를 두고는 있지만 근대 이전의 전통 사상에 대한 연구와 소개에 머물러 있다. 아시아 철학의 연구 또한 전통의 권위에 기대는 수동적 연구 태도를 벗어나지 못하거나, 일본과 중국의 선행 연구 방법에 거의 의존하는 예속적 여건을 크게 벗어나지 못하고 있다. 이러한 태도는 현대의 상황이 던지는 문제에 대응하거나 인간과 세계에 대한 이해를 새로운 방식으로 사유하고 피력하는 데에 관심을 기울이지 못하게 했다. 이 빈 공간은 현대 서양철학이 자신의 전제에 대한 깊은 음미 없이 자신을 선전할 수 있는 무대가 되었다.

한국 사상계의 이러한 타성적 관행은 최근의 관제화되고 수량화된 시장주의적 강제에 의해 인식조차 되지 못했다. 대학이 인재를 양성하는 것이 아니라 건물을 양성하고, 학술보다는 기업 이윤에 한눈팔 때, 한국 청년들의 영혼은 머리 둘 곳이 없다. 또한 창조적 문제 제기와 문제 자체에 대한 분석 및 자발적 해결의 의지에 기초하지 못하는 연구 풍토가 연구자 간의 자유로운 의사소통의 부재로 더욱 촉진되었다. 연구 공간의 시장화와 이에 따른 인간관계의 외면화가 이러한 결과를 초래했다. 그리고 이러한 상황은 연구자들 자신이 속한 역사적이고도 현실적인 조건에 대한 학술적이고도 사상적인 반성과 대응을 가로막고 있다. 특히 이 시대와 직접적으로 연관이 있는 근 백년 간의 한국의 현대사상사적 흐름에 대한 주체적 관심의 결여로 철학은 자신들이 어떤 문제를 역사적으로 부여받고 있는지를 의식하지 못하고 있다. 무자각적 철학은 단지 자신들의 철학을 진공 상태에서도 통용될 수 있는 것처럼 무반성적으로 외우며 가르치는 철학 청부업일 따름인 것이다.

그동안 비주류이자 비체계적인 가치관으로 치부되어왔던 근 백년간의 한국 사상사를 철학이라는 이름으로 연구하여 발간하는 것은 한국 사상계의 난국을 타개하는 데에 하나의 출발점이 될 수 있을 것이다. 이 출발은 근현대 한국 철학에 대한 자료를 발굴하고 연구하여 문제 해결에 도움이 되는 것은 발전시키고, 타당성이 의문시되는 관념들은 유보하거나 비판함으로써 재사유와 반성의 계기를 마련할 수 있도록 할 것이다. 이러한 의미에서 먼저 일차적으로 간단한 자료집을 해설을 첨부하여 발간하고자 한다. 그리고 차후로 한국 현대철학에 대한 본격적인 연구 논문과 연구서를 발간할 계획이다.

2011년 7월
씨알학회, 근현대 한국사상사 연구모임 일동

| 차례 |

한번 조용함에 비고 고요한 극락이요, 한번 기쁨에 크게 화한 건곤
이요, 한번 움직임에 풍운조화이니라.

(一默空寂極樂, 一喜泰和乾坤, 一動風雲造化.)

―『무체법경』,「신통고」

한번 호령할 때는 백만 대군을 움직이는 대장군의 기상이요, 한
번 고요할 때는 마치 깊은 선정에 든 선사의 얼굴이요, 한번 흥에
겨우면 거문고를 뜯으며 시를 읊는 호방한 장부. 이 세 얼굴을 모
두 가진 이가 바로 의암 손병희이다. 그런가 하면 한국 근현대사에
서 중요한 역사적 변혁의 중심에 늘 그가 있었다. 1894년 갑오년의
동학농민혁명에는 북접 동학군을 통솔하는 통령으로 참가했으며,
1904년엔 최초의 근대화 개혁운동인 갑진개화운동을 이끌었다.
1905년 동학을 천도교로 개편하면서 민족운동의 가장 큰 단체로
성장시킨 것도 그였다. 그리고 설명이 필요없는 3.1운동까지 이 모
든 역사적 변혁의 중심에 손병희가 있었다.

그런데 청주시 청원구 북이면에 위치한 손병희 선생 유허지(충북 기념물 제30호)는 찾는 이 하나 없이 쓸쓸했다. 현재 손병희에 대한 세상 사람들의 관심을 적나라하게 보여주는 현장이다.

여러모로 그는 제대로 평가받지 못하고 있다. 특히 3.1운동의 핵심에 그가 있었지만, 지금은 3.1운동 하면 대표 인물이 유관순인 것처럼 되어 있다. 3.1운동은 사실 그가 아니었으면 불가능했다. 불교와 기독교를 견인한 것도 그였고, 기독교단에서 자금이 없어 난색을 표할 때 선뜻 오천 원(현재 시가 오억 원)을 건네서 일이 되게 한 것도 그였다. 또한 천도교중앙대교당 건립을 명목으로 모금한 100만 원 중에 27만 원을 건립에 쓰고 나머지는 독립자금으로 보낸 것도 그의 기국에서 나온 것이었다. 이런 정황을 아는 당시 독립운동가들은 3.1운동 이후 임시정부를 설립하면서 그를 국가수반인 대통령으로 추대했다.

다행히 최근에 『의암 손병희 평전』이 출간되어 이런 면모는 잘 밝혀졌다. 이 책을 낸 김상웅은 그를 위대한 혁명가이자 격동기의 경세가로 그리고 있다. 이러한 경세가의 면모는 일본에서 쓴 「삼전론」에 잘 드러나는데, 삼전론은 보국안민의 계책으로서 교육·문화의 도전(道戰), 정치·외교의 언전(言戰), 경제·산업의 재전(財戰)을 가리킨다. 그런데 이 평전에서도 아쉬운 점은 그의 사상가이자 영적 지도자로서의 면모를 잘 드러내지 못했다는 점이다.

그의 사상은 보통 인내천(人乃天)으로 잘 알려져 있다. 하지만 본래 동학을 창도한 수운 최제우의 자각은 인내천이 아니라 모든 만유가 거룩한 한울님을 내면에 모시고 있다는 '시천주(侍天主)'였다. 그것을 손병희는 시천주의 신비체험적 요소를 탈각하면서 근대적 인본주의로 재해석했고 이것이 '인내천'이었다.

그는 22세에 동학에 입도하면서 3년을 짚신을 삼으면서 하루 주문 3만독이라는 지독한 수련을 했다. 또한 해월 최시형을 따라다니면서 49일 수련을 여러 차례 같이 하기도 했다. 결정적으로 그가 큰 자각을 한 것은 1909년 12월에 양산 통도사 내원암에서 49일 수련을 한 뒤였다. 여기서 그는 수운 대신사의 성령이 출현한 것을 체험하고 '성령출세'를 깨달으면서, 이른바 대도견성(大道見性)을 한다. 이때의 체험과 자각은 이후 『무체법경(無體法經)』으로 정리되었다. 『무체법경』은 동학·천도교 수련법에 대한 최초의 체계적인 저술이라고 할 수 있다. 이 글은 인간을 성(性)·심(心)·신(身)의 세 측면에서 이해하고, 수도(修道)의 목표와 단계, 그리고 그 요령과 요체를 논한 글이다.

한편, 평소 그가 가장 강조한 것은 '이신환성(以身換性)'이었다. '이신환성'이란 수도의 방법이자 방향으로서, 마음을 항상 육신 쪽에 두지 않고, '참나'라고 할 수 있는 본래의 성품에 두라는 것이다. 그리고 이 성품이 주체가 된 삶을 살아야 한다는 것이다. 이 이신환성은 인내천의 실천적인 의미라고 할 수 있다.

그리고 그가 자각한 성령출세는 천도교의 사후관(생사관)이기도 하다. 천도교의 사후관은 사람은 살았을 때의 정신(성령)이 죽더라도 없어지지 않고 전체 우주의 성령에 귀일되는 한편 다시 후손(후학)과 합일되어 영원히 함께한다는 것이다. 나의 정신은 억조의 정신의 반영이며 사회적 정신의 반영이다. 동시에 살아서 형성된 나의 정신(성령)은 없어지지 않고 우주정신(한울성령)에 더해져 또다시 다음 세대의 정신으로 이어진다. 그러므로 한울과 사람은 서로 영적인 성장을 주고받으면서 서로를 키우고 생성시켜 나가는 존재이다. 한 사람의 정신 안에 전 우주의 정신이 다 들어 있고, 그러므로 나의 정신의 성장은 다시 우주의 정신을 진화시킨다는 것이 그가 밝힌 '성령출세'이다.

이렇듯 그의 삶은 단순히 천도교의 지도자로서의 삶이 아니라 보국안민의 실천적 삶이었으며, 김상웅이 평했듯이 생애 전체가 우리 시대의 사표이자 겨레의 스승인 삶이었다. 하지만 지금 세상은 그의 이러한 면모를 너무나 모르고 있다. 특히 사상가로서 그리고 영적 스승으로서의 면모는 전혀 조명받지 못하고 있다. 이제 3.1운동 100주년을 맞아 그의 진면목이 제대로 조명되어, 한국에도 참 스승이 있었다는 것을 세상에 널리 알릴 수 있는 날이 오길 바란다.

이 책이 나오기까지 감사드려야 할 분이 많다. 제일 먼저 이 책의 출간을 위해 아낌없이 후원해주신 손윤 의암경영연구소 이사장님께 감사를 드린다. 특히 손윤 이사장님은 본인이 번역하신 『준비시대』를 자료로 선뜻 제공해주시기도 하셨다. 그리고 이 〈한국현대철학선〉 시리즈를 기획하고 불민한 나에게 최제우 철학과 손병희 철학의 집필을 제의해주신 이규성 교수님께도 감사를 드린다. 기독교 목사이시지만 늘 동학에 대한 깊은 애정으로 동학과 천도교의 시천주 체험의 중요성을 깨우쳐주신 김경재 교수님께도 감사를 전하고 싶다. 또한 나를 수도의 길로 이끌어주신 월산 김승복

선생님께도 감사를 전하고 싶다. 그분의『무체법경』강의를 들으면서 동학에 인연을 맺게 되었다.

끝으로 많이 부족하지만 이 책이 의암 손병희의 진의를 조금이나마 드러내고, 그의 사상이 제대로 평가받을 수 있는 작은 계기가 될 수 있다면 다행이겠다. 그분의 성령이 나와 언제나 함께함을 믿는다.

2019년 3월 1일
인도 오로빌에서 김용휘 씀

1
손병희의
철학사상

1

생애와 문제의식

의암 손병희는 1861년 4월 8일 충북 청원군 북이면 금암리에서 아버지 손의조와 의조의 둘째 부인인 어머니 경주 최씨의 아들로 태어났다. 초명은 응구였고, 아버지는 당시 청주목의 아전이었다. 어머니 최씨는 비록 첩은 아니었지만 재가녀였다. 따라서 손병희는 엄밀하게 말하면 서자는 아니었지만 당시 과부의 재가를 금하는 풍속에서 서자와 다름없는 차별을 받았다. 이 부분은 최제우와 비슷하다.

대부분의 전기는 그가 어린 시절에 어려운 사람들을 잘 돕고, 의협심이 강했음을 보여주는 여러 에피소드를 싣고 있다. 돈이 없어서 죽을 위기에 처한 친구의 아버지를 자기 집의 돈을 친구에게 훔치게 해서 살린 이야기, 길에서 다 죽게 된 사람을 주막으로 옮겨 심부름하던 돈으로 살린 이야기. 몇백 냥의 돈을 잃어버린 사람을 오랫동안 길에서 기다렸다가 돈을 찾아준 이야기 등은 어려운 처지에 놓인 사람들을 외면하지 않고 비록 자신이 그 일로 곤란을 겪더라도 용기 있게 행동한 모습을 잘 보여주고 있다. 동시에 부조리한 차별과 양반들의 횡포를 당연시하지 않고 저항했던 모습도 보인다. 초정약수에서 긴 줄을 서서 기다리고 있는 백성들을 아랑곳하지 않고 태연하게 약수를 들이키는 양반들을 혼내는 이야기, 서자라고 묘소 참배도 못 하게 한 친척들에게 맞서 삽을 들고 와서 태연하게 조상의 묘를 파는 이야기, 또 장인이 그의 선을 보고 서자라는 이유로 그냥 가려던 것을 붙들고 선본 값을 치르고 가라고 담판을 지었다는 이야기 등은 그가 얼마나 두둑한 배짱을 가진 인물인지, 특히 차별과 불평등에 대해서는 그 누구라도 용납하지 않고 저항했는지 잘 알 수 있는 일화이다.[1]

신분적 차별과 불평등에 대한 그의 예민한 감각은 사회에 대한 비판적 의식을 형성시켰을 것이다. 하지만 그것을 개선시킬 수 있을 적절한 방안을 찾을 수 없었던 10대 후반과 20대 초반의 얼마간은 울분과 방황의 시기를 보내기도 했다.

그런 방황에 종지부를 찍게 한 사건은 동학 입도이다. 1882년 그의 나이 22세의 일이다. 처음 그에게 동학을 권한 이는 그보다 일곱 살이 많은 조카 손천민이었다. 손천민은 평소 의협심이 많고 불의를 참지 못하는 삼촌을 눈여겨보고 있었다. 하지만 손천민의 동학 권유는 성공하지 못했다. 동학을 개인적 기복의 차원에서 소개했기 때문이었다. 그는 동학을 삼재팔난을 면하게 하는 도라고 소개했

---

1   의암손병희기념사업회, 『의암손병희선생 전기』, 의암손병희선생기념사업회, 1967, 16-40쪽 참조.

다. 그러자 손병희는 "나는 세상이 빨리 큰 난리가 나서 망해버렸으면 좋겠다"고 답했다.[2] 손천민은 청주의 접주 서택순에게 다시 부탁했다. 서택순은 손병희를 만나 동학은 단지 삼재팔난을 면하게 하는 데 그치지 않고, 사람을 한울같이 섬기고, 모든 사람들이 평등하게 살 수 있는 세상을 만드는 것을 목적으로 한다고 전했다. 그제서야 그는 동학이 평소 자신이 꿈꾸던 보국안민의 학임을 이해하고 동학 입도를 받아들였다. 이를 봐도 그의 관심은 개인적인 구복보다는 사회적 변혁, 특히 평등한 사회 건설에 있었음을 알 수 있다.

동학 입도 이후 손병희는 그동안의 방황을 접고 예전과는 완전히 다른 사람이 되었다. 술, 담배, 도박을 끊고 그동안 어울리던 이들과도 접촉을 끊고 오로지 동학 경전과 주문 읽는 것으로 일과를 삼았다. 그러던 그가 해월 최시형을 만난 것은 입도한 지 2년 만이었다(1884년). 입도 이후에 곧바로 만날 기회를 주선해주겠다는 제안이 있었지만, 그는 "내가 나를 닦아서 도를 통하는 것이지, 선생님에게 달린 것이 아니다"[3]라며 사양했다. 그의 기질다운 대답이고, 맞는 말이긴 하지만 절반만 옳다. 최제우는 '도성덕립(道成德立)은 하나는 정성이고 하나는 사람에 달렸다'[4]고 한 바 있다. 여기서 사람은 도를 바르게 인도해줄 수 있는 스승을 말한다. 좋은 스승은 필요하다. 제자의 자질을 알아보고 그에게 가장 필요한 자양분을 제공하고, 그의 내적 씨앗을 틔워줄 수 있는 사람 말이다.

---

2   위의 책, 69쪽.
3   성주현, 『손병희』, 역사공간, 2012, 49쪽.
4   『동경대전』, 「수덕문」.

최시형은 그와의 첫 만남에서부터 손병희가 큰 인물이라고 생각하고, "내가 도(道)에 드는 사람이 많으나 도를 알고 도를 통할 만한 사람이 적은 것을 한탄했는데, 그대는 열심히 공부하여 대도(大道)의 일꾼이 되기를 스스로 결심하라"고 당부했다. 이에 손병희는 즉석에서 시 한 수를 지었다.

하늘과 땅 해와 달도 내 가슴에 들었으니
하늘과 땅이 큰 것이 아니라 내 마음이 큰 것이요
사나이의 말과 행동은 하늘과 땅을 움직이니
천지조화도 나의 뜻에 달렸도다.[5]

손병희의 큰 기국과 호방한 기개를 잘 보여주는 시(詩)이다. 최시형은 이에 그를 직접 익산의 사자암에 데리고 가서 49일 수련을 함께 했다. 그 기간 동안 동학의 핵심 가르침과 수도하는 법을 가르쳤을 것이다. 그리고 그에게 3년간 매일 짚신 두 켤레를 삼으면서 주문 3만독을 하라고 권했다. 그 이듬해에도 공주 가섭사에서 49일 기도를 같이 행했다. 이때 최시형은 그에게 솥단지를 아홉 번이나 다시 걸게 했는데도 그는 아무런 불평 없이 스승의 말을 따랐다고 한다.

손병희는 최시형을 한번 만난 이후로 매일 짚신 두 켤레를 삼아 생계를 돌보면서 동학 주문을 3만독씩 외우는 지독한 수련을 3년

5 　의암손병희기념사업회, 앞의 책, 78쪽.

간 지속했다. 주문 3만독은 밥 먹는 시간과 짚신 삼는 시간을 뺀 나머지 모든 시간을 주문 읽는 데만 몰두해야 가능한 숫자이다. 이는 보통 근기가 아니면 불가능한 일이다. 이 3년의 수련이 그의 마음을 고요하게 했을 뿐 아니라 내면의 빛을 밝혀주었을 것이다. 이로써 그는 의협심이 강한 열혈 청년에서 종교적 심성의 강인하고 의연한 도인(道人)으로 거듭났다. 그는 불같은 의기와 과단성 있는 결단력을 가진 호방한 인물이었지만 동시에 우직하고 오래 인내함으로써 위태로운 마음 길을 바로잡음은 물론, 벼랑 끝의 동학 교단을 지켜나갈 드문 인재로 성장했던 것이다.

하지만 손병희가 언제부터 최시형의 곁에서 직접 보좌했는지는 확실하지 않다. 다만 교조신원운동이 본격화된 1890년대 초반부터는 거의 스승의 곁을 지키고 있었던 것으로 확인된다. 1880년대 동학의 포교가 경상도, 강원도를 넘어 충청도와 전라도로 확산됨과 동시에 조정에서의 탄압도 커지고 있었다. 1890년대 초에 들어 지방 수령들은 돈을 갈취할 목적으로 지역의 동학도들을 잡아들여 문초하는 등 동학 탄압이 극심해지고 있었다. 이는 동학이 아직 공식적으로 인정받지 못한 탓이며, 교조 수운의 억울한 죽음이 신원되지 못한 탓이었다. 따라서 동학을 공인받기 위해서는 수운에 대한 복권이 선결되어야 했다. 이렇게 해서 일어난 것이 교조신원운동이다. 교조신원운동은 1892년 10월 공주에서부터 시작하여 11월 삼례 집회로 이어졌다. 1893년 1월에는 한양 궁궐 앞 광화문에 집결하여 임금에게 직접 신원을 탄원하는 복합상소를 올리기도 했다. 손병희는 삼례 집회부터 참여하여, 광화문 복합상소에는 중심적 역할을 했다. 그리고 그해 1893년 3월, 약 3만 명이 집결한 보은취회에서는 충의대접주로 참여했다. 이때 이미 그는 김연국, 손천민과 함께 동학 지도부의 가장 중요한 인물로 부상하고 있었다.

그러다가 손병희가 최시형을 계승할 지도자로 자리매김한 계기는 1894년 9월 갑오 동학농민혁명 2차 봉기에 북접 통령으로 참여하면서이다. 손병희는 북접군 10만 명을 이끌고 논산에서 전봉준과 합류하여 의형제를 맺고 항일 구국의 기치를 드높이 들어올렸다. 그전까지 최시형의 동학 지도부는 전봉준의 거사에 대해 신중한 태도를 취하고 있었다. 하지만 지금까지 알려진 것처럼 남북접이 그렇게 대립적인 것은 아니었다.[6] 혁명은 전라도에서만 일어난 것이 아니라 혁명 초기부터 충청도, 강원도, 경상도 등 전국에서 일어났으며, 남북접은 물밑으로 계속 긴밀한 접촉을 유지하고 있었다.

하지만 많은 숫자에도 불구하고 정부의 정예군과 신식 무기로 무장한 일본군을 당해낼 수는 없었다. 결국 공주의 우금치 전투에서 통한의 패배를 당하면서 혁명군은 그 기세가 꺾이고 말았다. 이후 손병희가 이끌던 부대는 전봉준 부대와 함께 순창까지 후퇴하다가 다시 충청도로 올라왔지만, 충주에서 관군의 공격을 받아 결국 12월 24일 해산하고 말았다. 이에 손병희는 손천민, 손병흠, 김연국, 홍병기, 임학선 등과 함께 최시형을 모시고 강원도로 피신 길에 오를 수밖에 없었다.

---

6   박맹수, 『개벽의 꿈, 동아시아를 깨우다』, 모시는사람들, 2011, 342-352쪽.

손병희는 거동조차 힘든 스승을 모시고 홍천, 원주, 여주 등지의 산간 지역에 숨어서 힘겨운 피신 생활을 해나갔다. 하지만 최시형은 더 이상 이런 생활이 지속될 수 없음을 예상하고 뒷일을 준비하기 위해 1896년 1월 5일 손병희와 손천민, 김연국을 불러서 손병희에게는 의암(義菴), 손천민에게는 송암(松菴), 김연국에게는 구암(龜菴)이라는 도호를 내려주면서 "너희들 세 사람이 마음을 합하면 천하가 이 도를 흔들고자 하여도 어쩔 수 없을 것이다"[7]라고 하며 세 사람이 합심해서 교단 일을 돌보라고 했다. 그리고 마침내 1897년 12월 24일 최시형은 다시 세 사람을 불러서 "너희들 세 사람 가운데 주장이 없으면 안 될 것이니 의암으로 주장을 삼노라"[8]라고 하면서, 실질적으로 손병희에게 도통(道統)을 전수하기에 이르렀다. 이로써 손병희는 최제우로부터 최시형으로 이어진 동학 교단의 3세 교조가 되어 백척간두에 서 있는 교단을 재건해야 하는 막중한 책임을 짊어지게 되었다.

한편 최시형은 이듬해 4월 5일 수운의 득도기념일에 피체되어 평리원 고등재판소에서 10여 차례의 심문 끝에 '좌도난정률'의 죄목으로 1898년 6월 2일 순도했다. 최시형 사후 손병희는 더욱 삼엄해진 관의 지목을 피해가면서 흩어진 교단을 재정비해나갔다. 그 와중에 1899년 7월에는 「각세진경」을 짓고, 12월에는 「수수명실록」을 지어서 교인들의 공부를 독려했다. 이듬해 4월에는 다시 「입

---

7   의암손병희선생기념사업회, 앞의 책, 137쪽.
8   위의 책, 139쪽.

도문」을 제정하여 반포함으로써 교단의 체계를 정비하고 포교에 주력했다. 또 같은 해 7월 이용구의 집에서 종통설법식을 거행함으로써 그동안 종통 계승과 관련된 내부 갈등을 정리하고, 명실상부한 동학의 최고 지도자로서 자리매김하게 되었다.[9]

1901년에 들어 손병희는 그동안의 노력으로 흩어진 조직은 어느 정도 정비되었지만, 동학을 새롭게 재건하기 위해서는 뭔가 쇄신이 필요하다고 생각했다. 당시는 서양 문물이 물밀듯이 밀어닥칠 때였다. 본디 동학은 동국의 학이자 보국안민의 학으로 출발했다. 따라서 거기에는 기존의 중국 중심의 유교문명에 대한 문제의식과 서구의 충격에 대한 대응이라는 이중적인 극복 의지가 있었다. 다시 말해 동학은 유교와 서학을 모두 극복하고자 한 우리 학문이자 평민의 학이었다. 그런데 서양의 극복이 단지 의지만으로 되는 것은 아니었다. 극복을 하려고 해도 알아야 극복하는 것이고, 또한 서양에서도 배울 점은 배워야 했다. 손병희는 동학의 쇄신을 위해서, 또한 다 쓰러져가는 조선을 바로세우기 위해서 서양을 배우는 것이 절실하다고 생각했다. 그는 이미 지난 갑오년에 서양 무기의 위력을 온몸으로 경험한 터였다. 스승 최제우에 의해 희미해져가던 동아시아의 천도(天道)가 다시 밝혀졌지만, 물질은 서양에 있다는 것을 인정하지 않을 수 없었다. 게다가 동학의 포덕천하를 위해서라도 천하의 대세를 살필 필요가 있었다.

손병희는 그해 1월 주요 지도자들을 모아놓고 이런 뜻을 전한 다

---

9 위의 책, 153-154쪽.

음, 3월 손병흠과 이용구를 데리고 미국행을 시도했다. 하지만 바로 가는 배편이 여의치 않아서 일본 오사카 등지에 머물면서 배편을 알아보는 수밖에 없었다. 이 기간 동안 잠시 상해로 가서 쑨원과 교류하기도 하고, 당시 일본의 망명객으로 있던 권동진, 오세창, 박영효 등과 교류하기도 했다. 이때부터 이름을 이상헌으로 바꾸어 활동했다. 이 기간에 그는 일본의 근대화에 큰 감명을 받았다. 그리고 그것을 위해서 근대 교육의 필요성을 절감했다. 그런 이유에선지 그해 10월 다시 서울로 와서 이듬해(1902년) 3월 일본으로 들어갈 때 천도교인 자제로 구성된 유학생 24명을 데리고 들어갔다.[10] 이때 잠시 서울에 들어와 있는 동안에도 포덕에 주력하며 「위생보호」에 관한 글을 반포했다. 이때 서북 지역의 포교가 급격하게 늘었다.[11]

1902년 3월 재차 일본에 들어간 그는 조선 망명객들과 일본의 정계 인사들을 접촉하는 한편, 「삼전론」을 집필했다. 삼전론은 도전(道戰), 재전(財戰), 언전(言戰)으로 도전은 사상전, 재전은 경제전, 언전은 외교전을 의미한다. 그는 삼전론에 입각해서 조선의 혼을 되살리고, 나라 재정과 백성의 민생을 살피며, 조선이 외세를 벗어나서 자주적인 국가가 될 수 있는 방책을 수립하고자 했다. 1903년에 들어 러일 간의 전쟁 분위기가 고조될 때, 그는 일본의 승리를 예상하고, 그의 삼전론에 입각한 외교정책으로서 조선이 일본의 전

---

10 이후에(1904년) 2차로 유학생 40명을 데리고 들어가기도 했으니, 그가 근대 교육을 통한 인재 양성을 얼마나 중요시했는지 잘 알 수 있다.

11 위의 책, 159-164쪽.

쟁을 도움으로써 전승국의 지위를 획득하는 것이 일본과 외세로부터 벗어나 자주국가로 가는 큰 방책이라고 생각했다. 그리고 이 일의 추진을 위해 일본 참모총장 다무라를 만났다. 국내의 접촉은 동생 손병흠을 통해 추진하게 했다. 그런데 무슨 영문인지 일을 추진하던 손병흠과 다무라가 이틀 간격으로 급사하면서 이 일은 더 이상 추진되지 못했다.[12]

1904년에는 의정대신과 법무대신에게 국정 개혁에 관한 「비정혁신안」을 제출했다. 그러나 이것이 받아들여질 리 만무했다. 그러자 그는 정치 개혁을 위해서는 민중운동이 필요함을 절감하고 국내의 지도자들을 동경으로 불러 민회의 결성을 지시했다. 처음 이름은 대동회였는데, 중립회로 바꾸었다가 다시 진보회로 바꾸어 독립의 보전과 정치 개혁, 인민의 생명·재산 보존, 군정 감액, 재정 정리, 동맹국 보조, 회원의 단발 등의 개화운동을 전개하도록 했다. 그러나 조정은 진보회가 곧 동학이라는 것을 알고 각도 관찰사에게 엄히 다스리도록 했다. 이에 따라 진보회원들은 곳곳에서 관군의 탄압을 받아 많은 희생을 치러야 했다. 이러한 와중에 일제의 지시를 받아 조직한 일진회의 송병준은 진보회의 회장 이용구에게 접근하여 진보회에 대한 탄압을 막아주겠다는 명분으로 통합을 제의했다. 이는 지방 조직이 없는 일진회의 세력 확장을 위한 것이었지만 이용구는 그 의도를 간파하지 못하고 매수되어 손병희에게 보고하지도 않고 진보회를 일진회에 통합시켰다. 이후 일진회에 통합된

---

12 위의 책, 180-182쪽.

진보회의 지방 조직은 영문도 모른 채 일본군의 러일전쟁에 동원되기도 했다. 진보회가 본래의 취지와는 달리 일진회의 친일 행각에 이용되고 있었다. 게다가 이용구는 1905년 러일전쟁 이후 포츠머스강화조약에서 '조선을 일본의 보호 감독 아래 둔다'는 내용을 환영하고, 이를 촉구하는 선언서를 발표하기에 이르렀다.

손병희는 뒤늦게 이 사실을 알고 이용구를 일본으로 불러서 "보호를 받고자 하면 독립을 버려야 하고 독립을 하고자 하면 보호를 버려야 하느니, 어찌 보호라는 이름 아래 독립을 하고자 하느냐"[13] 라며 훈계했다. 그러나 이용구는 이 훈계를 귀담아 듣지 않고 부일 활동을 더욱 적극적으로 전개했다. 손병희로서는 자칫 교단 전체가 친일 조직으로 매도될 수도 있다는 위기감을 느꼈다. 그리고 여전히 계속되고 있는 동학에 대한 탄압을 피하기 위해서라도 동학을 근대적인 종교로 개편하는 것이 불가피하다는 결론에 이르렀다. 이렇게 해서 1905년 12월 1일, 동학을 천도교로 개편하는 작업이 전격적으로 단행되었다.

이후 손병희는 1906년 1월 5일 약 5년간의 일본 외유를 마치고 환국했다. 이후 그는 천도교 개편에 따라 근대적 종교로서의 체계를 잡기 위해서 「천도교대헌」을 만들어 반포하는 한편, 천도교의 종무를 담당할 수 있는 기관으로서 중앙총부를 설치하고, 서울에 7개의 전도실을 마련했다. 그리고 천도교의 종지를 '인내천'으로 내세우고, '인내천'을 중심으로 한 교리의 체계화 작업을 양한묵, 권동

---

13 위의 책, 202쪽.

진, 오세창 등과 함께 진행해나갔다.

한편 손병희는 천도교의. 교세 확장도 물론이지만, 그에 앞서서 보국안민의 정신을 계승한 종교로서의 시대적·사회적 책무를 늘 고심했다. 그는 다 기울어가는 대한제국의 암운을 안타깝게 바라보면서 가장 중요한 과업으로 두 가지를 생각했다. 그것은 출판문화운동을 통해 시대를 계몽하는 것과 교육 사업을 통해 신지식인을 양성하는 것이었다. 그래서 그는 천도교의 체제가 어느 정도 정비되자 제일 먼저 박문사라는 인쇄소를 설치했다. 그리고 이어서 『만세보』라는 신문을 발행했다. 『만세보』는 국내 최초의 대판형 신문으로 발행되었으며, 한자 옆에 한글을 붙여 일반인도 읽을 수 있도록 했다.[14]

그리고 전술한 바와 같이 인재 양성을 위해 일본 유학생들을 배출했으며, 귀국 직후에도 교육 사업에 가장 큰 열의를 보였다. 『황성신문』 1906년 2월 14일자에는 '손병희 씨의 교육열에 감사하며'라는 논설이 게재되기도 했다. 실제로 그는 1906년부터 30여 학교에 지원금을 후원했으며, 1910년에는 당시 운영이 어려운 보성전문학교와 동덕여학교를 인수하여 인재 양성에 주력했다. 이는 나라를 다시 살리는 길이 오로지 교육에 있음을 자각했기 때문이었다.

그런데 이 무렵 그의 생애에서 가장 중요한 사건이 있었는데, 대부분의 평전에서는 잘 언급되지 않고 있다. 바로 1909년 12월 양산 통도사 내원암에서 49일 수련 이후 최제우가 기도했던 천성산 적

---

14 성주현, 『손병희』, 역사공간, 197쪽.

멸굴에 올라갔을 때 신비한 체험을 한 것이다. 마치 최제우의 영이 임재해 있는 듯이 느껴졌고, 자신의 눈을 통해 적멸굴을 보고 있는 듯한 묘한 체험을 했다. 그는 그때의 체험을 다음과 같은 시로 읊었다.

昔時此地見	옛적에 이곳을 보았더니
今日又看看	오늘 또 보고 보는구나.
何來一物本吾性	어디서 온 한 물건이 본래 내 천성인데
何無來無吾亦無	어디도 없고 온 데도 없고 내 또한 없는 것이라.
我性本是來何處	성품은 본래 어느 곳에서 왔는가.
性無來無我亦無	성품도 없고 온 곳도 없고 내 또한 없는 것이더라.
寶鏡虛虛含照懸	보배로운 거울이 비고 비어 비추는 것을 머금고 매달렸으니,
能呑天地能吐世	능히 천지를 삼키고 능히 세상을 뱉는도다.

사실상 오도송이라고 할 수 있는 시이다. 여기서 그는 수운의 성령이 죽어 사라지지 않고 한울의 본체 성령과 합일하여 다시 세상에 나타나 후학들과 함께하고 있다는 것을 깨닫고 그 감격을 노래하고 있다. 그리고 나아가서 근본에서는 나의 성품(성령)이 곧 수운의 성령이며, 또한 한울의 성령임을 깨닫는다. 이를 그는 '성령출세(性靈出世)'라고 했다. 그리고 이때의 깨달음을 『무체법경(無體法

經)』이라고 하는 경전으로 남겼다.

1910년 일제에 나라를 빼앗기자 그는 종교적 수행을 강화하는 한편 교정일치(敎政一致)를 강조하며 민족의 독립을 위한 노력을 경주했다. 이를 위해서 그는 1912년 우이동에 봉황각을 지어서 전국의 대두목들을 수련시키며 독립에 대한 의지를 심어주었다. 여기서 1918년까지 총 7회에 걸쳐서 483명이 49일 수련을 이수했다. 이것이 천도교가 3.1운동 당시 전국 조직망을 가동하여 일제히 궐기할 수 있었던 원동력이 되었다. 그는 또한 독립자금 마련을 위해 대교당 신축을 구실로 전국적인 모금운동을 벌이기도 했다. 여기서 모은 1백만 원 중 대교당과 중앙총부 건축에 사용된 27만 원을 제외한 대부분의 성금을 상해 등 해외의 독립운동 자금으로 전달했다.[15]

손병희는 3.1운동의 준비와 초기 단계에서 각계의 독립운동 움직임을 하나로 결집하고 운동의 원칙을 마련했으며, 전국적 조직을 이용해 시위를 조직하고 독립운동 자금을 제공하는 등 주도적인 역할을 수행했다. 실제로 3.1운동의 기획과 자금, 조직 동원, 독립선언서 작성과 인쇄 등 많은 부분에서 천도교가 주도적인 역할을 했다. 특히 천도교는 각 지방교구 조직망을 통해 독립시위운동을 빠르게 전국적으로 확산시킬 수 있었다.

하지만 이 일로 결국 손병희는 투옥되어 모진 고문을 받고 몸이 상해서 몇 번의 병보석을 신청했으나 기각되고, 거의 죽음 직전에

---

15 김상웅, 『손병희 평전』, 채륜, 2017, 236-238쪽.

이르러서야 보석이 허가되어 풀려났다. 하지만 몇 달을 넘기지 못하고 1922년 6월 2일 본래의 근원으로(환원) 돌아가고 말았다.

손병희는 동학농민혁명이 좌절된 이후 교단 수습은 물론, 당시의 급변하는 시대적 흐름을 선도할 수 있는 근대적 교단의 정비와 교리의 체계화라는 문제의식을 바탕으로 성공리에 천도교의 종교적 조직을 공고화했다. 이 과정에서 그는 최제우의 시천주(侍天主)와 최시형의 심즉천(心卽天)을 계승하여, '인내천(人乃天)'을 종지로 내세움으로써 의타적인 신앙보다는 자력 신앙을 중시하는, 인간 본위의 근대적 교단 형성에 주력했다.

그의 문제의식은 어린 시절부터 형성된 불평등하고 불의한 세상을 바로잡는 것이었다. 이것은 동학을 만남으로써, 특히 동학의 보국안민에서 그 길을 찾게 되었다. 도통 승계 이후 동학의 3세 교조로서 그에게 주어진 현실적 과제는 당연히 동학 재건이지만, 그에게는 동학의 재건과 확대가 단순히 종교적 조직의 확대가 아니라 보국안민의 길이었다. 그렇게 볼 때 그의 삶의 문제의식을 관통하는 것은 '보국안민'이었다고 할 수 있다. 동학의 입도에서부터 천도교로의 개편, 일본 외유와 서양 근대에 대한 문명 개화 노선, 교육 사업과 인재 양성, 1910년대의 독립의 준비와 3.1운동 등 모든 것이 보국안민의 실천이었다. 심지어 러일전쟁 시기 일본을 도와서 전승국의 지위를 획득하려고 했던 것 역시 철저히 보국안민의 정신에서 한 것이었다.

하지만 그것으로는 종교인으로서, 또한 동학인으로서의 손병희를 다 설명할 수 없다. 그의 인생을 관통하는 또 하나의 문제의식은 바로 우주와 성심(性心)의 본체를 깨달아 진리를 확명하는 것이었다. 이를 그는 '대도견성', '포덕천하'라고 표현했다. 한마디로 '인간완성'이요 '천인합일'을 추구한 것이다. 이를 관통하는 그의 핵심적 명제가 바로 '인내천'이요 '이신환성'이다. 그리고 그 명제는 앞서 언급한 바와 같이 '성령출세'의 체험에서 비롯된 것이다. 이 두 가지, '보국안민과 진리공부'의 병행을 강조한 것이 바로 '성신쌍전(性身雙全)'이다. 이런 부분이 그를 단순한 독립운동가, 경세가에 그치지 않고 수도인으로, 또 사상가로 서게 하는 이유이다.

2

사람이 한울이다 - 인내천

'인내천' 용어의 성립

손병희의 사상은 보통 인내천(人乃天)으로 잘 알려져 있다. 하지만 본래 수운 최제우의 자각은 인내천이 아니라 '시천주(侍天主)'였다. 이는 모든 사람 안에 거룩한 한울님이 모셔져 있다는 의미이다. 시(侍)는 '모심'을 의미하며, 천(天)은 한울이며, 주(主)는 존칭어이다. 최제우는 이 '시(侍, 모심)'를 세 가지, 즉 '내유신령(內有神靈)', '외유기화(外有氣化)', '각지불이(各知不移)'로 풀이했다.[1] '내유신령'은 내 안에 한울의 거룩한 영이 내재해 있다는 뜻이다. 우리는 물론 현실적으로 이기적이고 욕망하는 존재이지만 내 안에서는 나의 마음 외에 더 깊은 차원이 있으며, 거기에 초월적 영이 내재해 있다는 것이다. '외유기화'는 우리 모두는 한울의 기운 안에서 나서 그

---

1   『동경대전』, 「논학문」, "侍者, 內有神靈, 外有氣化, 一世之人, 各知不移者也."

기운을 받으면서 살고 있다는 것이다. 우리는 단지 텅 빈 물리적인 공간 안에 살고 있는 것이 아니라 신성함으로 가득 찬 우주적 생명 에너지 속에 살고 있으며, 그 기운 속에서 뭇 생명들이 서로 연결되어 살고 있다는 것이다. '각지불이(各知不移)'는 '각자가 옮길 수 없음을 안다'는 뜻므로, 한울과 분리되어 살 수 없음을 각자가 알아서 그에 합치된 삶을 살라는 것으로 이해된다. 또는 다른 존재로 옮길 수 없는 자기만의 고유한 주체성을 깨달아 실현한다는 의미로도 해석될 수 있다. 최제우는 이 시천주를 통해 인간 존재를 새롭게 발견했고, 또 새롭게 규정했다.

그런데 이러한 모심의 의미 규정은 단지 머리에서 나온 이론적 결과물이 아니라, 최제우의 경신년(1860) 한울님 체험에서 나온 것이다. 그는 논학문에서 "몸이 몹시 떨리면서 밖으로 접령하는 기운이 있고 안으로 강화의 가르침이 있으되, 보였는데 보이지 아니하고 들렸는데 들리지 아니하므로"[2]라고 기술한 바 있다. 이 '외유접령지기', '내유강화지교'의 체험을 '내유신령', '외유기화'로 개념화한 것이다. 이를 간단히 '접령(강령)', '강화'로 표현하기도 한다. 이처럼 동학 초기에는 접령과 강화의 체험이 한울님 모심, 즉 시천주를 체험하는 중요한 과정이었다.

이처럼 시천주가 동학의 핵심적 용어였는데, 이것이 인내천으로 대체된 것은 손병희에 와서이다. 엄밀하게 말하면 최제우는 '인내

---

2   『동경대전』, 「논학문」, "身多戰寒, 外有接靈之氣, 內有降話之敎, 視之不見, 聽之不聞."

천'을 직접 말한 적이 없다고 할 수 있다. 다만 최시형은 '심즉천(心卽天)'이라고 했고, '인시천(人是天)'이라는 표현을 쓴 적이 있다. 최시형이 '인시천'을 언급하는 맥락은 '사람이 한울이니 사람 섬기기를 한울같이 하라(事人如天)'에서 나오는데, 이는 인간의 평등성과 존엄함의 자각이라는 실천적 맥락에서 나온 이야기다.

그런데 손병희는 동학을 천도교로 개편하는 과정에서 '시천주' 대신 '인내천'을 종지로 삼았다. 아마도 천도교를 근대적인 종단으로 개편하면서 당시 시대적 흐름에 부합하는 대표적 표어가 필요했기 때문일 것이다. '시천주'는 최제우의 종교 체험에 근거한 것으로, 모든 사람들의 몸에 한울님을 모시고 있다는 생각은 다분히 신비적으로 느껴질 수 있었기 때문이다. 따라서 신비적 색채를 탈색하고 보다 근대적인 인본주의적 종교로서 천도교를 자리매김할 필요가 있었던 것으로 보인다.

'인내천'이라는 말이 공식적으로 언급된 것은 1905년 12월 5일 손병희가 동학을 천도교로 개칭하면서이다. 이때 일본 신문과 국내의 제국신문을 통해 동학을 천도교로 대고천하(大告天下)하면서 '인내천'을 천도교의 종지(宗旨)라고 공식적으로 발표했다. 그 내용을 보면 다음과 같다.

> 도는 천도요, 학인즉 동학이니, 예전의 동학이 지금의 천도교이다. 종지는 인내천이요, 강령은 성신쌍전, 교정일치요, 목적은 보국안민, 포덕천하, 광제창생, 지상천국이요, 윤리는 사인여천이요, 수행도덕은 성경신이다.[3]

1920년대 『개벽』지를 이끌었던 이돈화는 '인내천' 용어의 성립에 대해서 "천도교의 종지를 인내천이라 한 것은 의암성사(손병희-필자 주)의 창언이니 이는 대신사(최제우-필자 주)의 경전과 유사에 있는 총정신을 표어로서 발표한 것"이라고 했다.[4] 그러므로 '인내천'은 손병희가 동학을 근대적 종교로 탈바꿈하면서 동학의 총정신을 대표하는 표어로서 내세웠던 것이다. 하지만 종지가 바뀌었다는 것은 그만큼 교단의 성격이나 색깔이 전반적으로 바뀌었다는 것을 의미한다. 그것은 시천주와 인내천의 차이만큼 교단의 색깔이 바뀌었다는 것이다. 이에 따라 신앙과 수도, 실천의 강조점도 달라지는 것은 부득이한 일이다. 그러므로 천도교 개편 이후 여러 제도적인 정비 작업은 물론이지만, 특히 교리의 정립은 '인내천'을 중심에 두고 진행된 것은 어쩌면 너무나 당연한 일이다. 인내천에 대한 교리화 작업의 최초의 사례라고 보여지는 1907년 「대종정의(大宗正義)」에서는 다음과 같이 표현하고 있다.[5]

---

3 조기주, 『동학의 원류』, 천도교중앙총부출판부, 1982, 230쪽. "道則天道 學則東學이니 卽古之東學이 今之天道敎. 宗旨는 人乃天이요 綱領은 性身雙全, 敎政一致요, 目的은 輔國安民, 布德天下, 廣濟蒼生, 地上天國이요, 倫理는 事人如天이요, 修行道德은 誠敬信이라."

4 『천도교창건사』, 「제3편 의암성사」, 66쪽.

5 『천도교회사초고』에 따르면 손병희가 양한묵을 명하여 『대종정의』를 비롯한 교리서를 작하도록 했다고 한다. 그러나 양한묵의 천도교 입교가 2년도 채 안 되었다는 점을 감안하면(양한묵은 천도교 대고천하 바로 직후에 일본에서 손병희에게 입교했음), 당시의 교리서적의 출판을 통해 근대적 종교 체제를 갖추고 싶었던 손병희가 일본 유학을 통해 근대적 지식을 갖춘 엘리트에게 자신의 가르침을 정리하게 한 것으로 이해된다. 따라서 이 『대종정의』는 손병희의 명에 따라 천도교의

대신사는 우리 교의 원조라. 그 사상이 넓은 데로부터 간략한 데 이르렀으니 그 요지는 인내천이라. 인내천으로 교의 객체를 이루고, 인내천을 인정하는 마음이 그 주체의 자리를 점하여 자기 마음을 자기가 절하는 것을 교의 체로 하여, 한울의 참된 근원의 최고점에 서나니 이것은 인간계에서 처음으로 창명된 '큰 가르침의 바른 뜻(대종정의)'이라 말함이 족하도다.[6]

여기서 보면 최제우의 사상을 요약한 것이 인내천이라고 주장하고 있다. 그래서 인내천으로 천도교의 체계를 세워서, 인내천으로 각자가 스스로의 주체가 되어 자기의 마음[自心]을 스스로 공경하는 것이 모든 인간이 최종적으로 추구해야 할 가르침이고, 그것이 천도교라고 설하고 있다. 즉 저 바깥에서 초월적 신을 섬기는 것이 아니라, 자기의 마음에서 한울을 직접 구하는 것이 천도교의 근본 진리이며, 이것이 인류 역사에서 처음으로 밝힌 '큰 가르침의 바른 뜻[大宗正義]'이라는 것이다. 이로써 이전의 접령, 강화의 시천주 체험을 강조하던 데서 자기 마음을 공경하는 인본주의적 신앙으로 그 성격이 바뀌게 되는 것은 불가피한 일이었다.

물론 그렇다고 인내천으로 시천주를 대체한 것이 아무런 맥락 없이 나온 것은 아니다. 앞에서도 언급했듯이 최시형은 시천주 못

교리를 정리하는 사업의 일환으로 나온 것이므로, 내용은 손병희의 것으로 보아도 무방하리라 생각된다.(천도교회사초고 제4편 도편, 『동학사상자료집1』, 서울:아세아문화사, 1979, p.522.)

6   『의암성사법설』, 「대종정의」.

지않게 '심즉천', 즉 '마음이 한울'임을 강조했다. 최시형은 최제우의 '시천주'를 만물에까지 적용시켜서 모든 만물이 한울을 모시고 있다는 '물물천사사천(物物天事事天)'으로 확장하는 한편, '내유신령'의 '내재적 초월자'를 곧바로 '심령', 또는 심으로 해석함으로써, '심즉천(心卽天)'을 강조했다. 그는 "한울을 공경함은 결단코 빈 공중을 향하여 상제를 공경한다는 것이 아니요, 내 마음을 공경함이 곧 한울을 공경하는 도를 바르게 아는 길"[7]이라고 해석하면서 일상에서의 마음공부를 더 중시하는 경향을 보이고 있다. 이는 최시형에 와서 시천주가 세속화되면서 접령과 강화의 한울님에 대한 직접적 체험의 강조가 약화되고 있음을 의미한다. 대신 최시형은 천지를 부모님처럼 공경하는 것을 더 강조하고 있다. 이러한 최시형의 '심즉천'의 사고는 이제 내가 곧 한울이라고 하는 '아시천(我是天)'을 넘어 '인시천(人是天)'의 사고로까지 나아간다.

> 내가 바로 한울이요 한울이 바로 나니, 나와 한울은 도시 일체이니라.[8]

> 사람이 바로 하늘이요 하늘이 바로 사람이니, 사람 밖에 하늘이 없고 하늘 밖에 사람이 없느니라.[9]

---

7   『해월신사법설』, 「삼경」.
8   『해월신사법설』, 「수도법」, "我是天, 天是我也. 我與天都是一體也."
9   『해월신사법설』, 「천지인·귀신·음양」, "人是天, 天是人, 人外無天, 天外無人."

이로써 보면 손병희의 '인내천'의 사유가 그의 독창적인 것이 아니라 이미 최시형에서부터 싹터 있었음을 알 수 있다.

그러므로 인내천의 대두를 단순히 근대화의 과정, 시대적 요구의 차원에서만 볼 수는 없다. 시천주의 한울님 모심을 깊이 체험하고 실천하다 보면 어느 순간 한울과 내가 둘이 아닌 경지에 도달할 수 있다. 그러므로 인내천은 시천주의 개념적 심화라는 측면에서도 해석할 수 있다. 수도가 깊어지면 모심의 신앙보다는 자연히 주체적인 자각과 합일을 강조하는 쪽으로 나아갈 수밖에 없기 때문이다. 한울과 나의 관계에서 모시는 차원이 있고, 또 합일의 차원이 있다. 그래서 손병희는 늘 한울과 나의 주객분별을 해야 한다고 강조한다.[10]

아이일 때 부모와의 관계와, 어른이 되었을 때 부모와의 관계가 달라져야 하듯이 주객의 위치가 항상 한 방향일 수 없다. 이것을 잘 분별해야 초보적 신앙에만 머물지 않고, 우주와 인간에 대한 근본적 통찰로 나아갈 수 있다.

따라서 인내천은 당시의 시대적 요구를 반영한 것이기도 하지만, 시천주라는 개념의 내재적 심화라는 측면도 간과되어서는 안 된다. 이때 인내천의 의미는 단순히 인간 존엄성에 대한 천명이라기보다는 인간의 주체적 신앙에 대한 역설이자, 보다 성숙한 천인관계에 대한 천명이라고 보는 것이 보다 합당할 것이다.

---

10 손병희, 『무체법경』, 「성심신 삼단」.

손병희의 '한울님'

그러면 손병희가 '인내천'을 천도교의 종지로 세우고 난 이후 천 (天), 한울(님)에 대한 관념이 바뀌었을까? 여러 연구자들은 손병희 의 신관을 인격성이 탈각된 철학적 신론으로 파악한다. 하지만 그 것은 일면만 보고 내린 섣부른 견해이다. 그의 법설(法說)과 통문 (通文)을 종합해보면 그의 한울님에 대한 관점은 이전 스승들과 비 교해 크게 변화가 없다. 여전히 인격적인 한울님에 대한 경외심을 중요하게 여긴다. 다만 앞에서 언급했듯이 그 관계가 의존적, 기복 적, 타율적이어서는 안 된다는 것이다.

이 부분을 좀더 검토하기 위해 먼저 최제우의 신관에 대해 잠시 살펴보자. 최제우의 한울님은 '한울[天]'에 대한 존칭으로 '님[主]'을 붙인 것이다. 전통적으로 동아시아에서의 '천(天)'은 여러 의미로 사 용되어왔다. 풍우란은 천을 물질천, 주재천, 운명천, 자연천, 의리천 의 다섯 가지로 설명한 바 있다.[11] 여기서 물질천은 땅에 대비되는 하늘이고 주재천은 인격적 상제를 가리킨다. 최제우의 천 역시 이 런 동아시아의 천의 관념에 인간 안에 내재하는 초월적 영의 의미 와, 우주에 가득 차 있는 지극한 기운[至氣]의 의미를 부가한다. 그 러므로 최제우에게 한울은 단순히 물리적 자연이 아니라 모든 존재 의 근거이자, 만물의 근원적 실재로서 신성한 에너지이며, 동시에 내 안의 깊은 차원에 내재하고 있는 거룩한 영이기도 하다. 그래서

---

11 풍우란, 『중국철학사 (상)』, 박성규 옮김, 까치, 2003, 61쪽.

가톨릭의 '천주', '하느님'과는 그 관념이 조금 다르다.

그러던 것이 최시형에 와서 천은 앞에서 잠시 언급한 것처럼 '물물천사사천(物物天事事天)'의 범천(汎天)이면서, '심즉천(心卽天)'의 내재·합일된 천이면서, '천지부모(天地父母)'의 인격적 일신(一神)의 모습을 다양하게 보여주고 있다.

그렇다면 손병희의 '인내천'의 천관은 어떻게 이해될 수 있을까? 인내천은 위의 세 가지 천 관념 중에서 '심즉천(心卽天)'의 측면이 보다 강조된 것으로 이해할 수 있다. 손병희는 '천'의 대부분을 내 안에 있는 천을 뜻하는 '자천(自天)'으로 표현하고 있다. 그래서 '자천자각(自天自覺)'[12]을 강조하기도 한다. 내 안에 있는 본래의 마음이 한울로부터 온 '자천'이라는 것이다. 이는 최시형의 '심즉천'의 또 다른 표현으로 보아도 무방할 것이다. 하지만 그렇다고 손병희의 인내천의 천관에서 인격적인 의미의 천 관념이 사라졌느냐 하면 그렇지는 않다.

손병희의 글들의 많은 부분에서 한울(天)을 인격적으로 표현한 부분은 쉽게 찾아볼 수 있다.

> 우리 대선생님께서 경신 사월 초오일에 강령지법을 지어 사람으로 하여금 한울님 모심을 알게 함이요, 한울님 모심을 알면 가히 한울님 말씀함을 알지라, 어찌 의심할 바 있으리오. (중략) 근래 들으니 혹 입도한 지 수삭이 못 되어 발령이 되어 스스로 아는 바 있어 능히 도

---

12 『무체법경』, 「진심불염」.

를 통했다 하니 이같이 발령이 속히 되는 것은 천하사람으로 하여금
한울의 가르침을 알게 함이라.[13]

이 「권도문」은 손병희가 1905년 12월 천도교를 세상에 공포한
후에 국내의 교인들에게 보낸 글이라고 한다. 이 글에서 수운 선생
이 강령의 법을 지어 한울님 모심을 알게 했고, 강령이 되면 강화의
말씀을 들을 수 있다는 것은 의심할 수 없다고 했다. 또한 입도하
여 발령(강령)이 빨리 되는 것도 한울님이 인간에게 모셔져 있다는
것을 알게 하기 위한 한울님의 가르침이라고 하고 있다. 이 글을
보면 한울님이 영으로서 실재하며 인간에게 발령도 되게 하고 강화
의 가르침을 주는 존재로서 여전히 생각하고 있음을 알 수 있다.[14]
또 1910년 7월 2일에 일반문도에게 한 설법에서도 한울님의 감화
를 부정하지 않고 있다.

우리 교의 금일은 장년시대라 은도 당시에는 기적으로 장님의 눈
을 뜨게 하고 앉은뱅이가 걸음을 걷게 했으나 지금은 그런 영험이 없
을 것이니 그 까닭은 다름 아니라 한울님이 우리 인간을 사랑하는 것
이 마치 부모가 자식을 사랑하는 것과 같아서……(중략)……오늘에

---

13 『의암성사법설』,「권도문」.
14 또 종령71호(포덕48년 6월 2일)를 보면 교를 독실하게 믿는 것이 원래 마음이 주
   장이나 몸을 행하는 절차가 낱낱이 규모에 맞추면 한울은 마음을 감응하사 복을
   나리실 뿐 아니라, 질병과 재액을 다 면케 할 것이요……(중략)라고 했다(조기주
   편저, 『천도교종령집』, 천도교중앙총부 출판부, 1983, 66쪽).

우리 교인은 모두 장년이라 장년한 가치를 스스로 생각하고 자각해야 모든 일에 감응을 받을 수 있는 것이다. (중략) 한울님이 먼저 그 사람의 정성을 보아 간섭하는 것이니 정성이 지극하지 못하면 한울님의 간섭을 바랄 수 없는 것이요 종교와 국가의 관계로 말하면 국가는 객체니 먼저 종교심이 발동된 후에라야 국가를 구원할 마음이 생기는 것인데 지금 시대는 국가가 주체가 되고 종교가 객체가 되었으니 먼저 국가를 살리고 보호하여 개량할 때가 아닌가.[15]

이를 통해 보면, 손병희의 천 관념에서 제일 중시한 것은 내 안에 들어와 있는 본심으로서 '자천'이긴 하지만, 사람의 정성에 따라 감응하고 간섭하는 인격적 존재로 여전히 생각되었다는 것을 알 수 있다. 그러나 이제는 장년시대이기 때문에 인격적 천에 대한 의뢰보다는 모든 일을 자력적으로 해나가야 한다는 것을 강조하고 있다. 그것이 장년된 자의 도리이며, 한울님이 바라시는 뜻이라는 것이다. 요컨대 손병희에 와서도 천 관념(신관)이 바뀐 것이 아니라, 천인관계를 보다 성숙하게 해야 한다는 데로 강조점이 이동했다고 보는 것이 정확할 것이다.

인내천과 시천주

지금까지의 논의가 보여주는 것은 손병희에게서 천관의 본질적

---

15 조기주, 『동학의 원류』, 천도교중앙총부 출판부, 1982, 291쪽.

인 변화는 나타나지 않았다는 점이다. 다시 말해서 손병희의 '인내천'은 '한울님이 따로 없고 사람이 한울이다'로 해석되어서 무신론이나 철학적 신론을 표명한 것으로 이해되기보다는 인간의 본질에 대한 자각의 표명이며, 새로운 천인관계의 천명으로 보아야 한다. 그러므로 손병희의 '인내천'은 천에 대한 새로운 시각을 보여준다기보다는, 인간 의식의 성장에 따라 신앙과 수도 방법도 달라져야 함을 표명한 것으로 보는 것이 보다 합당할 것이다.

오교의 과거는 의뢰시대라 고로 천이 기적·영적으로 인을 도(導)했으나 오교의 금일은 희화시대(熙和時代)라 비(譬)하면 백일(白日)이 당천(當天)에 만상(萬像)이 함요(含耀)함과 같으니 비록 섬운(纖雲)이 있다 할지라도 오천(午天)에 지(至)하야는 천하대명(天下大明)하리라 우리 신도(信徒)는 이제로부터 천주(天主)와 신사(神師)께 외뢰(依賴)하는 마음을 타파(打破)하고 자천(自天)을 자신(自信)하라. 만약 자천(自天)을 자신(自信)치 못하고 천사(天師)만 외뢰(依賴)하면 임사(臨事)에 자력(自力)을 얻지 못하며 진실한 건보(健步)를 얻지 못하리라. 자천(自天)은 시천주(侍天主)의 본체(本體)니 유아신도(唯我信徒)는 주체(主體)와 객체(客體)를 구별하야 수련하라.[16]

여기서 보면 한울님과 스승님의 감응을 부정하는 것은 아니지만,

---

16 이돈화, 『천도교창건사』, 「제3편 제10장 공동전수심법과 제법설」, p.72. 같은 구절이 『천도교서』에도 나옴.

지금의 시대는 의뢰시대가 아니므로, 자기 안에 모셔져 있는 천을 자각함으로써 스스로 주체가 되어 일에 임함에 자력으로 해야 함을 강조하고 있다. 이것이 시천주(侍天主)의 본지라고 손병희는 해석하고 있다.

그런데 여기서 하나 주의할 것은 자력(自力)으로 한다고 해서 자기의 습관된 마음을 한울이라고 믿어서는 안 된다는 점이다. 손병희는 수도를 할 때 두 폐단이 있음을 지적하면서 다음과 같이 말하고 있다.

> 어떤 사람이 말하기를 "한울을 마음 밖에 두고 다만 지극히 정성을 다하여 감화를 받아 도를 얻는다" 하고, 또 말하기를 "한울이 내게 있으니 어느 곳을 우러러보며 어느 곳을 믿으랴, 다만 내가 나를 우러러보고 내가 나를 믿고 내가 나를 깨닫는다" 하여, 닦는 이로 하여금 마음 머리 두 곳에 의심스러움이 겹치게 하여 성품을 보고 마음을 깨치려 하는 사람의 앞길을 아득케 하느니라.[17]

이 글을 보면, 한울이 내 마음 밖에 있다고 생각하고 오직 의뢰하는 타력적 신앙만으로도 안 되며, 또한 신이 따로 없다고 하여 자기의 물든 마음을 한울이라고 생각하고 믿고 닦는 수도법도 잘못된 것임을 꼬집고 있다. 그래서 주객의 위치를 잘 정해서 수도를 해야 한다는 것이다. 이는 다시 말하면 처음에는 한울님이 있다는

---

17 『무체법경』, 「성심신 삼단」.

것을 확인하기 위해 지극히 정성을 다하여 감화를 받고 강령, 강화를 체험해봐야 하지만, 그것을 확인한 후에는 한 걸음 더 나아가, 자기 마음이 본래 한울이라는 것을 깨달아야 한다는 것으로 해석된다.

그러므로 위의 언급은 천인관계가 고정된 것이 아니라 수도의 과정에서 변화되어야 한다는 것을 지적한 것이다. 시대에 따라 문명도 발달하고 인지도 발달한다고 본 손병희는 수도의 단계에서도 역시 자각의 정도가 깊어지게 되므로, 최종적으로는 '마음이 한울'이라는 것을 깨닫고, 나아가 '사람이 한울'이라는 것을 깨닫는 것이 동학 수도의 과정으로 본 것이다.[18] 그래서 동학 초기에는 시천주 체험을 강조했지만, 지금은 그동안 신앙이 성숙된 만큼 '자천자각'을 더 강조하고 있는 것이다.

요컨대 인내천이 아무 맥락 없이 나온 것이 아니라 시천주의 발전적 해석이자 심화된 결론일 수 있다. 그리고 인내천 신관이 인격적 신을 부정하는 것은 아니었다는 점은 명확하다. 하지만 '자천자각'을 강조하는 인내천 교리화로 인해 천도교의 성격은, 동학 초기의 역동적인 강신 체험, 한울님의 감응을 굳게 믿고 기다리는 시천주 신앙, 인간의 진솔한 탄원에 감응하여 응답하기도 하는 '내재적

---

18 손병희가 1912년 4월 5일부터 1914년 3월 25일까지 우이동 봉황각에서 전국의 대두목 483명을 불러서 49일 수련을 시키면서 주로 '이신환성'을 강조했는데, 이때 처음으로 수련을 하는 사람들에게는 강령을 모시도록 지도했으며, 대강령이 된 사람들은 개별적으로 불러내어 '이제 강령이 되었으니 이신환성 공부를 해야 한다'고 했다 한다.

초월자'로서의 신령한 지기(至氣), 곧 인격적 한울님 신앙이 약화되고 더불어 인간주체적 자각종교로 그 성격이 변화될 수밖에 없었다.[19]

---

19 김경재, 「종교적 입장에서 본 현대 100년의 천도교」, 『동학학보』, 2006, 제10권 1호, 329쪽.

3

우주는 영의 표현이다 - 성령출세

이 장에서는 손병희가 우주와 자연을 어떻게 바라보는지, 그와 관련하여 영과 생사(生死) 문제 등, 흔히 형이상학적 영역이라 치부되는 문제들에 대해 논해보고자 한다. 동양의 전통에서는 우주에 대한 이해가 인간에 대한 이해는 물론 수양(修養)과도 무관하지 않았다. 손병희의 철학 체계에서도 역시 우주와 인간, 수양이 서로 연결되어 있다. 그러므로 우주에 대한 이해를 통해 손병희의 자연관과 신관, 그리고 생사관을 살펴보고, 이것이 이후에 인간론과 수양론에 어떻게 연결되는지를 살펴보고자 한다.

수운과 해월의 우주

손병희의 우주에 대한 이해를 살펴보기 전에 먼저 스승인 최제우와 최시형의 관점을 잠시 검토하는 것이 필요할 것 같다.

본래 동양에서 보는 자연은 인간과 분리될 수 없는 삶의 무대이

자 심리적으로 교감하는 생명의 마당(場)이다.[1] 또한 자연은 "그 자체의 힘과 원리에 의해서 스스로 움직이는 자기 조직적이고 자기 규제적인 존재로 이해된다. 따라서 서양의 경우처럼 창조주나 법칙 수여자가 불필요하다."[2] 최제우의 우주와 자연에 대한 이해도 이와 크게 다르지 않다. 비록 그가 한울님을 상정하고 있지만 그 이해가 서양의 초월적 주재자, 창조주의 관념과 같을 수는 없다. 그러므로 최제우의 체계에서는 자연 자체의 힘과 원리를 상정하는 또 다른 용어가 필요하다. 그 힘이 '지기'이며, 그 원리가 '무위이화(無爲而化)'[3]이다. 최제우는 이 '지기(至氣)'에 대해 풀이하면서 "'비었으되 신령함으로 가득 차서 모든 일에 간섭하지 않음이 없고, 명령하지 않음이 없는 혼융한 하나의 기운"[4]이라고 했다. 기 자체를 명령하고 감응하는 영적인 존재로 보는 것이다. '기가 곧 영'이라고 보는 데서 기존의 성리학을 비롯한 동양의 자연관과 약간 다른 점이 있다. 여기서 무위이화는 자연에 내재된 자율적 창조의 원리를 가리킨 용어이다.[5] 그러므로 최제우의 우주자연은 그 자체의 자율적 원리에 의해 작동되며, 우주 너머에 어떤 초월적인 인격적 실체를 요

---

1 유아스 야스오, 『몸과 우주-동양과 서양』, 이정배 · 이한영 옮김, 지식산업사, 2004, 65쪽.
2 길희성, 「아시아적 자연주의: 오래된 새길」, 『학술원논문집(인문사회과학편)』 제49집 1호, 2010, 7쪽.
3 최제우, 『동경대전』, 「논학문」, "吾道, 無爲而化矣."
4 최제우, 『동경대전』, 「논학문」, "氣者, 虛靈蒼蒼, 無事不涉, 無事不命, 然而如形而難狀, 如聞而難見, 是亦渾元之一氣也."
5 이돈화, 『신인철학』, 10쪽.

구하지는 않는다. 요컨대 최제우의 우주자연은 지극하고 신령한 기운으로 가득 차 있으며 무위이화의 자율적 원리에 의해 작동되며, 그것은 물리적 힘에만 반응하지 않고 인간의 심리에도 반응하는 영적 실재로 이해된다. 다시 말해 그는 우리를 둘러싼 공간이 비어 있는 것이 아니라 신령한 기운으로 가득 찬 영적 실재로 느낀 것이다. 최제우는 이를 '외유기화(外有氣化)'라고 표현했다.

해월 최시형은 이러한 관점을 좀더 명확하게 하여 천지가 기운으로 가득 차 있을 뿐 아니라 신령하고 살아 있으며 나아가 우리의 생명의 근원으로서 부모님처럼 공경하여 받들어야 한다고 강조한다. 이것이 그의 '천지부모'의 사유이다.

> 천지는 곧 부모요 부모는 곧 천지니, 천지부모는 일체니라. 부모의 포태가 곧 천지의 포태니, 지금 사람들은 다만 부모 포태의 이치만 알고 천지포태의 이치와 기운을 알지 못하느니라. 한울과 땅이 덮고 실었으니 덕이 아니고 무엇이며, 해와 달이 비치었으니 은혜가 아니고 무엇이며, 만물이 화해 낳으니 천지 이기의 조화가 아니고 무엇인가.

이러한 최시형의 언급은 천지자연에 대한 근본 경험에 바탕한 새로운 자각으로 가능한 것이었다. 최시형은 그런 근본 경험을 통해 '천지'를 살아 있는 것으로, 주변을 가득 채우고 있는 활력과 신비가 넘치는 기운으로, 그리고 생명을 주고 먹거리를 주는 부모와 같은 존재로 경험했던 것이다. 그리고 그 부모의 품속에서 최시형은 현존함으로써 지친 생의 활력을 얻고 시대적 폭력에 저항할 수 있었다. 이런 경험을 통해 최시형은 '자연'을 지기(至氣)의 생명이 스스로를 드러내고 다시 본래로 환원하는 생성 변화의 그 모든 과정이자, 그것을 담고 있는 공간으로 이해했다. 그러므로 그에게 '자연'은 단순한 물리적 공간이 아니라 살아 있는 우주적 생명, 모든 만물을 낳는 생명의 근원, 영적 활력과 기운으로 가득 차 있는 유기적 생명일 뿐 아니라 받들어 모셔야 할 '님'이었다.[6]

손병희의 「각세진경」

손병희는 최시형으로부터 종통을 물려받은 이듬해 1899년 7월에 「각세진경」이란 글을 지어서 이른바 궁극적인 물음들에 대해 답변을 하고 있다. 「각세진경」은 제자들이 묻는 질문에 답변하는 방식으로 성, 심, 영, 이, 기, 오행, 음양, 접령, 강화, 귀신 등 동학의 주요 용어들을 정의한다. 이 책의 두드러진 점은 성과 심, 그리고 영이 중요한 용어로 등장한다는 점이다.

묻기를 "높은 것은 한울보다 더 높은 것이 없고, 두터운 것은 땅보다 더 두터운 것이 없고, 비천한 것은 사람보다 더 비천한 것이 없거늘, 사람이 한울을 모셨다 하는 것은 어찌 된 것입니까." 대답

---

6   김용휘, 「최시형의 자연관과 생명사상」, 『철학논총』, 새한철학회, 2017, 10, 168-170쪽.

하시기를 "만물은 다 성품이 있고 마음이 있으니 이 성품과 이 마음은 한울에서 나온 것이라, 그러므로 한울을 모셨다고 말하는 것이니라."

묻기를 "성품과 마음이 한울에서 나왔다는 것은 어찌 된 것입니까." 대답하시기를 "음과 양이 합덕하여 체를 갖춘 것을 성품이라 하고, 밖으로 접령이 있고 안으로 강화가 있는 것을 마음이라 하느니라."[7]

손병희는 성품과 마음이 한울에서부터 왔기 때문에 사람이 한울을 모셨다고 하는 것이며, 성품과 마음이 한울에서 나왔다고 하는 이유는, 성품은 한울의 음양의 기운이 합덕하여 체를 갖춘 것이기 때문이고, 마음은 밖으로 한울 기운이 접하고 안으로 한울님 강화의 가르침에 의해 생기는 것이기 때문이라고 답하고 있는 것이다. 여기서 특기할 점은 원래 최제우나 최시형의 체계에서는 성(性), 성품에 대한 부분이 따로 중요하게 논해지지 않았는데 여기서는 매우 중요하게 다뤄지고 있다는 점이다. 특히 성품에 대해서 음양이 합덕하여 체를 갖춘 것이라는 표현은, 최시형이 최제우의 내유신령, 외유기화를 다시 해석하면서 "안에 신령이 있다는 것은 처음 세상에 태어날 때 갓난아기의 마음이요, 밖에 기화가 있다는 것은 포태할 때에 이치와 기운이 바탕에 응하여 체를 이룬 것"[8]이라고 한 데

7   『의암성사법설』,「각세진경」.
8   『해월신사법설』,「영부주문」.

서, 외유기화를 설명하고 있는 '이와 기가 바탕에 응해 체를 갖춘 것'이라는 부분과 겹친다. 즉 최시형이 재해석한 '외유기화'를 성품으로 해석하고 있는 것이다. 그리고 앞서 최시형의 해석은 최제우의 시천주의 한울님을 인간이 태어날 때 본래부터 갖추고 있는 몸과 마음으로 해석하면서 시천주를 체험해야 할 것이 아니라 인간의 존재론적 본질인 것으로 일반화해버리고 있는데, 손병희는 이에 더해 심성론으로 환원해서 해석하고 있는 것이다.

그러니까 제자가 다시 성품과 마음에 대해서 묻는다.

> 묻기를 "성품이란 것은 무엇입니까?" 대답하시기를 "천지의 정미(精微)로운 체이니라."
> 묻기를 "마음이란 것은 무엇입니까?" 대답하시기를 "들리는 듯하나 보기 어려운 혼원한 허령이니라."[9]

여기서 보면, 성품과 마음을 심성론적인 차원에 국한하지 않고 우주론적 차원에서 논하는 듯이 보인다. 다시 말하면 한울의 정미로운 체인 성품이 인간의 몸을 만들고 들어와서 인간의 성품이 되고, 한울의 허령한 마음이 들어와서 인간의 마음 작용을 일으킨다고 해석된다. 이때부터 이미 시천주를 인내천의 존재론적인 동일성으로 해석하면서 성과 심을 다시 중요한 용어로 소환하고 있다는 것을 알 수 있다. 이로써 시천주의 종교체험적 요소는 약화되고 유

---

9   위의 글.

학의 '천명지위성'과 성리학의 '성즉리', 불교의 '불성'과 비슷하게 인간의 본성으로 파악하고 있다. 다만 이들과의 차이점은 이 성이 천지의 정미로운 체라고 한 데서 알 수 있듯이, 그것이 들어와서 인간의 본질을 구성하긴 하지만, 그 성은 인간에게 구비되기 이전에 이미 천지의 정미로운 체로서 존재하며, 그 천지는 또한 영으로 가득차 있다고 보는 점이다.

한편 그는 '영'이라는 용어도 중요하게 다루고 있는데, 영이란 "빈 듯하나 천지에 가득 차고 만물에 남기지 아니함이 없으며, 비치지 않은 때가 없으며, 고요하여 움직이지 아니하며, 일어나면 밝고 어두우면 변화하여 스스로의 덕이 되고 스스로의 이치가 되는 천지의 힘이요, 자연의 이치"라고 풀이하고 있다. 이 부분은 마치 최제우가 지기(至氣)를 풀이하면서 "비었으되 신령함으로 가득 차서 모든 일에 간섭하지 않음이 없고, 명령하지 않음이 없는 혼융한 하나의 기운"[10]을 연상하게 한다. 이는 우주에 가득 찬 하나의 영적 실재로서 그 존재는 기운으로서 존재하며, 무위이화의 자연한 이치에 의해 움직이는 한울님의 영을 의미한다.

한편, 강화와 접령의 체험을 묻는 질문에, 강화의 "강이란 것은 영이 접하는 이치요, 화란 것은 내유신령의 이치에 의하여 능히 말하고 웃고, 능히 움직이고 고요한 것이 다 강화의 가르침 아님이 없는 것"이라 하고, 접령이란 "그 나타남이 그토록 빠르게 골격에 혼

---

10   최제우, 『동경대전』, 「논학문」, "氣者, 虛靈蒼蒼, 無事不涉, 無事不命, 然而如形而難狀, 如聞而難見, 是亦渾元之一氣也."

연히 들어가 총명이 그 귀와 눈에 응하여, 나와 한울의 기운이 서로 합하여 한울과 사람이 말을 서로 들으며, 뜻과 생각이 서로 같아서 모든 일을 능히 통하는 것"이라고 했다.

이로써 시천주를 인간이 하늘의 성품과 마음을 선천적으로 품부(稟賦)한 것으로 합리적 해석을 가하는 한편, 강화와 접령의 체험을 따로 인정하고 있다. 이는 시천주를 인간의 본질적인 품부로 해석하면서 종교 체험과 분리하여 합리화, 객관화하는 한편, 접령 강화는 말 그대로 한울의 영이 들어와 서로 상합하는 것으로서 이는 수련을 통해서 체험해야 하는 영의 작용으로 해석하고 있는 것이다.

이 「각세진경」의 특징은 이전과는 달리 시천주를 심성론적으로 해석하고 있다는 점이고, 그래서 성심, 특히 성이 중요한 용어로 등장하기 시작했다는 점이다. 또한 영이 중요한 용어로 들어오고 있다. 물론 영은 '내유신령', '심령' 등으로 안 쓰인 것은 아니지만, 이 「각세진경」에서는 수운의 '지기'를 대신하여 중요한 개념으로 쓰고 있는 듯이 보인다.

성령출세

앞에서도 잠시 서술했듯이 손병희에게 있어 가장 중요한 사건은 1910년 2월 수운 대신사의 성령을 체험하면서 이른바 '대도견성(大道見性)'을 한 사건이다. 그리고 이때의 체험으로 '성령출세'라는 새로운 개념을 도출해내었다. 이 체험에 대해 이돈화는 다음과 같이 서술하고 있다.

성사(聖師) 49일 기도를 행하시고 대신사께서 직접 우거하여 공부
하시던 적멸굴을 역방(歷訪)하사 굴문 앞에 입(入)하시자 문득 정신
이 황홀하여 자신의 소재를 잊게 되고 마음이 삼계(三界)를 통하는
듯하며 정신이 물아무유(物我無有)의 경(境)에 우유(優遊)하더니 문
득 시 한 수가 강화(降話)로 나와 「석시차지견, 금일우간간(昔時此地
見 今日又看看)」이라 했다. 이것은 성사께서 적멸굴을 보는 것이 아
니요 대신사로서 두 번째 적멸굴을 본다는 뜻이었다. 이 시를 보면
마치 대신사가 성령으로 현세하여 적멸굴을 다시 보는 감(感)이 있으
니, 이것은 곧 대신사의 심령이 법신(法身)으로 의암성사에게 출현되
었음을 명증하는 것이다. 인(因)하여 의암성사께서 성령출세설(性靈
出世說)을 발표하시게 되었다.[11]

양산 통도사 내원암에서 49일 수련을 마치고 한때 수운이 공부
한 바 있는 적멸굴에 방문했을 때, 불현듯 수운의 성령이 임하여 자
신의 몸을 통해 이곳을 다시 보는 듯한 느낌에 사로잡혔다는 것이
다. 손병희는 그때의 체험을 성령출세설에서 다음과 같이 직접 표
현하고 있다.

내가 일찍이 양산 통도사에서 수련할 때에 활연히 「옛적에 이곳을

―――――――――

11 이돈화, 『천도교창건사』, 제3편 의암성사, 63쪽.

보았더니 오늘 또 보고 보는구나」하는 시 한 구를 불렀으니, 이것은 대신사의 옛적과 나의 오늘이 성령상 같은 심법임을 말한 것이니라. 대신사는 이미 성령으로 출세하셨으니 일체의 물건마다 마음마다 다 이 성령의 출세한 표현이 아님이 없는 것이니라. 그러나 우리 사람이 이를 깨닫고 깨닫지 못하는 바는 전혀 성령을 수련하고 수련치 않는 데 관계한 것이니, 만약 우리가 각각 대신사의 심법을 받아 성령 수련 한 결과가 하루아침에 환한 경지에 이르면, 이에 대신사의 심법이 일 체 우주의 심법임을 깨닫고 따라서 자기의 성령이 곧 대신사의 성령 임을 깨달을 것이니, 불생불멸하고 무루무증한 것은 이것이 큰 성령 의 근본적 출세이니라.[12]

손병희는 자신도 모르게 "옛적에 이곳을 보았더니 오늘 또 보고 보는구나"라는 시를 읊조렸다. 이는 분명 자신이 아닌 수운 대신사 의 목소리였다. 손병희는 이 체험을 통해 수운 대신사의 성령이 사 라지지 않고 이 세상에 다시 나타나 있으며, 특히 후학들의 심령 속 에 살아 있음을 깨닫는다. 나아가 자신의 성령이 곧 수운 대신사의 성령임을 깨닫는다. 그리고 대신사의 성령이 본래 한울, 우주의 성 령이었음을 다시 깨닫는다. 다시 말하면 우주는 하나의 성령의 표 현이며, 그것이 수운의 성령으로, 다시 자신의 성령으로 나타났다 는 말이다.

손병희는 이 체험을 보다 객관화하여 자신뿐 아니라 모든 인간

---

12 『義菴聖師法說』, 「性靈出世說」.

이, 그리고 인간뿐만이 아니라 모든 우주만물이 하나인 우주적 영의 표현임을 깨닫는다. 영이 드러난 것이 우주이고, 우주가 잠겨 있는 것이 영이라고 할 수 있다.

우주는 원래 영의 표현인 것이니라. 영의 적극적 표현은 이것이 형상 있는 것이요, 영의 소극적 섭리는 이것이 형상 없는 것이니, 그러므로 형상이 없고 형상이 있는 것은 곧 영의 나타난 세력과 잠겨 있는 세력의 두 바퀴가 도는 것 같으니라. 여기에 한 물건이 있어 문득 영성의 활동이 시작되었나니, 이것은 영의 결정으로써 만물의 조직을 낳은 것이요, 만물의 조직으로써 다시 영의 표현이 생긴 것이니라. 그러므로 영과 세상은 같은 이치의 두 측면일 따름이니라.[13]

영에 의해 만물이 나타나고, 그 만물의 조직과 활동에 의해 다시 영의 표현이 생긴다. 영은 고정불변의 어떤 인격체가 아니라 만물과의 관계 속에서 계속 생성하고 있다. 그것을 우주정신이라고 할 수도 있고, 억조의 정신이라고 해도 무방하다. 그렇다면 우리가 개체라고 하는 것은 무엇인가? 그는 다음과 같이 말한다.

그러므로 성령은 근본이 세상에 나타난 것이니라. 영을 떠나 따로 물건이 없고 물건을 떠나 따로 영이 없고 다시 세상이 없으니, 마침내 영은 세상을 마련하고 세상은 영을 얻은 것이니라. 물건마다 각

---

13 『義菴聖師法說』, 「性靈出世說」.

각 그 성품을 이룬 것은 이 신묘한 성령의 활동이 만기만상에 응한 것이요, 기국대로 세상에 나 조섭하는 데 응함이니, 비유하면 같은 비와 이슬에 복숭아는 복숭아 열매를 맺고, 살구는 살구 열매를 맺나니, 이것은 천차만별의 식물에 좇아 천차만별의 열매를 맺음과 같으니라.[14]

다만 우리가 개체라고 하는 것은 그 성령이 만물의 조직을 갖추고, 또한 인간 몸을 만들고 그 몸의 기질과 기국에 따라 마음 작용이 일어나는 것을 의미할 뿐이다. 그 마음 작용 안에서 세상을 대상화하여 헤아리는 작용이 일어나면 그것을 헤아리고 있는 주관이 분리된다. 그 주관의 의식들이 쌓이면서 기억이 저장되고 그 기억들의 총체를 나라고 여기게 된다. 이것이 '자아'를 구성하는 것이며 개체의 '의식'이 된다. 그러므로 죽으면, 육신의 활동은 정지되므로 마음 작용, 즉 자아의식은 사라진다고 봐야 할 것이다. 그렇게 되면 성품(성령)만 남아 다시 본래의 한울 성령으로 돌아가게 된다. 하지만 살면서 형성된 정신은 없어지는 것이 아니라 성품 속에 보관되어 다시 본체 성령으로 섞여 들어간다. 그것이 섞여 들어간 만큼 우주의 정신은 변화된다. 그리고 그 우주정신이 다시 세상으로 나타나 만물을 조직한다. 그래서 그는 다음과 같이 말한다.

그러나 사람은 이에 만물 가운데 가장 신령한 자로 만기만상의 이

---

14 위의 글.

치를 모두 한 몸에 갖추었으니, 사람의 성령은 이 대우주의 영성을 순연히 타고난 것임과 동시에 만고억조의 영성은 오직 하나의 계통으로서 이 세상의 사회적 정신이 된 것이니라. 신사께서 사람이 곧 한울인 심법을 받으시고 향아설위(向我設位)의 제법을 정하시니 이 것은 우주의 정신이 곧 억조의 정신인 것을 표명하심과 아울러 다시 억조의 정신이 곧 내 한 개체의 정신인 것을 밝게 정하신 것이니라. 이를 한층 뜻을 좁히어 말하면 전대 억조의 정령은 후대 억조의 정령이 된다는 점에서, 조상의 정령은 자손의 정령과 같이 융합하여 표현되고, 선사의 정령은 후학의 정령과 같이 융합하여 영원히 세상에 나타나서 활동함이 있는 것이니라.

나 하나의 정신은 나 개체의 것이 아니라 지금까지 억조의 정신이 총 집합된 것이다. 그리고 내가 살면서 형성된 정신은 다시 우주정신(宇宙精神)에 부가된다고 본다. 그래서 나의 정신은 억조의 정신의 반영이며 사회적 정신의 반영이다. 또한 그렇게 형성된 나의 정신은 우주정신에 더해져 또다시 다음 세대의 정신으로 이어진다. 나의 정신과 영은 없어지지 않고 다음 세대, 다음 세계에 나타나며 그런 정신과 영의 총 집합체가 한울의 성령이며 우주의 정신이다. 그러므로 한울과 사람은 서로 영적인 성장을 주고받으면서 서로를 키우고 생성시켜나가는 존재이다. 이것이 인내천의 또 다른 의미라고 할 수 있다. 한 사람의 정신 안에 전 우주의 정신이 다 들어 있고, 그러므로 나의 정신의 성장은 다시 우주의 정신을 진화시킨다는 것이다.

따라서 이 성령출세(性靈出世)는 곧 손병희의 생사관(生死觀)이 기도 하다. 사람은 살았을 때의 정신(성령)이 죽더라도 없어지지 않고 전체 우주의 성령에 귀일되는 한편 다시 후손(후학)과 합일되어 영원히 함께한다는 것이다. 그러므로 손병희의 생사관은 단순한 한 개체의 삶과 죽음이 아니라 우주적인 영의 진화 속에서 말해지는 것이다. 그는 앞서 보았듯이 인간의 본래를 성품, 또는 한울의 성령(性靈)이라고 본다. 한울의 성령이 인간된 것이 사람이다. 무형한 한울이 유형한 한울이 된 것이라고 표현하기도 한다. 따라서 그는 죽은 후의 인간 영혼의 개체성은 인정하지 않는다. 한마디로 내세를 인정하지 않는다. 그래서 천도교에는 내세관이 없다고 할 수 있다. 그렇다고 삶과 죽음에 대한 이야기가 없는 것은 아니다. 그는 죽음으로 존재가 완전히 소멸되는 것은 아니라 정신과 영은 남아서 계속 세상에 영향을 미친다고 한다. 살았을 때의 정신(성령)은 없어지지 않고 전체 성령에 귀일하는 한편 다시 후손과 후학과 합일되어 후손과 후학의 정신에 영향을 준다는 것이다. 이렇게 전체 정신, 전체 우주의 영은 나타난 세계와의 관계 속에서 끊임없이 변화 생성해나간다. 이는 우주를 하나의 영의 작용으로 보기 때문이다.

이러한 '성령출세'의 자각은 이후에 법문 형식으로 정리되어 모든 교도에게 '심법'으로 전수되는데, 그 법문은 다음과 같다.

너는 반드시 한울이 한울된 것이니, 어찌 영성이 없겠느냐. 영은 반드시 영이 영된 것이니, 한울은 어디 있으며 너는 어디 있는가.

구하면 이것이요 생각하면 이것이니, 항상 있어 둘이 아니니라.

(汝必天爲天者 豈無靈性哉 靈必靈爲靈者 天在何方汝在何方

求則此也 思則此也 常存不二乎)

포덕 55년 4월 2일[15]

이 법문은 1914년 4월 2일 손병희가 가회동 자택에 전국의 두목 74명을 모이게 하고 이른바 공동전수심법을 하면서 내린 법문이다.[16] 이제부터는 한 사람에게 심법을 전하지 않고, 삼백만 교도에게 공동으로 심법을 전수한다는 의미이다. 다만 삼백만이 다 모일 수 없기에 우선 대두목들만 모이게 한 것이다.

요컨대 손병희는 이 성령출세를 깨달음으로써, 수운 스승의 시천주의 의미, '오심즉여심(吾心卽吾心)'의 의미, 그리고 『용담유사』, 「흥비가」에서 수운이 노래했던 "무궁한 이 울 속에 무궁한 나 아닌가"의 의미가 무엇인지를 분명하게 깨달았다. 이로써 자신의 본래 성품을 확철대오한 것이니, 말 그대로 대도견성(大道見性)을 한 것이었다. 그리고 이 성령출세를 중심으로 다시 시천주와 인내천의 의미를 재해석할 뿐 아니라, 수련에서도 영원한 성품 본체를 깨달아 성품이 주체가 되는 공부를 중시했다. 이를 '이신환성'이라고 한다. 따라서 그의 철학을 파악하는 데 있어, 1910년 사건을 제대로

---

15 『의암성사법설』, 「법문」.
16 조기주, 『동학의 원류』, 321쪽.

파악하는 것이 가장 중요한 관건이 될 것이다. 그리고 이때의 생각을 정리하여 다시 책으로 묶은 것이 바로 『무체법경』이다. 이 부분은 다음 장에서 상술한다.

4

성심신 삼단의 인간 이해

『무체법경』

앞 장에서 서술한 바와 같이 『무체법경』은 1909년 12월 20일
부터 양산 통도사 내원암에서의 49일 수련을 마치고 1910년 2월
10일경 적멸굴의 체험 이후 곧바로 나온 것으로 동학·천도교 수
련법에 대한 최초의 체계적인 저술이며, 손병희 철학의 결정판이
라고 할 수 있다. 이 글은 동양의 전통적인 심성론의 체계 안에서
심(心)과 성(性)을 통하여 우주만물의 생성은 물론, 존재의 근원,
인간의 본질, 나아가 수련의 방법과 계단, 그리고 수련의 최종 결
과까지도 언급하고 있다. 이 책은 1910년 2월에 지어서, 1912년
대도주 박인호(朴寅浩)의 편술로 발간되었다. 이 책에 대해서
1921년에 간행된 최초의 천도교단 측 역사 자료인 『천도교서(天
道敎書)』에서는 의암이 양산의 통도사 내원암에서 1909년 12월
부터 49일 기도를 하고 나서 『후경(後經)』과 더불어 지은 글이라

고 한다.[1]

이 글의 저자에 대해서 일각에서 양한묵의 글이라는 주장이 있다. 『무체법경』 전반에 깔린 불교적 색채로 볼 때 한때 스님이었던 양한묵의 저작이라는 것이다. 그러나 여러 정황으로 볼 때 의암의 저작이 확실하다. 그 이유로는 양한묵의 천도교 입교가 1905년 대고천하 이후로 동학·천도교에 대한 이해가 깊지 않다는 점, 『무체법경』의 불교적 용어, 예를 들어 성품이나 견성 같은 용어는 이미 1899년 「각세진경」이나 「수수명실록」에서도 나온다는 점, 무엇보다 결정적인 증거는 1912년 대도주 춘암 박인호[2] 편술로 발표된 최초의 판본에서 편술자가 「정의」라는 이름으로 주해를 하면서 곳곳에 "이 부분은 성사[3]께서 이러이러한 뜻으로 말씀하셨다"[4]라고 언

1　『천도교서』,(『동학농민전쟁사료총서』 28), 342쪽.
2　1855(철종 6)~1940. 천도교 제4대 대도주(大道主). 본관은 밀양. 초명은 용호(龍浩), 자는 도일(道一), 도호는 춘암(春菴). 충청남도 덕산 출신. 1883년(고종 20)에 동학에 입도, 갑오동학농민운동 때 호서지방에서 박희인과 더불어 기포 덕산 예산 신리원(新里院), 그리고 홍주성을 점령하는 등의 활약을 했다. 1900년에 동학의 경도주(敬道主)가 되어 손병희를 도와 동학재건에 힘썼고, 1904년에는 동학교도들로 조직된 진보회(進步會)를 통하여 갑진개화운동(甲辰開化運動)의 일선에 나섰으며, 1907년에는 천도교 차도주(次道主)가 되었다. 이듬해인 1908년 1월에는 천도교 제4세 대도주가 되고, 그 뒤 천도교 제3세 교조 손병희의 지도 아래 천도교 중흥에 힘써서 교세를 크게 일으켰다. 1919년에는 3·1운동으로 일본 경찰에 잡혀 옥고를 치르고, 다음해 10월에 출옥했다. 1938년에는 멸왜기도(滅倭祈禱)운동을 지시한 것이 발각되어 많은 교도들이 잡힐 때 병석에서 심문을 받았다.
3　성사(聖師)는 의암 손병희에 대한 존칭임.
4　박맹수, 최기영 편, 『한말 천도교자료집 1』, 『무체법경』 (국학자료원, 1997년) 381-461쪽, "...聖師之憂道, 曷嘗已哉.""...故聖師之以自性自覺, 爲捨凡至天之一大宗法者, 盖以是也""...故聖師明侍字之義曰覺天""...聖師之意則先天後天, 我心之所以爲上帝也."

급하고 있다는 점을 들 수 있다. 『무체법경』이 발표된 지 2년도 안 된 시점에서 대도주가 주해를 직접했다는 것은 『무체법경』이 단지 이전의 교리서와는 차별된 '경(經)'으로서의 권위를 가졌다는 것을 의미하며, 대도주가 직접 풀이하면서 성사의 뜻을 밝히려고 했다는 점은 『무체법경』의 원저자가 의암성사 손병희라는 것을 분명하게 보여준다고 하겠다. 만약 양한묵의 저작이라면 '경(經)'이라는 이름 을 붙일 리도 없고, 대도주가 나서서 직접 주해를 했을 리도 만무하 기 때문이다. 그리고 이 글은 「각세진경」에서의 성심과 우주 본체 에 대한 문제의식이 적멸굴의 '성령출세'를 자각하면서 정리된 성격 을 보여주고 있기 때문에 갑자기 나온 것이 아니라 의암의 사상적 인 흐름 속에서 그 결실로서 나왔다고 보아야 한다.[5]

그렇다면 의암이 이 글을 지어야 하겠다고 생각한 이유는 무엇 일까? 무엇보다도, 앞에서 언급한 것처럼 양산 통도사 내원암에서 의 49일 수련과, 적멸굴에서의 '성령출세' 체험을 보다 체계적으로

---

5 다만 의암이 직접 지금 현존하는 한문체의 글을 지었는지, 아니면 의암이 구술한 것을 양한묵이 대필했는지, 또는 의암이 국한문혼용의 『무체법경』을 먼저 짓고 양한묵이 그것을 한문체로 옮긴 것인지, 아니면 의암이 큰 대의만을 제시하고 양 한묵이 그것을 구체적인 문장으로 만들고, 다시 검토받고 수정하면서 나온 것인지 는 불분명하다. 최기영·박맹수 편의 『한말 천도교자료집 1』(국학자료원, 1997, 15쪽)의 해제에서는 의암이 구술한 것을 양한묵이 대필한 것으로 보고 있다. 이돈 화의 『천도교창건사』에서도 국한문혼용체로 『무체법경』의 전문을 싣고 있다. 만 약의 경우 큰 틀과 대의만 제시하고 양한묵에게 문장을 지으라고 해서 나온 글이 라 하더라도 이 글의 저자는 의암으로 보아야 한다. 왜냐하면 대부분의 지도자들 의 의례문 같은 것은 직접 문장을 짓지 않고 큰 틀만 제시해주고 세부적인 것은 해당 부서의 실무자가 작성하기 때문이다. 그렇다고 그 글을 문장을 만든 실무자 의 글이라고 하지 않는 것과 마찬가지이다.

정리할 필요가 있었을 것이다. 두 번째로 생각할 수 있는 것은 천도교로의 개편 이후 체계적인 수련서가 필요했다는 점을 지적할 수 있을 것이다. 동학은 수운의 수련 체험을 통해 탄생한 것이기 때문에 동학에서 수련은 가장 중요한 부분을 차지하는 것이었다. 그런데 동학은 동시에 종교로서 신앙의 대상을 상정하고 있기에 한울님에 대한 타력적 신앙과 자각을 중시하는 자력적인 수련 사이에서 괴리가 있을 수 있었다. 또한 당시 교인들 중에는 동학의 시천주에 대한 깊은 이해 없이 단지 주문만 열심히 외면 삼재팔난을 면한다는 다분히 기복적인 이유에서 입교를 하거나, 혹은 을사늑약과 경술국치 이후 좌절된 사람들의 정신적인 귀의처로서 또는 인내천의 인간 본위의 근대적 종교 사상에 대한 관심으로 입교한 경우가 많았다. 그렇기 때문에 수도의 입각처를 제대로 파악하지 못하고 때론 미혹된 신앙에 빠져 있거나 때론 너무 근대적인 인간중심주의에 빠져 신앙이나 수련의 의미를 간과하는 경우도 있었다. 이런 형편에서 의암은 이 둘 사이의 간극을 해소하고 올바른 천도교 수도의 방향과 체계를 정립할 필요에서 이 글을 지었다고 생각된다.

혹자는 이런 당시의 요구에 의해 쓰여졌기 때문에『무체법경』이 이전 동학의 수도법과 많이 달라진 것이 아닌가라고 문제를 제기하기도 한다. 특히『무체법경』에 나오는 불교적 용어, 예를 들어 '견성각심(見性覺心)' 등의 용어 때문에 불교적 수행에 가까워진 것은 아닌지 의문을 품는다. 또 혹자는『무체법경』의 '성(性)'과 '심(心)'은 성리학의 그것을 차용하여 천도교 교리를 합리화하고 있을 뿐이라고 애써 그 의미를 축소시키기도 한다.

물론『무체법경』은 일정 정도 동학 시기의 수련법과 그 지향점이 다르게 느껴지기도 한다. '자심(自心)' 혹은 '자천(自天)'을 자각할 것을 강조하는 부분이 대표적이다. 그러나 이는 앞에서도 밝혔듯이 여전히 인격적인 한울님에 대한 신앙이 있으면서도 한편으론 그 한울님이 내 안에 모셔져 있고, 나아가 '한울이 본래 나의 마음'이라는 자각을 중시하고 있기 때문에 생기는 문제이다. 다시 말해 신앙과 수련의 양면성을 다 가지고 있는 동학의 특징에서 오는 문제이다. 그렇기 때문에 수련의 자각 정도에 따라 신(神), 한울(님)에 대한 이해와 규정, 그에 따라 관계 설정도 달라진다. 따라서『무체법경』에서는 나와 한울의 관계를 어떻게 설정하느냐가 매우 중요하며, 손병희는 이 글을 통해 신앙과 수련의 두 측면을 배치됨 없이 하나의 단계로 설정함으로써 해소하려고 하고 있다.

따라서『무체법경』을 지은 의도는 결국 수운의 '시천주(侍天主)'와 해월의 '심즉천(心卽天)'을 계승하여 좀더 체계적으로 심성(心性)을 논함으로써 천도교로의 개편 이후 요구되는 심성론, 수도법의 체계를 갖추기 위한 것이라고 추정된다. 그렇기 때문에 똑같이 성과 심이라는 용어를 쓰지만 그 개념은 불교와 성리학의 그것과는 다르다. 또한 수련할 때의 주의사항과 수련의 방법과 절차, 단계, 그리고 최종 목적을 제시함으로써 천도교의 이상적 인격은 무엇인지를 밝히고 있다.[6]

---

6 지금까지 무체법경 주해서는 다음과 같다. 정운채,『무체법경』, 명지사, 1985년 / 임운길,『무체법경 연구』, 천도교종학대학원 /이영노,『의암성사법설해의』, 천법출판사, 2000년.『무체법경』연구물로는 다음을 참조하라. 김용해,「손병희의 '무

성심신 삼단

손병희는『무체법경』에서 인간을 성·심·신(性心身)의 세 가지 계기(三端)로 나눠서 설명하고 있다. 여기서 성과 심은 비록 유(儒)·불(佛)에서도 널리 쓰인 용어이긴 하지만 유교, 불교의 그것과는 다른 것으로 이해된다. 이에 따라 인간에 대한 이해, 나아가 수도의 방법도 달라지기 때문에 우선 손병희가 심성을 어떻게 보고 있는지 살펴보자.

성(性)이 닫히면 만리만사(萬理萬事)의 원소(原素)가 되고, 성(性)이 열리면 만리만사의 좋은 거울이 되니, 만리만사가 거울에 들어와 운용하는 것을 심(心)이라고 한다. 심(心)은 곧 신(神)이요, 신(神)은 곧 기운이 이른 바이다.[7]

여기서 손병희는 '성(性)'을 만리만사의 원소이자 그것을 비추는 거울이라고 표현한다. 성을 '닫힌다', '열린다'로 표현한 것이 특이한데, '닫힌다'는 표현은 '성(性)'이 아직 현상계로 드러나기 이전을 의미하는 것 같고, 그것이 현상계로 드러난 것을 '열렸다'고 표현하는 것 같다. 그리고 그 거울 속에서 비추고 판단하는 작용이 시작

체법경'과 조지 허버트 미드의 '정신, 자아 그리고 사회'」, 동학학회,『동학학보』제 10권 1호, 2006.6. / 오문환,「의암 손병희의 성심관:『무체법경』을 중심으로」, 동학학회,『동학학보』제10권 1호, 2006.6.

7 『무체법경』,「성심변」, "性闔則爲萬理萬事之原素, 性開則爲萬理萬事之良鏡, 萬理 萬事入鏡中能運用曰 心. 心卽神, 神卽氣運所致也."

되면 그것을 심이라고 한다. 그리고 이 심(心)은 신, 즉 하늘의 기운에서 온 것이다. 그러므로 여기서 신(神)은 한울의 기운 작용을 의미한다.

그렇다면 여기서 '성(性)'을 어떻게 이해해야 하나? 박인호의 「정의」에서는 이 부분에 대한 해설을 다음과 같이 하고 있다.

성품은 곧 천의 일부분(一分天)이 사람된 것으로, 사람(의 몸)으로써 경계를 삼는다. 안으로 영관(靈官)과 영능(靈能)이 족히 바깥 대상[第二岸]을 대하는 것을 열렸다고 하고, 그로부터 자기의 바탕[自地]에 이르러 영으로 하여금 정(靜)에 되돌아 물러나 있는 것을 닫혔다고 한다. 닫히면 하나의 경계가 되니, 그 경계의 가운데는 담연충명(潭淵充明)하여 만리만사를 일으킬 수 있으며, 능히 이치가 되게 하고 일이 되게 하므로 모든 이치와 모든 일의 원소라고 한다. 이미 이치와 일이 되매, 마음이 아래위로 상통할 수 없다면 그 돌아감은 반드시 천(天)에 어긋날 것이므로 시작하는 기틀도 반드시 천으로써 하고, 마침도 반드시 천으로써 한다. 이것을 일러 '성품이 거울'이라고 한 것이며, 천지고금이 성품 세계에 들어와 이에 함유(涵遊)하므로 '만리만사가 거울 중에 들어왔다'고 한다. 성품이 이미 그것으로써 범위를 삼아, 만리만사에 영(靈)의 능력을 쓰는 것을 마음이라 한다. 더불어 응대함에 반드시 영첩(靈捷)하여 마치 신(神)의 운용과 같으므로 신(神)이라고 한다. 신은 그 가운데 기틀을 일으키는 것이 있어, 만들고 변화하게 하는데, 반드시 정(情)으로써 한다. 그러므로 기운이 이른다고 한다. 운(運)은 정(情)이 부린 것이다.[8]

어떤 측면에선 주해가 본문보다 더 어렵다. 하지만 주해를 가만히 음미해보면 본문을 이해하는 데 하나의 실마리를 제공해준다. 박인호는 여기서 성을 한울의 영이 사람에게 들어와 있는 것으로 영관(靈官)과 영능(靈能)을 가진 실재라고 본다. 그것이 작용을 하면 만리만사를 밝게 비추는 거울 역할을 하며, 작용하지 않을 때는 담연충명하여 만리만사를 일으킬 수 있는 바탕이며 근원이라고 한다. 그래서 만리만사의 근원적 요소라는 의미에서 원소(原素)라고 표현하고 있다. 물리학에서의 물질의 기본적 요소가 되는 원소(元素)와는 그 용어가 다르다.

손병희는 이 성(性)을 리(理)라고 했는데, 성리학의 '성즉리'와는 다르다. 성리학의 성은 천리(天理)가 인간에게 본구한 것을 가리키는 것으로, 인의예지의 도덕적 리를 함유하고 있다. 이에 비해 손병희의 성은 공적한 리이자, 천지의 정미로운 체이다. 손병희는 "성은 리니 성리는 공공적적하여 끝도 없고, 양도 없으며, 움직임도 고요함도 없는 원소일 뿐이다"[9]라고 했다. 성의 리가 어떤 내용을 가지고 있는 것이 아니라 비어 있다는 것이다. 비어 있기 때문에 모든

---

8 『무체법경』, 「성심변, 정의」, "性乃一分天之爲人者而以人爲界, 內有靈官靈能之足以對第二岸曰開. 自開之自地, 使靈退歸于靜曰闔. 闔, 一界也. 其界中也, 潭淵充明, 可以起萬理萬事而竟能使理之事之, 故曰萬理萬事之原素. 旣旣事而心不能上下之則其歸也必背天, 故 始機者必以天, 終果者必以天, 是曰性爲鏡. 以天地古今, 納之性界而于, 是焉涵遊, 故曰萬理萬事入于鏡中. 性旣以範圍之而靈力之與萬理萬事者曰心. 與之酬酌, 必能捷然若神之運用, 故曰神. 神乃有中機發者而造之化之, 必以情, 故曰氣運所致. 運, 乃情之所使也."

9 『무체법경』, 「성심신 삼단」, "性, 理也. 性理, 空空寂寂, 無邊無量, 無動無靜之原素而已."

것이 나올 수 있는 원소라는 것이다. 물론 손병희의 성은 성리학의 성처럼 한울이 인간에게 본구된 것이긴 하지만, 그 한울의 내용을 지금까지 보아왔듯이 단지 리로만 보지 않고, 리와 기가 합쳐진 지기(至氣)의 영(靈)으로 보기 때문에 성리학과 형식에서는 유사하지만 성리의 의미가 내포하는 것은 다르다고 할 수밖에 없다. 또한 성이 천지의 정미로운 실체이자 한울의 영이라고 하는 데서 불교의 불성과도 다르다.

이처럼 손병희의 성(性)은 성리학과 불교의 그것과는 달리 한울의 영이 인간에게 품부된 것이다. 그리고 손병희는 이 성이 본래 온 바의 그 본원을 성천(性天)이라고 표현한다.

운용의 맨 처음 기점을 나라고 말하는 것이니, 나의 기점은 성천(性天)의 기인한 바요, 성천의 근본은 천지가 갈리기 전에 시작하여 이때에 억억만년이 나로부터 시작되었고, 나로부터 천지가 없어질 때까지 이때에 억억만년이 또한 나에게 이르러 끝나는 것이니라.[10]

손병희는 운용의 기점을 '나'라고 한다. 여기서 '나'는 육신의 나가 아닌 태어날 때 품부받은 한울의 영, 즉 '성'으로서 '본래의 나'를 의미한다. 그 '성'의 본원을 '성천'이라고 하는 것이다. 그렇다면 결국 '나'라는 존재의 기점도 '성천'이라고 할 수 있다. 이를 다시 '나'

---

10 『무체법경』, 「성심변」, "運用最始起點曰我, 我之起點, 性天之所基因, 性天之所根本, 始乎天地未判之前而是時 億億萬年自我而始焉, 自我至天地之無而是時億億萬年, 亦至我而終焉."

라는 관점에서 보게 되면 천지와 만물이 본래 하나인 '나'로부터 시작되어 생(生)하고 나로 인하여 멸(滅)한다고 할 수 있다. 나중에 손병희는 '성천'이라는 표현보다는 '성령(性靈)'이라는 표현을 더 많이 사용한다. 천이 곧 영이기 때문이다.

한편 손병희는 만물 안에 내재하고 있는 천을 '성'이라고 표현하면서도, 그것이 만물 안에 내재하기 이전에 본래 무형으로 있던 성을 '무체성(無體性)'이라고 표현하고, 그것이 인간이나 만물 안에 들어와 있는 것을 '유체성(有體性)'이라고 구분하고 있다.[11] 이때 무체성은 앞서의 성천(性天)이나 무형천(無形天)에 다름 아니다. 또한 유체성(有體性)이라고 표현했을 때는 유정천(有情天)이나 심천(心天)이라는 표현과도 통한다.[12] 이렇듯 성을 인간(만물) 안에 내재했을 때만 부르는 것이 아니라, 그것의 본래의 모습도 성이라고 함으로써 개념의 확장이 일어난다. 이런 개념의 확장은 나의 본질로서의 '성(性)'이 근원적으로 하나의 '성천(性天)', 또는 '성령(性靈)'으로 말미암았으며, 결국 이 둘이 존재론적으로 동일하다는 것을 확보함으로써 '사람이 곧 한울'이라는 동학의 종지와 '이신환성(以身換性)'의 수련의 근거를 마련하려는 것이 아닌가 한다. 따라서 손병희에게 있어서의 성(性)은 근원적 실재의 의미로까지 쓰이면서 '성일원론(性一元論)'적 성격을 내포하고 있다고 하겠다.

---

11 『의암성사법설』, 「후경2」, "性者名也. 名爲有物後始得者. 始者, 太初有物之時也. 能言性, 能言始, 是靈感想識, 靈感所發, 是有體性. 是性是心, 不免死生, 無始之性, 是無體性. 不有生死, 眞眞如如也."

12 『무체법경』, 「성심신삼단」, "心之發跡, 以有情空氣, 生變化之能力, 故得心力者, 能行有情天之能力與變化. 故觀性於自身者, 亦自能自用於天之能力."

그러면 '심(心)'은 무엇인가? 손병희는 "만리만사가 성의 거울 속에 들어와 운용하는 것"이라고 한다. 만리만사를 비쳐 헤아리는 작용이 '심'이다. 이 심은 기이며[13] "성이 몸으로 나타날 때 생기어, 형상은 없지만 성(性)과 신(身) 둘 사이에서 만리만사를 연결하는 요긴한 중추"[14]이다. 손병희는 성령(性靈)의 영기가 내 몸을 화해놓고 다시 그 안에 들어와 있는 성이 외부 사물에 접해서 활동하는 작용을 심이라고 한다. 심의 본래는 비고 고요한 것으로 성과 둘이 아니지만, 심은 몸에서 작용하는 것이므로 외부 사물과 접하여 작용이 일어나면 성과 분리되어 독립적인 기능을 갖는다. 이처럼 마음은 본래 성품과 하나이지만 현실에서의 마음은 후천적으로 형성된 경험적 자아로서 드러난다. 이 마음을 우리가 흔히 '의식'이라고 하고 '자아'라고 한다.

어떤 측면에서 보면 이 후천적으로 형성된 마음을 본래의 마음으로 돌리고자 하는 것이 수도라고 할 수 있다. 그러므로 경험적 마음이 수도의 주체가 되고, 본래의 마음은 깨달음의 대상이 된다고 할 수 있다. 후천적으로 형성된 마음이 살아가면서 '나'라고 하는 하나의 주체를 형성해가며, 이로써 자아 관념도 생기고, 자아에 대한 집착도 생기게 된다. 하지만 이 마음은 또한 수도의 주체가 된다는 측면에서 매우 중요하다. 결국 이 마음을 어떻게 쓰느냐에

---

13 『무체법경』, 「성심신삼단」, "心, 氣也. 心氣, 圓圓充充, 浩浩潑潑, 動靜變化無時不中者."

14 『무체법경』, 「성심신삼단」, " 心是生於以性見身之時, 無形立於性身兩間, 而爲紹介萬理萬事之要樞."

따라 삶의 향배가 정해지기 때문이다. 그래서 손병희는 다음과 같이 마음의 중요성을 언급했다.

나는 성품과 이치의 거울이요, 한울과 땅의 거울이요, 예와 이제의 거울이요, 세계의 거울이요, 나는 성품과 이치의 한울이요, 한울과 땅의 한울이요, 예와 이제의 한울이요, 세계의 한울이니, 내 마음은 곧 천지만물 고금세계를 스스로 주재하는 한 조화옹이니라. 이러므로 마음 밖에 한울이 없고, 마음 밖에 이치가 없고, 마음 밖에 물건이 없고, 마음 밖에 조화가 없느니라. 성품과 이치를 보고자 할지라도 내 마음에 구할 것이요, 조화를 쓰고자 할지라도 내 마음에 있는 것이요, 천지만물 세계를 운반코자 할지라도 내 마음 한쪽에 있는 것이니라. 시에 말하기를 "마음은 천지의 저울이 되나 달아도 한 푼의 무게도 없고, 눈은 예와 지금의 기록이 되나 보아도 글자 한 자 쓴 것이 없느니라."[15]

마음이 비록 성품의 작용에 의해 나타난 의식 현상이며 자아 관념에 불과하다고 하더라도, 어쨌든 마음은 몸을 가지고 살아 있는 동안에는 성품과 몸의 주재자이기 때문에 중요한 의미를 갖는다. 이 마음을 성품 쪽으로 두느냐, 몸 쪽으로 두느냐에 따라 성인이 되

---

15 『무체법경』,「견성해」, "我爲性理鏡, 天地鏡, 古今鏡, 世界鏡. 我爲性理天, 天地天, 古今天, 世界天. 我心卽天地萬物古今世界, 自裁之一造化翁. 是以心外無天, 心外無理, 心外無物, 心外無造化. 性理欲見, 求我心, 造化欲用, 在我心, 天地萬物世界欲運搬, 在我心一片頭. 詩曰「心爲天地衡 懸無一分重 眼爲古今錄 見無一字用」"

기도 하고 범인이 되기도 하기 때문이다. 그래서 마음이 성품을 주체로 삼으면 한울님 마음이 되기도 했다가, 육신을 주체로 삼으면 애욕에 휩싸이기도 하는 것이다. 그래서 마음이라는 것을 붙들고, 그것이 성품과 몸 사이에서 어떤 역할을 하는지, 그것에 의해 어떤 동정 변화와 길흉화복이 일어나는지를 잘 헤아리면, 자기 한 몸을 주재할 수 있음은 물론 천지만물을 주재할 수 있을 것이라고 한다. 그래서 손병희는 마음을 "천지만물 고금세계를 스스로 주재하는 한 조화옹(造化翁)"이라고 했다.

결국 손병희는 『무체법경』의 성심신 삼단을 통해 성품과 마음과 몸의 메커니즘을 확실히 알아 마음을 어떻게 써야 할지를 터득하고, 최종적으로는 이 마음이 본래 성품이며, 한울이라는 것을 깨달아야 한다고 말하고 있다. 이를 한마디로 하면 '각천주(覺天主)'라고 할 수 있다. 손병희는 이제 수운의 '시천주'-해월의 '양천주'에 이어 '각천주'에 가장 강조점을 두고 있다고 할 수 있다. 그래서 수운의 시천주의 '시(侍)'자도 '각(覺)'자로 해석한다.

시천주의 모실 '시(侍)'자는 한울님을 깨달았다는 뜻이요, 천주의 님 '주(主)'자는 내 마음의 님이라는 뜻이니라. 내 마음을 깨달으면 상제가 곧 내 마음이요, 천지도 내 마음이요, 삼라만상이 다 내 마음의 한 물건이니라.[16]

---

16 『무체법경』,「신통고」, "侍天主之侍字, 卽覺天主之意也. 天主之主字, 我心主之意也. 我心覺之, 上帝卽我心, 天地我心, 森羅萬相, 皆我心之一物也."

그는 모실 '시'를 '각천주'의 뜻으로 해석한다. 그래서 천주가 내 마음이요, 천지도 내 마음이요, 삼라만상도 모두 내 마음의 한 물건 이라고 표현하고 있다. 그러므로 그에게 '각천주'는 '각심'이라고 할 수 있다. 이런 손병희의 견해는 「각세진경」의 "성과 심이 한울에서 출(出)했음으로 시천(侍天)이라 이르는 것이다"의 논조를 이어받아 성과 심의 자각을 통해 결국 인내천을 논하고 있다고 볼 수 있다.

한편, 손병희는 성과 심 못지 않게 신(身)에 대한 강조도 병행하고 있다. 그는 "성품을 보는 것은 누구이며 마음을 보는 것은 누구인가. 만약 내 몸이 없으면 성품과 마음을 대조하는 것이 어느 곳에서 생길 것인가?"[17]라고 하여 몸의 중요성을 강조한다. 그러므로 그는 성품을 깨닫는 것만이 수도의 목적이 되어서는 안 되고 몸공부를 아울러 해야 한다고 역설한다.

> 몸이 있을 때에는 불가불 몸을 주체로 알아야 할 것이니, 왜 그런가 하면, 몸이 없으면 성품이 어디 의지해서 있고 없는 것을 말하며, 마음이 없으면 성품을 보려는 생각이 어디서 생길 것인가.[18]

여기서 몸공부는 개인의 '정기(正氣)'공부이면서, 그것을 통해 사

---

17 『무체법경』,「성심신 삼단」, "觀性者誰? 觀心者誰? 若無此我身, 性心對照何處生乎?"

18 『무체법경』,「성심신 삼단」, "身在時不可不認身以主體, 何者? 無身, 性依何而論有無, 無心, 見性之念起於何處."

회적 · 윤리적 실천으로 나아가는 것을 말하는 듯하다. 몸공부를 중시하는 이유는 몸에 도의(道義)의 기운이 가득 차야 스스로 사욕(私慾)을 물리칠 수 있는 강건함이 길러지고, 실제로 도덕이 실천될 수 있는 힘이 생기기 때문이다. 동학의 수련은 본질적으로 '몸으로서, 몸 안에서, 몸과 더불어 체험'한다는 데 특징이 있다고 할 수 있다. 이 몸은 그냥 신체가 아니라 신체 · 정신의 이원성을 넘어서 신체와 정신, 그리고 기운이 하나로 어우러져 있는 전일적 몸이다. 이 것은 수양의 측면에서 매우 중요한 의미를 가진다. 수양을 단순히 마음의 차원에서만 접근하지 않고, 신체의 훈련과 기운의 변화에서 접근해야 한다는 것이다. 그래야 관념적인 윤리를 넘어설 수 있는 실천적 힘을 가질 수 있다. 김경재는 "성(性)도 심(心)도 현실재(actual entities)들의 한 존재양태이지만, 몸(身)은 보다 구체성을 가지고 자기를 창발시킨 현실적 존재라고 볼 수 있기 때문에, 천도교에서 몸의 중요성 강조는 독특한 의미를 지닌다"[19]고 의미를 부여하기도 했다.

그렇다면 손병희가 '성심신 삼단'으로 인간을 이해하면서 천도교 철학을 구축한 이유는 무엇인가? 물론 인내천을 논증하기 위해 성(性)을 끄집어낸 측면도 있을 것이다. 우주의 본체를 성천(性天)으로 보고 인간에게 품부된 본래 면목을 성(性)으로 보면서 이것의 질적인 동일성을 입증하려는 것으로 보인다. 그런데 더 본질적인

---

19 김경재, 「종교적 입장에서 본 현대 100년의 천도교」, 『동학학보』, 2006, 제10권 1호, 328쪽.

이유는 '성령출세'의 자각을 바탕으로 새롭게 천도교의 인간관을 정립하고, 그에 바탕해서 천도교 수도법의 체계를 세우기 위한 것으로 볼 수 있다. 그는 '성'을 중심으로 인간과 천을 연결시키되 천주의 권능에 의지하지 않고, 직접적으로 나의 몸과 마음으로부터 시작되는 자력적인 수도의 체계를 세웠다. 이렇게 수도의 절차와 노정을 정립하기 위해 새로운 심성론과 인간론이 요구되었으며, 이에 따라 시천주를 각천주로 해석하면서 인내천의 종지와 성령출세의 자각에 부합하는 수도의 이론적 기초를 세운 것이 『무체법경』 저술의 의미라고 하겠다.

다음 장에서는 이렇게 정립된 수도법에 대해서 구체적으로 알아보겠다.

5

몸을 성령으로 바꾸라 – 이신환성

성신쌍전

손병희는 수련하는 사람의 폐단을 들면서 한울의 감화만 바라는 공부도 문제가 있고, 처음부터 자기가 한울이라고 생각해서도 안 된다고 했다. 그래서 주객을 분별하고 단계를 설정하여 공부해야 한다는 점은 앞에서도 지적했다. 이어서 손병희는 수련자들이 성품 공부와 몸공부 둘 중 하나에만 빠져 있는 경우가 많다고 지적하면서 이 둘을 겸해야 한다고 말하고 있다.

성품이 있고라야 몸이 있고, 몸이 있고라야 마음이 있으나 그러나 성품과 마음과 몸 세 가지에서 어느 것을 먼저 할 것인가. 성품이 주체가 되면 성품의 권능이 몸의 권능을 이기고, 몸이 주체가 되면 몸의 권능이 성품의 권능을 이기느니라. 성품을 주체로 보고 닦는 사람은 성품의 권능으로써 비고 고요한 경지를 무궁히 하고 그 원소를 확충하여 불생불멸하는 것을 도라 말하고, 몸을 주체로 보고 닦는 사람은 몸의 권능으로써 활발하고 거리낌없이 현 세계에서 모든 백성을 함양함을 도라고 말하느니라. 그러므로 성품과 몸의 두 방향에 대한 수련을 보이어 도 닦는 사람에게 밝혀서 말하려 하노라.[1]

성품공부라는 것은 자신의 근본을 자각하는 것을 의미한다. 자기의 본래가 성품한울[性天]이라는 것을 온전히 깨닫는 것을 의미한다. 그것이 나와 만물을 화생해놓은 이치이며 무형의 원소라는 것을 깨닫는 것이다. 손병희는 이 성품은 본래 비고 고요한 것이며 내 마음의 모든 작용이 일어나기 전의 근본 자리라고 한다. 따라서 성품을 깨닫기 위해서는 마음을 고요히 하고 고요히 하여 작용이 일어나기 전의 상태에 이르러야 한다. 나에 대한 관념, 헛된 망상이 다 사라지고 오직 비고 고요한 상태, 무심 무념의 상태에 이르렀을 때, '나'라는 소아(小我)가 사라지고 그 자아가 우주적 자아(宇宙的自我) 속으로 완전히 합일될 때를 '성품을 깨달았다', 또는 '마음이 성품 자리에 들어갔다'고 표현한다. 이렇게 한번 성품자리에 들어갔다 나온 마음은 이미 이전의 마음과는 사뭇 다를 수밖에 없을 것이다. 그동안 후천적으로 형성된 물든 마음을 자기라고 집착하는 것에서 벗어나서 비고 고요하고, 무한히 자유롭고 평화로우며, 모

---

1   『무체법경』,「성심신 삼단」, "有性有身, 有身有心, 然性心身三者何爲先, 性爲主, 性之權能 勝身之權能 身爲主 身之權能 勝性之權能, 觀性以主體而修者 以性之權能 無窮於空寂界 擴充其原素而不生不滅 謂之道 觀身以主體而修者 以身之權能 活活 無碍於 現世界而涵養萬族 謂之道 故 示性身雙方 之修煉 辯論於修道者"

든 존재를 자기와 같이 느끼며 공경할 수 있는 본래의 마음상태를 회복한 것이기 때문이다. 이것을 손병희는 "마음이 성품을 깨닫는 데 들어가면 스스로 그 자리에 있을 것이니 한번 조용함에 비고 고요한 극락이요, 한번 기쁨에 크게 화한 건곤이요, 한번 움직임에 풍운조화이니라"[2]라고 노래했다.

다음으로 몸공부라는 것은 단지 몸을 단련하는 것을 의미하는 것이 아니라, 몸의 욕구와 감정을 잘 다스리고, 일상의 대인접물(待人接物)에서 늘 온화하고 공경하는 마음으로 대하며, 나아가 보국안민을 위해 힘써 노력하는 등, 직접적으로 몸을 움직여 현실에서 적극 실천하는 공부를 의미한다. 성품공부가 진리를 온전히 깨닫는 공부이고, 자기완성을 위한 공부라면 몸공부는 현실세계의 변혁을 위해 실천궁행하는 사회적 실천을 의미한다.

이돈화는 '성신쌍전'에 대해 이렇게 정리하고 있다.

이 역시 대신사의 말씀하신 보국안민 포덕천하 광제창생의 정신을 추출하야 말한 것이니 보국안민(輔國安民)은 신변(身邊)의 사(事)인데 신(身)을 표준한 것이며, 포덕천하(布德天下)는 무극대도대덕의 신종교를 이름인데, 이는 성즉도(性卽道)에 속한 것이니 이것이 가장 천도교의 특색되는 바라. 원래 천도교는 물(物)과 심(心)을 이원(二元)으로 보지 아니하고 오즉 일원(一元)되는 지기(至氣)의 발작(發作)으

---

2   『무체법경』, 「신통고」, "心入性覺自居其位 一黙空寂極樂 一喜泰和乾坤 一動風雲造化

로 물(物)과 심(心)이 생겼다 믿는 점에서 천도교는 유심(唯心)에 속한 것도 아니며 유물(唯物)에 속한 것도 아니요, 오즉 지기일원실재체(至氣一元實在體)인 한울을 그 대상으로 한 것이다. 그러나 그 작용의 점에 있어서는 물심이 병행하는 것으로 보아 물심(物心) 이자(二者)를 총섭(總攝) 수행(修行)함을 성신쌍전이라 이름하고 그리하야 그가 행위상에 나타날 때에 성변사와 신변사를 달리 말하게 되는 것이다.

이돈화는 보국안민을 신변사의 공부로 보고, 포덕천하를 성변사의 공부로 보는 한편, 그것을 물심으로 연결시켜서 정신을 수련하는 것과 물질세계를 함양하는 공부를 병행하는 것이 천도교의 성신쌍전이라고 말하고 있다. 포덕천하를 성변사라고 한 이유는 진리를 온전히 깨닫는 도성덕립이 되어야 덕을 천하에 펼 수 있기에 그렇게 말한 것 같다. 결국 우주의 성품 본체를 온전히 깨달아 사람들을 교화하고, 그 힘으로 보국안민을 실천궁행할 것을 역설한 것이 손병희의 성신쌍전의 의미라고 할 수 있다.

오관 종규와 이신환성

일상에서의 수도를 중시하는 동학의 전통에 따라 손병희는 교인들이 꼭 지켜야 하는 다섯 가지 '오관(五款)'을 정해서 교인들이 반드시 지키도록 했다. 오관은 주문(呪文), 청수(淸水), 시일(侍日), 성미(誠米), 기도(祈禱)의 다섯 가지이다. 1909년 12월 8일에는 종령

(宗令) 제91호로 이미 실시해오던 오관을 일반 교인들이 절대 실행해야 할 종규(宗規)로 확정 공포하는 동시에 그 실행세목을 다음과 같이 시달했다.

(1) 주문은 어느 때 어디서든지 항상 외워 한울님과 두분 스승님(兩位神師)의 감응하시는 기운을 받아 사사로운 욕심과 망녕된 생각을 버리게 함.

(2) 청수는 매일 하오 9시에 받들어 집안 정결한 곳에 정한 그릇으로 모시어 한울님과 스승님의 감응을 받아 포덕천하(布德天下), 광제창생(廣濟蒼生)할 것을 먼저 축원하고 그 밖에 다른 소원을 축원함이 가함.

(3) 성미는 가내 식구를 위하여 영원한 수복(壽福)을 비는 것이니 매양 반미 중에서 매식구에 한술씩 뜨되 지극한 정성으로 함.

(4) 시일은 일요일마다 성화회(聖化會)에 참석하여 교인된 자격을 발표하는 것이니 아무쪼록 교당이나 전교실에 나가서 한울님과 스승님을 지성으로 생각하고 설교하는 말씀을 자세히 들으며 교리를 공부함.

(5) 기도는 통상기도와 특별기도가 있는데 통상기도는 매시일 하오 9시에 청수와 정미 5합을 같이 봉전하고 신사주문 105회를 현송 또는 묵송하며, 특별기도는 7일, 21일, 49일, 105일 등 일정한 기간을 정해 가지고 봉행하는 것인데 총부에서 전체적으로 실시하는 절차에 의하여서도 행하고 또는 한울님과 스승님의 감응을 받아 소원을 성취하기를 위하여 각자 봉행하기도 함.[3]

주문은 동학 초기부터 한울님 모심을 체험하게 하는 가장 중요
한 수련법으로 특별히 시간을 정해 수도할 때도 물론이지만, 일상
에서 수시로 외우게 함으로써 자연스럽게 시천주를 체험하고 수심
정기가 되게 하는 동학 수도의 가장 중요한 방편이었다.[3] 따라서
천도교 시대에 와서도 기본적인 수련법을 주문을 중심으로 한 것은
변함이 없었다. 청수는 매일 저녁에 한울님과 스승님에게 올리는
간단한 기도의례로 천도교 역시 인격적인 한울님에 대한 신앙이 남
아있음을 보여준다. 성미는 일종의 성금 제도인데 당시로는 쌀로
했기에 성미라고 했다. 성미제도는 천도교가 급속도로 세력을 넓히
는 데 큰 기여를 했으며, 1910년대 독립운동 자금으로도 흘러갔다.
시일은 일요일 11시에 봉행하는 주일 의례로 기독교의 주일 예배
와 같은 성격을 지닌다. 동학 시절에는 없던 것이었는데, 근대적 종
교 체제를 받아들이면서 기독교의 예배 의식을 빌려온 것으로 보인
다. 설교를 중심으로 진행되는 점도 같다. 기도는 일요일 저녁마다
진행되는 통상기도와 특별한 목적을 가지고 일정 기간을 정해서 하
는 특별기도가 있다. 보통 7일, 21일, 49일의 기간으로 진행된다.

오관은 천도교 조직을 갖추기 위한 의례이기도 하지만, 일반 교
인들의 일상의 수도를 위한 중요한 지침이기도 했다. 손병희는 오
관제의 중요성을 다음과 같이 언급했다.

나로서 가르칠 것은 이제 다 가르쳤다. 포덕54년(1913) 전에 교인

---

3 주문 수련의 의미에 대해서는 다음을 보라. 김용휘, 「동학의 수도와 주문 수련의
   의미」, 『선도문화』, 제14집. 2013.2.

에게 허물이 있다면 그 책임은 전부 나에게 있으나 이제부터는 그 책임이 전부 그대들에게 있다는 것을 알아야 한다. 「논학문」에 '천지무궁의 수'[天地無窮之數]와 '도의 무극지리'[道之無極之理]가 다 이 책에 있다[皆載此書]'라 했거니와 천지무궁의 수를 알려거든 이신환성(以身換性)을 해야 하고 도의 무극지리를 알려거든 오관 실행을 잘해야 한다.[4]

이 말을 잘 새겨보면 손병희가 가장 중시한 것이 오관과 이신환성에 있음을 알 수 있다. 특히 오관은 천도교가 단지 인본주의의 자각적 종교만이 아니라, 일상에서의 기도와 주문 수련을 중시하는 종교적 신앙 단체로서의 성격을 유지하고 있음을 잘 보여주는 사례이다.

오관이 일상에서의 행동 규범으로 제시된 것이라면, 손병희가 수도의 요체로서 제시한 것이 '이신환성(以身換性)'이다. 이신환성은 몸을 성령으로 바꾸라는 말이다. 즉 육신에 향해 있는 마음을 성령을 향하도록 바꾸는 것을 말한다. 대부분의 사람들은 몸의 욕구와 습관에 끌려다니며 육신의 안락을 추구하는 삶을 살기 마련이다. 이신환성은 그러한 육신 관념을 끊고 성령이 주체가 된 삶을 살아야 한다는 것이다. 그렇게 될 때 몸과 마음의 주인으로 설 수가 있고, 삶의 진정한 주체가 될 수 있다는 것이다. 손병희는 이것이 수도의 핵심이며 요체라고 천명하고 있는 것이다.

---

4   趙基周, 『東學의 原流』, 315쪽.

사실 손병희 이전에 동학 수도의 요체는 보통 '수심정기(守心正氣)'라고 알려졌다. 수심정기는 직역하자면 '마음을 지키고 기운을 바르게 한다'는 뜻인데, 마음의 고삐를 단단히 잡고 한울의 기운에 접속하여 몸의 기운을 바르게 할 뿐 아니라, 한울의 힘으로 사는 것을 말한다. 그래서 해월은 수심정기 되면 한울과 끊어진 기운을 연결할 수 있다고 했다. 그런데 이제 손병희는 수심정기보다는 '이신환성'을 천도교 수도의 요체로 내세우면서 그것이 수운의 본래 뜻[本旨]이라고 역설한다.

몸을 성령으로 바꾸라는 것은 대신사의 본뜻이니라. 육신은 백년 사는 한 물건이요, 성령은 천지가 시판하기 전에도 본래부터 있는 것이니라. 성령의 본체는 원원충충하여 나지도 아니하며, 멸하지도 아니하며, 더하지도 않고, 덜하지도 않는 것이니라. 성령은 곧 사람의 영원한 주체요, 육신은 곧 사람의 한때 객체니라.[5]

대신사 말씀하시기를 '한울님께 복록정해 수명을랑 내게 비네' 하셨으니 이것은 몸으로써 성령을 바꾸어야 한다는 말씀이니라. 한울이 있음으로써 물건을 보고, 한울이 있음으로써 음식을 먹고, 한울이 있음으로써 길을 간다는 이치를 투철하게 알라.[6]

---

5   『天道敎書』, (『東學農民戰爭史料叢書』 28), 383쪽.
6   『의암성사법설』, 「이신환성」.

손병희는 성령을 한울 본체로 해석하고, 이것이 들어와서 인간의 주체가 되는 것을 '시천주'라고 이해하는 한편, 수운이 '한울님께 복록정해 수명을랑 내게 비네'라고 했던 것이나, '무궁한 이 울 속에 무궁한 내 아닌가'를 노래한 것이 바로 '이신환성'을 의미한 것으로 해석한다. 따라서 성령이 나의 본래됨을 깨닫고 성령이 주체가 되는 삶을 사는 것이 수도의 요체이며, 이것이 대신사의 본뜻이라고 역설하고 있는 것이다.

이러한 이신환성의 가르침은 1910년 이전에는 보이지 않고, 1910년 이후에 줄곧 강조되는데, 이는 앞서 언급한 것처럼 적멸굴에서 '성령출세'의 체험과 무관하지 않은 것으로 보인다.

> 수련의 극치에 이른 사람이라야 비로소 대신사의 성령출세를 알 수 있느니라. 사람은 누구나 각자 본래의 성품인 본체성을 깨달으면, 혈각성의 선악과 강유에 있어서도 능히 천만 년 전 사람이나 천만 년 후 사람이나 현대 사람이 같은 것을 알 것이니, 이것을 깨달은 사람은 대신사요, 이것을 깨닫지 못한 사람은 범인이니라. (중략) 성심 수련으로 본래의 성품을 바꾸라. 후천개벽의 시기에 처한 우리는 먼저 각자의 성령과 육신부터 개벽해야 하느니라. 만일 자기의 성령 육신을 자기가 개벽하지 못하면 포덕광제의 목적을 어떻게 달성하겠느냐.[7]

이를 보면 이신환성이 성령출세의 깨달음에서 나온 것임을 알

---

7   위의 글.

수 있다. 손병희는 성령출세를 깨달음으로써 비로소 시천주와 인내천의 의미를 진정으로 이해했다고 확신하는 한편, 수도의 요체가 다름 아닌 한울의 본체 성령이 곧 나의 본래성임을 깨달아, 성령의 주체가 되는 삶, 즉 이신환성에 있다고 본 것이다. 또한 이신환성이 되어야 육신에 부림을 받는 사람이 아니라 오히려 육신의 주인이 되는 삶을 살게 되는 것이니 이것이 진정한 개벽이라고 해석하고 있다.

그래서 손병희는 매매사사에 한울의 본체 성령이 주인임을 잊지 않고, 늘 성령(한울)의 눈으로 보고 듣고 행동하라고 강조한다. 따라서 이신환성하는 방법은 다른 데 있는 것이 아니라 늘 "내 속에 어떤 내가 있어 굴신동정하는 것을 가르치고 시키는가"[8]를 일마다 생각하여 오래도록 습성을 지니면, 성품과 몸 두 가지에 어느 것이 주체인 것을 깨달을 수 있다고 한다. 이것이 육신을 개벽하는, 즉 이신환성하는 효과적인 방법이라고 제시하고 있다.

손병희는 이신환성이야말로 인내천의 의미라고 역설한다. 1916년 지일기념식 이후 상춘원에서 각 지방 두목들에게 한 법설에서 다음과 같이 말했다.

인내천은 우리 교의 원리이다. 그러나 아직까지 아는 자가 드무니라. 대신사 말씀하시기를, '사람의 수족동정 이는 역시 귀신이요 선악간 마음용사 이는 역시 기운이요 말하고 웃는 것은 이는 역시 조화로

---

8 『의암성사법설』, 「인여물개벽설」.

세'하셨으니 이는 곧 인내천의 본지를 간단명료하게 말씀하신 것이다. 내가 근년에 '이신환성'을 입이 닳도록 말했거니와 이 또한 인내천의 의미에 불과한 것이다.[9]

이 말을 통해 봐도 '이신환성'은 인내천과 무관한 것이 아니라 '인내천'의 실천적 의미라는 것을 알 수 있다. 이로써 시천주-인내천-성령출세-이신환성이 하나로 연결되면서 손병희의 철학 체계가 구축되었다고 볼 수 있다.

한편, 당시의 시대적 상황 속에서 '이신환성'의 구체적 의미는 목숨을 바쳐서라도 독립 투쟁에 헌신하라는 뜻으로 해석될 수 있다.[10]

수련이 극치에 이른 사람이라야 험고로써 안락하여 육신의 안락은 홀연히 잊어버리는지라. 그러므로 육신을 성령으로 바꾸는 사람은 먼저 괴로움을 낙으로 알아야 가하니라.

손병희는 1910년 일제강점 이후 천도교의 역할을 조선의 독립에의 헌신이라고 생각했다. 이 무렵 일반 문도에게 한 설법에 다음과 같은 내용이 있다.

종교와 국가의 관계로 말하면 국가는 객체니 먼저 종교심이 발동

---

9 조기주, 『동학의 원류』, 333쪽.
10 성주현, 『손병희』, 218쪽.

된 후에라야 국가를 구원할 마음이 생기는 것인데 지금 시대는 국가가 주체가 되고 종교가 객체가 되었으니 먼저 국가를 살리고 보호하여 개량할 때가 아닌가.[11]

그래서 그는 1912년 우이동에 봉황각을 지어놓고 수시로 지방의 대두목들을 불러서 49일 수련을 시켰다. 그 결과 3.1운동 전까지 일곱 차례에 걸쳐 대두목 483명이 수련을 하며 손병희의 강의를 들었다. 이때 손병희는 이신환성을 입이 닳도록 강조했다고 한다. 이때 주로 했던 강의 내용은 다음과 같다.

연성(煉性)의 묘법은 이신환성에 있는 것이다. 지금까지 그대들이 생각하는 '나'라는 것은 유형(有形)한 나이니 이 유형한 나를 무형(無形)한 나로 바꿀 것이요, 신변세사(身邊世事)의 나를 성중천사(性中天事)의 나로 바꿀 것이다. 그대들이 만일 육신의 나로부터 생기는 모든 인연(因緣)을 끊는다면 본연(本然)한 성령(性靈)의 나는 자연히 나올 것이다.[12]

요컨대 이신환성은 손병희의 수도법의 요체를 요약한 말로서, 성령출세의 깨달음을 수도에 적용시켜 수도의 핵심이 어디에 있는지, 수도를 통한 궁극지향점이 어디에 있는지를 명확히 밝혔던 것

---

11 조기주, 『동학의 원류』, 291쪽.
12 위의 책, 310쪽.

이다. 그리고 그것이 최제우가 '무궁한 이 울 속에 무궁한 나'를 노래한 의미라고 보았던 것이다. 그리고 이신환성은 당대의 상황 속에선 목숨을 바쳐 독립에 헌신하라는 실천적 함의를 담고 있었다.

수도의 목적과 단계

지금까지 살펴보았듯이 천도교 시대에 와서 인내천 종지화와 1910년대의 이신환성 강조는 초기 동학 수도와는 상당히 다른 성격을 지닐 수밖에 없었다. 동학 초기의 가장 중요한 개념이었던 시천주와 수심정기는, 비록 언급이 안 되는 것은 아니지만 어느덧 그 자리는 인내천과 이신환성이 대체하게 되었다. 이로써 수도의 목적이나 지향점, 그 성격에 차이가 생기는 것은 부득이한 일이었다. 주문을 가장 주요한 수련 방편으로 하는 데는 차이가 없다고 하더라도 동학 시대의 시천주 한울님 모심, 즉 강령, 강화 체험은 상당히 약화되고 대신 성품을 깨닫는 것이 강조되었다. 그래서 어느 순간부터 '연성수련(煉性修煉)'이라는 말이 일반화되었고, 수도의 목적은 동학 초기의 '도성덕립(道成德立)'이나 '만사지(萬事知)'가 아니라 '대도견성(大道見性)'이 되었다. 특히 시천주도 각천주로 해석되면서, 체험적 종교로서의 성격보다는 자각적 종교, 인본주의적 종교로의 성격이 강화되었다. 경외지심으로 한울님의 감화 감응을 바라는 겸허한 종교적 인격은 스스로 성품을 깨치고 우주의 본체 성령을 깨치는 주체적이고 자신감 넘치는 인격으로 변화되었다.

변화는 긍정적인 부분도 있었고, 또 부정적인 부분도 있게 마련이다. 그러나 지나친 자신감은 자칫 교만으로 흐르기 쉬운 법이다. 1920년대 이후 천도교 역사에서의 인내천 교리화와 이신환성을 중심으로 한 연성수련은 신앙심의 약화와 종교성 약화로 나타났다. 천도교는 신앙적 종교라기보다는 철학적 종교가 되었고, 계몽적 실천을 위한 사회단체와 같은 성격이 갈수록 강해졌다. 비록 1910년대의 이신환성은 당시의 시대적 필요에 따라 목숨을 건 독립 투쟁의 열의를 심어주는 역할을 했지만, 1922년 손병희 사후에는 주문과 수련조차도 불필요한 것으로 여겨지면서 전반적으로 종교성 약화가 두드러졌다. 인내천은 무신론으로 이해되곤 했고, 심지어 주문과 기도는 미신으로 취급되기도 했다. 그러니 강령과 강화 같은 것은 아예 해서는 안 되는 미신 행위처럼 취급되기 일쑤였다. 이러한 경향은 1920년대 초반 사회주의와 만나면서 더욱 심해졌다.

하지만 이것이 본래 손병희의 뜻은 아니었을 것이다. 그는 수련을 할 때 두 가지 폐단이 있음을 지적하면서 한울과 인간 사이에서 주객을 잘 분별해서 실행해야 함을 강조했다.

무릇 천지만물이 주객의 형세가 없지 아니하니, 한울을 주체로 보면 나는 객이 되고 나를 주체로 보면 한울이 객이 되니, 이를 분별치 못하면 이치도 아니요 도도 아니니라. 그러므로 주객의 위치를 두 방향으로 지정하노라. 사람의 권능이 한울을 이기면 한울이 사람의 명령 아래 있고, 한울의 권능이 사람을 이기면 사람이 한울의 명령 아래

있나니, 이 두 가지는 다만 권능의 균형에 있느니라.[13]

이 글을 보면, 한울이 내 마음 밖에 있다고 생각하고 오직 지성
으로 기원하는 타력적 신앙만으로도 안 되며, 또한 신이 따로 없다
고 하여 자기의 물든 마음을 한울이라고 생각하고 믿고 닦는 것도
잘못된 수련법임을 꼬집고 있다. 그래서 주객의 위치를 잘 정해서
수련을 해야 한다는 것이다. 처음에는 한울(님)이 있다는 것을 확
인하기 위해 지성으로 정성을 다하여 감화를 받고 강령을 체험하는
데 힘을 기울여야 하지만, 그것을 확인한 후에는 한 걸음 더 나아
가, 스스로 수련의 주체가 되어 '인내천'의 궁극적인 자각으로 나아
가야 한다는 것이다. 이처럼 주객의 위치를 잘 정해서 수련해야 한
다는 것은 결국 수도에 단계가 있다는 것을 의미한다.

손병희 역시 처음에는 강령과 강화의 체험이 선행되어야 한다고
보았다. 권도문에서도 "우리 대선생님께서 경신 사월 초오일에 강
령지법을 지어 사람으로 하여금 한울님 모심을 알게 함이요, 한울
님 모심을 알면 가히 한울님 말씀함을 알지라, 어찌 의심할 바 있
으리오."라고 했다. 다만 여기에만 머물러서는 안 되며 한울님 모
심을 체험하고 나서는 한 단계 나아가서, 그 한울이 곧 마음이라는
'자천자각'으로 가야 한다는 것이다. 그래서 1914년에 행한 법설에
서도 "이제로부터 천주(天主)와 신사(神師)께 의뢰하는 마음을 타파

---

13 『무체법경』, 「성심신 삼단」, "凡天地萬物 不無主客之勢 觀天以主體 我爲客 觀我以
    主體 天爲客 不此之辨 非理非道也 故 主客之位 指定于兩方 人之權能 勝天 天在人
    之命令下 天之權能 勝人 人在天之命令下 此兩端只在權能均衡."

하고 자천(自天)을 자신(自信)하라. 만약 자천을 자신치 못하고 천사(天師)만 의뢰하면 임사(臨事)에 자력(自力)을 얻지 못하며 진실한 건보(健步)를 얻지 못하리라"[14]라고 했던 것이다. 즉 수련의 과정이 처음에는 인격적 한울에 대한 감화와 감응을 느끼는 타력적 신앙을 중시하는 데서, 차츰 스스로 한울의 뜻과 스스로 그러한 이치를 알게 되는 자력적이고 자각적인 수련으로 옮겨가야 한다는 것이다.

이어서 그는 자천자각을 깨닫고 나서 "항상 나의 본래를 잊지 않고 굳건히 지키고, 굳세게 빼앗기지 않으면, 모든 이치의 근본을 보아 얻어 모든 이치가 체를 갖추게 되어" 자연히 모든 얽매임과 집착과 생사의 고통에서 벗어나는 해탈이 된다고 했다. 그리고 해탈이 되면 곧 견성을 할 수 있다고 했다.

성현은 그렇지 아니하여 항상 나의 본래를 잊지 않고 굳건히 지키며 굳세어 빼앗기지 않으므로, 모든 이치의 근본을 보아 얻어 모든 이치가 체를 갖추게 하며, 마음머리에 머뭇거리어 둥글고 둥글어 그치지 아니하며, 스스로 놓고 놀아 슬기로운 빛 안에서 고요하지 아니하며, 일만 티끌 생각이 자연히 꿈같으니 이것을 해탈심이라 이르느니라. 해탈은 곧 견성법이니 견성은 해탈에 있고, 해탈은 자천자각에 있느니라.[15]

---

14 이돈화, 『천도교창건사』, 「제3편 제10장 공동전수심법과 제법설」, 72쪽. 같은 구절이 『天道敎書』에도 나옴.

15 『무체법경』, 「진심불염」, "聖賢不然 恒不忘我本來 固而守之 强而不奪故 觀得萬理

손병희는 이처럼 자천자각에서 한 걸음 더 나아가 지금까지 마음을 물들이고 얽매이고 있던 일체의 것으로부터 벗어나라고 한다. 그리하면 머지않아 본래의 성품본체를 깨달아 견성할 수 있다는 것이다. 그러므로 손병희가 생각하는 수도의 계단은 다음의 5단계라고 볼 수 있다.

    (1) 강령
    (2) 강화
    (3) 자천자각
    (4) 해탈
    (5) 대도견성

첫째, 강령은 한울님과 사람의 운절(殞絶)되었던 기운이 상합(相合)하여 작용하는 상태를 말하는 것으로 강신(降神), 접신(接神), 접령(接靈)이라고도 한다. 기독교의 성령 강림과 비슷하다. 둘째, 강화는 한울님 말씀을 듣게 된다는 것이니, 수운이 경신년 사월 오일에 공중에서 처음 선어를 듣다가 나중에 '내유강화지교'로 문답을 한 것과 같은 체험이 가능하다는 것이다. 셋째, 자천자각은 습관된 사람의 마음이 본래의 한울님 마음에 합하고, 한울님 덕에 합하여 조화정에 이르러 오심즉여심(吾心卽汝心)의 경지에 이르는 것을 말

根本 萬理具體 徘徊心頭 圓圓不絶 自遊遊不寂于慧光內 萬塵之念 自然如夢想 是謂
解脫心 1解脫 卽見性法 見性在解脫 解脫在自天自覺".

한다. 다시 말해 주객일체(主客一體)가 되어 천인합일의 각심(覺心)이 된 것을 말한다. 넷째는 해탈로, 모든 희로애락을 벗어나서 장애가 없는 자리, 미워하는 마음이나 사랑하는 마음조차 없는 자리에 처하게 되고 더 이상 물들지 않는 마음으로 일만 가지 티끌 생각이 꿈같이 생각되는 마음이 되는 것이다. 다섯째는 대도견성으로, 견성이라고 마음을 떠나 따로 되는 것이 아니라 해탈한 마음이 불생불멸(不生不滅), 무루(無漏), 무증(無增), 무거래(無去來), 무선악(無善惡), 무시종(無始終)하는 만리만사의 본 자리를 터득한 것을 말한다. 강령, 강화, 자천자각, 해탈, 견성의 순서로 견성각심이 되면 나와 한울이 둘이 아니요, 성심(性心)이 둘이 아니요, 성범(聖凡)이 둘이 아니요, 나와 세상이 둘이 아니요, 생사(生死)가 둘이 아니라는 것을 터득하게 된다는 것이다.[16]

결론적으로 손병희는 수도에는 단계가 있음을 잘 알고 그에 맞는 수도를 해야 하며, 그에 따라 마음가짐과 강조점, 방향도 달라져야 함을 말하고자 했던 것이다. 그래서 초보적인 데만 머물러서도 안 되며, 과정이 생략된 채 최고의 목적만 추구해서도 안 된다는 것이다. 이신환성은 결국 대도견성에 해당하는 것으로, 수도의 요체를 한마디로 요약한 것이지만, 이신환성만 알고 수도의 계단이 있음을 알지 못하면 헛된 공부를 면할 수가 없는 것이다. 손병희는 『무체법경』에서 이것을 경계하고 있지만, 이후 후학들은 그의 뜻을

---

16 김용복, 『천재하방, 한울은 어디에 있는가』, 「수도의 계단」, 모시는사람들, 2009, 192-197쪽.

온전히 이해하지 못하고, 과정이 생략된 인내천과 이신환성의 결론에만 집착함으로써 결국 천도교는 신앙의 힘과 영성적 활력을 잃고 이념적 단체로 시대의 격류에 휘말려버리고 말았던 것이다.

교정일치와 삼전론

교정일치

손병희의 경세가로서의 면모는 익히 알려진 바이고, 그의 정치적·사회적 활동 역시 대부분의 전기 자료에 수록이 되어 있기 때문에 이 부분은 자세하게 언급할 필요는 없을 듯하다. 다만 그의 정치적 활동의 내적 동기와 정치철학에 대해서 간략하게나마 정리해보고자 한다.

서두에서 언급한 바와 같이 그의 평생의 문제의식을 관통하는 것 중의 하나가 '보국안민'이고, 다른 하나가 '대도견성', '포덕천하'였다. 하나는 정치적 실천이고 하나는 종교적 소명이다. 이것을 공부의 차원에서 논하면 몸공부와 성공부의 병행, 즉 '성신쌍전'이고, 실천에서 말하자면 '교정일치'라고 말할 수 있다. 이에 대해 이돈화는 다음과 같이 정리하고 있다.

성신쌍전(性身雙全)의 리(理)에 의하여 천도교는 전적 생활(全的生活)을 사람에게 교시(敎示)하고 그 법리(法理)에 의하여 정치사(政治事)와 도덕사(道德事)는 인생문제의 근저에서 결코 분리하여 볼 것이 아니요, 유일(唯一)의 인내천 생활의 표현에서 그가 제도로서 나타날 때에는 정(政)이 되고 그가 교화로 나타날 때에는 교(敎)가 된다 함이니 그러므로 천도교는 세상을 새롭게 함에 있어 정신교화를 존중하는 동시에 물질적 제도를 또한 중대시하여 그 양자를 병행케 함을 교정일치라 함이었다.[1]

손병희는 일본 외유 시절부터 국내 정치에 대단한 관심을 가지고 기울어가는 조선을 살릴 방안을 모색했다. 그리고 거기서 동학교단이 할 수 있는 역할을 고민했다. 그 생각의 일단이 정리된 것이 「삼전론」으로 먼저 나왔는데, 교정일치의 이론적 체계를 세운 것은 『천도태원경』이다. 이 책은 1905년 무렵에 지은 것으로 1906년 귀국하면서 김연국에게 전한 것으로 알려져 있다.[2] 『천도태원경』의 「도 전체도」를 보면 다음과 같다.

이 「도 전체도」는 모든 것은 도에 근원하되 실제 현실에서 베풀어질 때는 하나는 교(敎)로 하나는 정(政)으로 드러난다는 것을 보여주고 있다. 여기서 교는 다시 리(理)에 의해서, 정(政)은 법(法)에 의해서 행해진다. 손병희는 여기서 도와 교와 리와 정과 법을 다시

---

1   이돈화, 『천도교창건사』, 제3편 의암성사, 67쪽.
2   위의 책, 53쪽.

道 全體圖(도 전체도)

```
                    道

        政                          教

        法                          理

                    治

                    ○

                    道
```

정의하면서, 도는 무선무악(無善無惡)이요, 교는 선악분별이며, 리는 선악의 경계를 획정하는 기준이라고 한다. 그리고 정(政)은 "사물과 사리를 분별하여, 같은 거레에 관한 사유와 물질을 쌍방으로 적당하게 주재하는 입각점으로, 적극적인 좋은 성과를 맺는 중요한 가치를 가진 것"이며, 법은 법인과 개인 사이에 서로 끊어진 것을 맺게 하는 밝은 준거라고 한다.[3]

한편 정(政)과 구분하여 치(治)를 설정하고 있는데, 교와 정이 잘 어우러질 때 치(治), 즉 다스림이 결과적으로 오는 것으로 보고 있다. 따라서 치(治), 다스림은 "수많은 인족이 한길로 돌아가 마음자리는 교의 구역에 세우고, 몸의 격은 정치 세계에서 지켜서, 영속적인 한 규칙으로 영의 빛을 세계에 발휘하여 인류에 참된 면목이 드

---

3   『의암성사법설』,「천도태원경」.

러나게 하는 것"이라 했다. 그리고 다스림의 극치에 이르러 빛나고 화하는 천연한 품격이 있으면, 이는 종교와 정치를 넓게 펴는 근본적 사상이며, 이는 무극의 극치에 이르러 다시 도로 귀일한다는 것이다.

요컨대 『천도태원경』은 교정일치의 이론적 근거를 제시하고 있는 것으로, 도에 근원하여 교와 정이 어우러질 때 참된 다스림이 되며, 그것이 도의 온전한 실현이기에 다시 도로 귀일되는 이치를 밝히고 있다.

삼전론의 정치사상

손병희는 1902년 일본에서 서양문물을 접하고 천하대세를 살피는 한편, 외세에 둘러싸인 약소국 조선의 앞날을 위해 「삼전론」을 집필했다. 그 서문을 먼저 보자.

방금 천하대세가 운과 함께 나아감으로 사람의 기운은 더할 수 없이 강하고, 기교는 더할 수 없이 정교하여 기예의 발달과 동작의 연습이 이에 극진했느니라. 아무리 그러해도 강하다는 것은 병력이 강하다는 것이 아니라, 의에 나아가 굴치 않음을 말하는 것이요, 기교는 교활한 교태가 아니라, 일을 통달하여 예리함을 타는 것을 말함이니, 만약 앞선 무기와 굳센 무장으로써 병력이 서로 접전하면 강약이 서로 나누어져 인도가 끊어지리니, 이 어찌 천리이겠는가.

세계 대세를 살펴보니 온 세상이 모두 강해져서 비록 싸운다 할지라도, 같은 적수가 서로 대적하면 싸움의 공이 없으리니, 이것을 '오수부동'이라 말하느니라. 그러면 무기로만 싸운다는 것은 자연히 쓸데없이 되는 것이요, 무기보다 더 무서운 것 세 가지가 있으니 첫째 도전이요, 둘째 재전이요, 셋째 언전이라. 이 세 가지를 능히 안 뒤에라야 가히 문명에 나아가 보국안민과 평천하의 계책을 가히 얻어 이루리라. 이러므로 말을 거듭 청하여 삼전론을 말하노라.[4]

손병희는 도는 한울에 근본하여 우주에 흘러넘치는 것으로, 한 기운의 간섭하는 바 아님이 없는 것이라 한다. 또한 한울님은 편벽됨이 없어 오직 한울 성품을 거느리는 사람과 친하시기 때문에 한울을 모시고 한울대로 행하는 체천(體天)을 해야 하고, 나를 헤아려 다른 사람에게 미치는 '도덕'을 따라야 한다고 전제한다. 그러나 도덕도 결국 물(物)을 통해서 이루어지는 것이므로 오제 이후로 문물을 갖추었으며, 특히 주나라에 이르러 성대해졌다고 한다. 그러나 문물은 시대에 따라 변하는 것이고, 정치는 흥망이 있는 것이라 지금에 이르러서는 운수가 바뀌어 서양의 문물이 더욱 발전되었다고 한다. 하지만 강함은 병력의 강함이 아니라 의로움에 나아가 굴하지 않음이요, 기교는 일에 통달하여 민첩하게 행동하는 것을 말하는 것이므로, 무력으로만 이기려 해서는 안 되며 무력 외에 다음의 세 가지를 갖춰야 비로소 도덕문명 국가라고 할 수 있다는 것이다. 그 세 가지는 도전(道戰), 재전(財戰), 언전(言戰)인데, 도전은 사상

---

4 『의암성사법설』, 「삼전론」.

전, 재전은 경제전, 언전은 외교전을 의미한다.

그 첫 번째가 도전으로, 진정한 문명국이 되기 위해서는 나라에 분명한 사상이 있어야 한다는 것이다.

첫째, 도전이니, 세계 각국이 각각 문명의 도를 지키어 그 백성을 안보하고, 그 직업을 가르쳐서 그 나라로 하여금 태산같이 안전하게 하니, 이것은 별 수 없이 도 앞에는 대적할 자 없다는 것이니라. 병력으로 치는 곳에는 아무리 억만 대중이 있다 할지라도 억만심이 각각이요, 도덕이 미치는 곳에는 비록 열 집의 충성이 있다 할지라도 같은 마음 같은 덕이라, 보국의 계책이 무엇이 어려울 것인가. 그러면 천시지리가 쓸 곳이 없지 아니한가. 옛사람이 말하기를 "지극히 잘 다스리는 시대에는 논밭이 넉넉하고, 비와 바람이 순하여 산천초목이 다생기가 넘쳐 활발함이 있다" 하니, 천시 지리가 다름 아니라 인화 중에서 되는 것이 아니냐.

도전은 사상전을 말하는 것이니, 분열된 민심을 통일하고 인화 (人和)를 이루기 위해서는 각각 그 나라의 사상과 학문이 있어야 한다는 말이다. 서양 문물이 앞섰다고 무조건 서양의 사상과 문물을 따르는 것이 아니라 배울 것은 배우되, 정신적 근간을 잃어버려서는 안 된다는 말이다. 간혹 1900년대 이후의 손병희를 서양의 문명 개화 노선에 경도된 사람으로 보기도 하는데 이 글을 보면 무조건 서양을 추종하는 것이 아니라, 자신의 전통 안에서 인문 도덕을 찾아야 한다는 것을 강조했음을 알 수 있다.

둘째, 재전이라. 재물이라 하는 것은 한울이 준 보배의 물화니, 백성들의 이롭게 하는 쓰임이요, 원기를 윤택하게 하는 기름이라. 농공상의 삼업에 힘쓰며, 위에서는 왕가의 자제로부터 아래로 민간의 수재에 이르기까지 그 재주를 기르고 그 기술을 발달시키어 한편으로는 외국 자본을 막아내고 한편으로는 나라가 부해지는 술책을 쓰는 것이니, 이것이 어찌 싸움이 아니라고 하랴.

둘째, 재전은 곧 경제전을 말하는 것이니, 나라의 재정을 튼튼히 하고 백성들의 살림을 윤택하게 하는 것을 말한다. 그러기 위해서는 농공상에 힘쓰고 기술을 발달시키는 한편 외국 자본을 막아내는 것이 중요하다고 역설한다. 외국 자본을 막아내야 한다는 주장은 지금 기준에서 볼 때는 논란이 있을 수도 있겠지만, 당시 제국주의적 이권 침탈이 극심한 상황에서 국내 산업의 보호를 역설한 것으로 이해할 수 있다. 이 부분은 이후 『준비시대』라는 책에서 좀더 구체화된다.

셋째, 나라가 흥하고 패하는 것과 빠르고 더딘 것이 담판하는 데 달렸으니, 이로써 생각하면 슬기로운 계책이 있는 선비는 말을 하여 맞지 않는 것이 없느니라. 무릇 이같이 말하면 사물에 베풀어질 때에 그 공이 어찌 중대치 아니하랴.

셋째는 언전이니, 주변 강대국이 힘의 균형을 유지하면서 이른바 '오수부동'으로 서로를 견제하도록 조율하고 때로는 담판을 할 줄

아는 외교력을 말한다. 그래서 국제 정세에 밝고 지혜와 담력이 있는 선비를 택해서 국익을 살필 수 있어야 한다는 것이다.

요컨대 손병희는 삼전론에 입각해서 조선의 혼을 되살리고, 나라 재정과 백성의 민생을 살피며, 조선이 외세를 벗어나서 자주적인 국가가 될 수 있는 방책을 수립하고자 했던 것이다. 1903-1904년 러일전쟁기의 손병희의 행보는 바로 이러한 삼전론에 입각한 것으로, 특히 언전의 중요성을 깊이 인식하고 그 실천을 보여준 것으로 이해할 수 있다.

『준비시대』

『준비시대』는 1905년 4월 5일 동경에서 집필한 것으로,『만세보』에 1906년 8월 9일부터 9월 18일까지 연재되었다. 이 책의 서문을 보면 다음과 같다.

> 몸은 누군가의 구속을 받지 않아야 자유롭고, 집안은 누군가의 지휘를 허용하지 않아야 자립할 수 있다. 나라 역시 그러하여 자주적인 권리는 타국의 간섭을 배척하는 것에 있으며, 독립하는 실력은 타국의 침범을 물리친 연후에야 한 나라로서의 생활을 시작할 수 있고 유지할 수 있음이다.
> 국제간의 시비가 있을 때는 전쟁으로 다투고 그 승패로 결정하므로 예부터 공법의 천 마디 말이 대포 일문에도 못 미쳐 힘이 강함을 정의라고 말했다. 나라를 자주적으로 방위하는 군비가 부실하고, 자

율적인 교육이 이루어지지 못한다면 자주는 허울 좋은 이름일 뿐이고 독립도 외면할 따름이다. 그러므로 동서고금을 통하여 인류의 역사가 시작된 이래로 빈약하여 점차 쇠퇴한 나라가 기회를 노리는 부강한 자의 침범과 삼킴에서 벗어난 적이 한 번도 없었다.[5]

이를 보면 이 『준비시대』는 자주국가와 진정한 독립국가를 위해서 기술했음을 알 수 있다. 당시 대한제국은 일제에 완전히 병합되지는 않았지만 거의 자주적인 국가라고 하기 힘들 정도로 주권이 흔들리고 있었다. 이러한 시기에 손병희는 '힘이 강함을 정의'라고 하면서, 힘이 있어야 함을 강조하고 있다. 자주도 독립도 힘이 있어야 한다. 그러므로 부국강병의 길을 준비하고 진정한 자주국가 건설을 위해 이 『준비시대』를 기술한 것이다.

부강할 수 있는 방법은 국민이 분발하고 진취적인 하나의 마음을 가져야 시작할 수 있다. 나라를 사랑하는 충의의 마음으로 용기를 더욱 권장하고 나라를 걱정하는 근면한 마음으로 사업에 나아가서 그 기초를 정하며 뿌리를 세운다. 응용하는 지식과 학술은 세계 모든 나라의 장점을 취함으로써 우리의 단점을 보완하여야 세계와의 각축장에 들어가서도 못나서 없어지고 약해서 패하는 식의 참욕에서 벗어날 것이다.[6]

---

5   손병희, 『준비시대』, 손윤 옮김, 오늘 Korea, 2015, 19쪽.
6   위의 책, 20쪽.

손병희는 부강할 수 있는 방법으로 먼저 국민이 진취적인 하나의 마음을 가져야 한다고 강조한다. 이것은 먼저 뿌리가 되는 정신이 필요하다는 말이다. 이것이 그 나라의 사상이다. 그다음에 지식과 학술은 세계 모든 나라의 장점을 취해서 우리의 단점을 보완해야 한다고 했다. 특정 나라나 특정 문물이 아니라 세계 모든 나라의 장점을 취한다는 점에 유의해야 한다.

그러나 이는 하루아침에 성취할 수 있는 것이 아니기 때문에 오랜 시간을 두고 준비해야 한다고 강조하면서, 당시를 '준비시대'로 하자고 제안한다. 그리고 모든 일에는 사람이 우선이므로 백배 떨쳐서 힘쓰지 않으면 안 된다고 역설한다.[7] 결국 인재 양성이 중요함을 언급한 것이다. 왜 손병희가 그토록 교육 사업에 헌신했는지, 그리고 출판을 통해 사람들이 깨어나기를 바랐는지가 잘 드러난다. 또한 군비를 확고히 세워서 변방을 강화하며, 문화와 교육을 닦음으로써 소원한 사람들을 품고, 생산을 늘리는 것과 산업을 일으키는 것에 힘써서 무역과 교역의 길을 열 것을 강조한다.[8]

나아가 손병희는 모름지기 나라라는 것은 한 사람이 소유한 것이 아니며 만백성이 함께 소유한 것이라고 하면서 "그런즉 오직 우리 동포는 먹고 쉬는 동안에도 국가를 잊지 아니하며 엎어지고 자빠지는 중에도 나라를 잊지 않고 일사일언과 일거일동에도 나라를 생각함으로써 강국, 부국, 문명국, 자유국이 될 방법을 생각함이 옳

---

7   위의 책, 20쪽.
8   위의 책, 29쪽.

을 것이니 총명하고 민첩하여 배움을 좋아하는 마음이 있어야 할 것"⁹이라고 하여 강국, 부국, 문명국, 자유국의 네 가지를 '나라의 벼리'라고 한다. 그리고 세부 항목으로 다음을 제시한다.

첫째, 법권을 회복하여야 한다는 것이며, 둘째는 철도를 보상하여 사들여야 한다. 셋째는 광산을 찾아야 하며, 넷째는 관세를 개정하여야 하니 그 준비가 선행되지 않는다면 가능할 수 없는 일이다.¹⁰

이 네 가지의 세부 항목은 앞서의 「삼전론」의 재전에 해당하는 것으로 볼 수 있는데, 당시 국내의 대부분의 이권이 서양 열강에 침탈된 상황에서 그것을 다시 찾아와 국내 산업을 일으키고, 우리의 천연자원을 스스로 개발하고, 자주적인 무역의 권리를 회복하는 등의 방책을 언급하고 있다. 또한 네 가지 세부 항목의 준비는 교육으로 그 세로를 삼고, 경제로 그 가로를 짜서 서로 밑천과 기초로 삼아 함께 의지하여 형상을 이루어야 한다고 강조한다.

한편, 이 책의 묘미는 '향자치'를 강조하는 데 있다. 그는 "이천만 형제는 소매를 떨치고 일어나서, 흔들고 두들기며 나아가 동심동력의 커다란 단체를 결성하여 모든 재난을 물리치고 전진할지니 그 길은 어디에 있을까? 반드시 향자치부터 시작해야 할 것이다"라고 강조한다.

---

9   위의 책, 37쪽.
10 위의 책, 39쪽.

향의 정치가 확고하지 않으면 온 나라의 정사가 이루어지지 않으므로 국가에서 향 제도를 설치하여 향의 주민들이 그 제도에 의거하여 자치를 행하게 했다. 그러니 향은 자치체라 할 수 있고, 그 법은 자율법이라 할 것이다.[11]

손병희는 향자치를 위해 향무소를 설치하여, 향무소 구성원은 향장, 부장, 수세원, 서기 약간명으로 구성하고 향무소 직무를 구체적으로 소개한다. 지적 사무, 호적 사무, 민업 사무, 도로 사무, 수세 사무, 소학교 유지 사무, 위생 사무, 징병 사무, 재산 관리 사무, 공동묘지 사무, 일체 공공 사무 등이 그것이다.

나아가 권력이라는 것은 사람에게 전적으로 맡기고 구속이 없는 것은 옳지 않은데, 이를 위하여 향회를 설치해서 감독해야 한다고 주장한다. 이처럼 손병희의 향정치는 국가 정부의 기초가 된다.

애국을 생각하고 바라는 지사는 그 방편을 강구하여 정부에 청해서 향자치를 지방에 널리 퍼뜨려 행하되 간편하고 쉬운 것에서 시작하여 널리 행하고 시간을 두고 갈고 단련하여 좋게 완성된 시기에 이르면 군 의회와 도 의회를 차차 성취해가면서 마침내 국회를 이룩하는 것에 이르게 함이 옳은 것이다.

이는 위로부터 내려오는 정치가 아니라 아래로부터 올라가는 정

---

11 위의 책, 48쪽.

치를 구상한 것이다. 손병희가 향자치에 대해 이렇게 실무적으로 자세하게 기술할 수 있었던 것은 아마도 그의 가문이 아전 집안이었기 때문에 가능한 것이 아니었나 하는 생각이 든다. 그의 아버지는 물론이고, 그를 입도시킨 조카 손천민도 청주의 이방 출신이었다. 아무튼 당시에 대부분의 앞선 지식인들이 입헌군주제나 공화제를 논할 때, 손병희는 향자치를 중심으로 한 지방자치, 지역 자립의 마을공화국을 구상한 것이니 그 혜안이 놀랍다고 하겠다.

도의적 신문명의 꿈: 3.1대혁명과 개벽

손병희의 생애에서 대미를 장식한 것은 역시 3.1운동이다. 3.1운동은 3월 1일을 시작으로 약 3개월간 이어졌으며, 해외에까지 전파되어 약 1년간 지속되었다. 참여 인원은 최소 50만에서 202만 명 정도로 추산한다. 조선총독부의 공식 기록에 의하면 집회인수가 106만여 명, 사망자 7,509명, 구속된 자 4만7천 명으로 당시 인구의 6.31%가 만세 시위에 참여한 것으로 나와 있다.

3.1운동에서 손병희의 역할이 절대적이었음은 말할 것도 없다. 그는 1910년 일제강점 이후로 천도교의 사명을 독립에 두고 교단 성장보다 독립운동에 모든 역량을 총결집시켰다. 손병희는 국권 상실 이후 독립을 위해 1912년 봉황각을 건립하여 지방의 대두목들을 수련시키기 시작했다. 명목상 49일 수련이지만 사실상은 독립에의 의지를 고취시키기 위한 훈련이었다. 또한 그는 대교당 건축 기금을 명목으로 모은 돈을 상해 임시정부를 비롯한 해외의 독립운

동에 기부하기도 했다. 또한 이종일이 중심이 된 독립운동의 비밀 결사체인 천도구국단을 후원하기도 했고, 김규식을 파리강화회의에 파견할 때 3만 원을 비롯하여 3.1운동 준비 과정에서 기독교 측에 5천 원을 선뜻 내놓기도 했다.[12]

이처럼 손병희는 3.1운동 거사의 계획 단계에서부터 중심이 되어, 각계의 독립운동 움직임을 하나로 결집하고 운동의 원칙을 마련했으며, 전국적 조직을 이용해 시위를 조직하고 독립운동 자금을 제공하는 등 주도적인 역할을 수행했다. 결국 그로 인해 투옥되어 모진 고문과 고초를 겪고 간신히 병보석으로 나왔지만 얼마 못 가 환원하고 말았으니, 그야말로 육신의 몸을 한때 잠깐의 물건으로 알고 독립을 위해 '이신환성'의 정신으로 헌신했던 것이다.

손병희와 3.1운동에 대해서는 적지 않은 글들이 있기 때문에 여기서는 더 이상 자세히 다루지는 않겠지만, 한 가지 임시정부 측 자료에 의하면 당시에는 3.1대혁명으로 불렸다는 사실을 환기시킬 필요가 있겠다. 따라서 3.1운동은 단순한 독립운동이 아니라, 제국주의적 탐욕과 군사적 폭력에 맞서 세계 최초로 일으킨 거족적인 독립투쟁이었으며, 비폭력 평화운동이자 온 민족이 하나로 일어난 대통합 운동이었다. 또한 신분과 특권과 낡은 전통과 굴레를 깨뜨리고 자유와 평등을 실현한 민주혁명이었다.[13] 무엇보다도 3.1운동은 셋이 하나되어 보편적 가치를 실현하는 민족적 '통합'의 구현이

---

12 김상웅, 『손병희 평전』, 채륜, 2017, 236-238쪽.
13 박재순, 『삼일운동의 정신과 철학』, 홍성사, 2015.

었으며 단순한 독립운동을 넘어, 또한 식민, 피식민의 이분법을 넘어 이 땅에 자유와 평등, 생명과 평화, '도의적(道義的) 신문명'을 열고자 했던 개벽운동이었다. 이는 그의 보국안민과 포덕천하의 꿈, '성신쌍전'과 '교정일치'의 정신이 식민통치의 뼈아픈 현실 속에서 일어날 수밖에 없었던 필연적인 개벽의 처절한 몸부림이었다.

7

의의와 한계

의암 손병희의 삶은 한평생 육신의 험고를 달게 여기며 오로지 보국안민과 포덕천하를 위해 헌신했던 의로운 삶이었다. 비록 신분적 한계를 갖고 태어났으나 그것이 오히려 당시 기울어가는 조선을 비판적으로 바라보게 했으며, 시대의 아픔과 백성들의 고난에 예민하게 반응하게 했다. 그러던 그가 해월을 만난 이후 비로소 딛고 서야 할 곳이 어디인지, 힘써야 할 것이 무엇인지를 알게 되었다. 34세에 혁명군을 이끌었으며, 혁명의 상흔과 후유증이 채 가시기도 전, 37세의 젊은 나이에 교단의 무거운 책임을 맡게 되었다. 그는 늘 어려움에 부딪힐 때마다, 또 큰일을 앞두고는 기도하고 수련하며 정진했다. 해월을 한번 만난 이후로는 3년간 매일 짚신 두 켤레를 삼으면서 하루 3만독이라는 지독한 수련을 했으며, 수시로 49일 수련을 하며 힘을 길렀다.

그러므로 그의 철학은 이성으로 길어 올린 사유의 우물은 아니었다. 수운과 해월로부터 전수된 지혜를 온몸으로 확인하며 다시 깨친 통찰이며, 오감으로 다 알 수 없는 물질 너머의 우주의 신비를 기운으로 느끼며, 접혀 있는 의식의 주름과 마주해 깨친 영지(靈知)였다. 그에게 우주는 접혀(잠겨) 있는 의식의 펼쳐짐이었다. 그는 그 의식을 영이라 불렀다. 우주는 곧 영의 표현이다. 이것이 그가 1910년 통도사 내원암의 49일 수련 끝에 깨친 '성령출세'이다. 성령(性靈)은 숨겨진 차원의 우주적 핵이며, 우주 의식이며, 본체의 영이라고 할 수 있다. 우주의 본체인 하나의 영, 그것이 펼쳐져 물질화된 것이 우주이며, 인간이다. 영이 펼쳐져서 물질화되는 힘, 그 생명의 에너지를 기라고 한다. 기는 펼쳐내는 힘이며, 생명이라는 정보를 담고 있는 매질이다. 그리고 인간 안에 다시 우주의 '본체영'으로서 성령이 깃들어 있다. 이를 수운은 '내유신령'이라고 불렀지만, 손병희는 '성령'이라고 표현함으로써 우주와 인간, 천과 인의 본질적 동일성에 좀더 주목했다. 그것을 그는 '인내천'이라고 했다.

수운의 시천주는 영과 기로 존재하는 한울을 내 몸과 마음으로 체험, 체득함으로써 우주적 힘과 영의 지혜를 쓸 수 있는 사람이 될 수 있음을 천도의 진리로써 가르쳤다. 한울님은 체험되어야 할 존재였다. 그러나 손병희의 '인내천'은 천이 인간에게 본유되어 있는 존재였다. 그것은 체험되어야 하기보다는, 발견되고 깨쳐져야 하는 것이었다. 천이 인간의 본질로서, 본성으로서 본유하고 있음을 발견[見性]하고, 깨달아야 하는 것이었다. 그래서 시천주를 '각천주'로 해석했다.

그러나 인내천이 무신론을 의미하는 것은 아니었다. 인내천이라고 해서 신의 존재가 부정되는 것은 아니다. 다만 그 신은 창조주

하나님, 초월적인 유일신이 아니라 우주의 전체·전량으로서 한울인 동시에 우주적(宇宙的) 충동력(衝動力)이며 생생무궁(生生無窮)의 대생명적 활력(大生命的 活力)이다.[1] 동시에 인내천의 신관은 인간의 정성된 기도에 감응하기도 하는 우주적 '의식'으로서의 영이기도 하다. 그러므로 손병희가 '인내천'을 통해 전하고자 하는 바는 신에 대한 새로운 이야기라기보다는 앞서 언급한 바와 같이 인간의 본질에 대한 천명이다. 이는 인간의 신적 가능성에 대한 천명이자, 인간 완성에 대한 오랜 열망의 근대적 표현이다.

또한 인내천을 실천적 의미에서 해석할 때, 그것이 함의하는 바는 '이신환성(以身換性)'이었다. '이신환성'이란 손병희가 제시한 수도의 요체로서, 마음을 육신 쪽에 두지 말고 늘 본래의 성령에 둠으로써 성령이 주체가 된 삶을 살아야 한다는 것이다. 손병희는 이신환성의 수련을 통해 인내천을 진정으로 자각할 수 있다고 보았다. 이신환성은 결국 성령출세의 자각에 따른 수양론적 해석이라고 할 수 있다. 손병희는 성령출세를 깨달음으로써 시천주와 인내천의 의미를 재해석했을 뿐 아니라 수도의 요체도 내 안의 영원한 주체인 성령(性靈)을 찾아 그것이 주체가 된 삶을 사는 것으로 바뀌게 되었다. 그렇기 때문에 그의 철학을 파악하는 데 있어 1910년 사건, 그 결과로 깨달은 철학적 명제인 '성령출세'가 핵심 열쇠이다. 이로써 인내천-성령출세-이신환성이 하나로 꿰뚫어지면서 손병희의 철학적 체계가 정립되었던 것이다.

---

1   이돈화, 『신인철학』, 44-45쪽.

하지만 여기서 주의할 점은 인내천과 이신환성의 강조가 시천주의 강령, 강화 체험을 부정하는 것으로 곧바로 이해되어서는 안 된다는 점이다. 손병희가 인내천을 종지로 세우고, 이신환성을 강조한 이유는 강령, 강화 체험을 부정한 것이 아니라 당시 수도인들이 초기의 시천주 체험에만 머물러 있고 더 이상 나아가야 할 방향을 잡지 못하고 있기 때문이었다. 그래서 수도의 요체를 다시 세우고, 나의 영원한 주체인 본래의 성령을 깨달아 진정한 천인합일과 인격적 완성의 길로 나아가라고 했던 것이다.

따라서 인내천의 강조는 인간 의식의 심화에 따라 신앙과 수도의 방법에도 변화가 일어나야 한다는 것을 강조한 것으로 이해해야 한다. 즉 천인관계가 의식의 수준에 따라 바뀌어야 한다는 점을 강조한 것이다. 처음에는 신을 바깥에 있는 절대적인 신앙의 대상으로 여기다가 차츰 내 안에 모셔져 있는 영으로 생각하고 그 내 안의 영을 섬기는 신앙으로 바뀌다가, 나중엔 그 영이 다름 아닌 나의 마음이라는 것을 깨닫는 단계에 이르게 되며, 한울의 본체 성령이 나의 존재의 중심이라는 사실을 온전히 깨달아 천인합일의 단계로 나아가라는 것이다. 그러므로 인내천의 실천적·수양론적 의미는 수도인의 자각의 정도에 따라 '한울'과 나의 관계(천인관계)를 잘 정립하고, 궁극적으로 천인합일의 경지로 나아가라는 의미였던 것이다.

이러한 점은 손병희 사상의 총집대성이라고 할 수 있는 『무체법경』에서 더욱 명확하게 제시된다. 무체법경에서는 인간을 세 가지 계기 즉 성(性)·심(心)·신(身)으로 이해하는 한편, 공부에서도 몸공부, 마음공부, 성품공부가 병행되어야 한다고 강조하고 있다. 또한 한울과 나 사이에서 주객을 분별해서 공부할 것을 강조하고 있다. 한울을 밖에 두고 감화만 받는 단계에만 머물러서도 안 되며, 반대로 신도 없다고 하고 처음부터 자기만 믿는 공부도 잘못이라는 것이다. 이는 당시 천도교 내의 수도의 폐단에 대한 언급이기도 하지만, 기존의 종교에 대해서도 마찬가지로 이야기할 수 있다. 사람도 어린아이에서 어른으로 성장하는 것과 마찬가지로 신앙과 수도도 어느 한 단계에 머물러 고정되어서는 안 되고 단계를 밟아 성장해나가야 하며, 궁극적으로 한울과 내가 둘이 아닌 경지에까지 도달해야 한다.

그리고 또 하나 강조한 것이 성심신을 골고루 닦아야 한다는 것이었다. 마음공부는 마음의 온갖 부정적 감정들을 늘 깨어서 살핌으로써 그 감정의 주인이 되고, 한울 본래의 맑고 밝고 온화한 마음으로 지켜내는 공부이며, 몸공부는 몸의 기운을 바르게 하고 그 몸의 주체가 되어 사람을 대하고 일을 만나는(대인접물) 모든 일상에서 늘 성경신을 다하는 것을 말한다. 몸에 대한 강조가 천도교의 한 특징이기도 하다. 몸공부는 '수심정기'의 정기(正氣)에 해당하며, 마음공부는 수심(守心)에 해당한다고 볼 수도 있다. 여기에 성품공부를 추가함으로써 본래의 나, 불생불멸의 무궁한 나, 영원한 진리를 깨닫는 데까지 나아가라고 한 것이다. 기존의 수행은 이 중 어느 하나에 치우치는 경우가 많았다. 손병희는 이 중에 어느 하나가 빠지면 원만한 수행일 수 없으며 이 셋이 겸해져야 비로소 원만한 공부가 될 수 있다고 말하고 있는 것이다. 다시 통틀어서 말하면 마음공부이지만, 그 오른편은 몸공부이고, 왼편은 성품공부인 것이다. 이를 다시 강조한 것이 그의 '성신쌍전'이다.

성신쌍전은 성품과 몸을 아울러 완전하게 한다는 말로, 이돈화는 이를 하나는 보국안민으로, 하나는 포덕천하로 말하고 있다. 이 중에서 보국안민은 신변사(身邊事)의 일로 수신(修身)으로부터 시작해서 나라를 바로잡고 백성을 편안하게 하는 정치적·사회적 실천을 말한다. 그리고 포덕천하는 성변사(性邊事)의 일로, 진리를 온전히 깨달아 그것을 천하에 펴는 것을 말한다. 이 두 가지를 같이 닦아야 한다는 것이 그가 강조한 성신쌍전이다. 하나는 물질과 제도적인 방면으로 정(政)에 해당하는 일이고, 하나는 정신과 교화적인 방면으로 교(敎)에 해당하는 일이다. 손병희는 도(道)가 현실에서 펼쳐질 때 이 둘을 통해서 펼쳐진다는 것을 『천도태원경』에서 밝혔다. 따라서 그는 양쪽의 어느 하나에만 매진할 수 없었고 한평생 이 둘을 부여잡고 이 땅에 도와 덕을 밝히기 위해 고군분투했던 것이다.

그래서 그는 수시로 49일 수련을 하는 한편, 일본 외유 시기에도 나라를 보전할 방도를 찾기 위해 분주한 나날을 보냈던 것이다. 그 결과로 나온 글들이 「삼전론」과 『준비시대』, 『천도태원경』 등이다. 엄혹한 국제질서와 냉정한 제국주의의 당시 상황에서 이 글들이 어떤 의미와 가치를 가지는지는 더 많은 연구가 필요하겠지만, 적어도 나라와 백성에 대한 그의 뜨거운 마음만큼은 역력히 알 수 있는 글들이다. 그리고 이 뜨거운 가슴이 1910년대의 독립을 위한 준비로 이어져서 결국 1919년의 3.1혁명으로 승화되었던 것이다.

이러한 정치적 관심은 정신개벽에 바탕해서 물질개벽도 이루어져야 하지만, 반대로 물질개벽 없이 진정한 정신개벽도 불가능함을 역설한다. 따라서 3.1혁명은 단순한 독립운동이 아니라 '이신환성'의 정신개벽에 바탕한 물질개벽이자 신문명운동이었다는 점이 새롭게 평가되어야 할 것이다.

요컨대 '인내천' 종지화의 진정한 의미는 손병희가 수도와 신앙의 측면에서 그것의 단계가 있음을 제시함으로써 동학 교인들이 초기의 신앙에만 빠져 있지 말고 보다 궁극적인 단계, 예를 들면 최제우에게서도 나타난 '오심즉여심(吾心卽汝心)' 또는 '무궁한 나'를 깨닫는 데까지 나아가라고 했던 것이다. 그리고 실천적인 면에서는 '이신환성'을 중시한 것이다. 그는 그것이 스승 최제우의 본지이며 '시천주'의 본령이라고 보았던 것이다.

그럼에도 불구하고 인내천이 인본주의적으로만 해석됨으로써 이후 천도교 역사의 전개 속에서도 온전히 이해되지 못하고, 오히려 시천주 체험이 간과되면서 신앙과 종교성 약화를 초래하기도 했다. 시천주 체험이 부족한 상태에서의 연성 공부는 결국 불교의 견성 공부로 환원되어버릴 수 있다. 비록 그 성(性)의 함의가 다르다 하더라도 말이다. 또한 이신환성은 비록 '수심정기'의 심법과 그 근본에서는 다른 것은 아니라 하더라도, '정기'에 해당하는 기운 공부가 약화된 것은 부인할 수 없는 사실이기도 하다. 비록 이신환성의 강조가 독립운동기에 목숨을 바쳐 독립에 헌신하라는 실천적 의미를 담고 있다 하더라도, 결국 천도교의 역사 속에서 시천주 신앙과 체험의 약화를 초래하고, 1920년대 이후 신문화운동의 흐름 속에서 천도교 수련은 더욱더 약화되고 말았다. 이로써 오랜 단련(영세불망)을 통해서 축적되고, 두렵고 떨리는 마음으로 경외하던 뜨거운 가슴이 차가워지면서, 단지 궁극의 결론을 머리를 통한 신념으로 받아들이는 '주의적 종교'로 그 영성적 활력을 잃고 말았던 것이다.

손병희의 천도교 철학은 기존 종교와 수행의 문제점을 짚으면서 보다 원만한 인간 완성의 길과 도덕문명의 세계를 제시했지만, 천도교 내에서조차 제대로 이해받지 못함으로써, 결과적으로 오늘날 천도교 쇠퇴를 자초하고 말았다고 하겠다. 따라서 손병희의 본래의 의도를 다시 제대로 파악하여 성신쌍전과 천인관계의 균형을 잡고, 수도의 단계를 분명히 알아, 영의 작용과 나타남도 알지만, 또한 작용하기 이전의 근본자리를 깨침으로써 인내천의 참된 경지, 진정한 인간 완성을 이루고, 도덕문명을 완수하는 그 길을 다시 열어낼 수 있어야 할 것이다. 그것이 손병희가 의도했던 천도교의 진정한 모습이었으며, 수운과 해월이 가고자 했던 개벽의 길이었기 때문이다.

2

손병희 자료

일러두기

* 여기 수록된 자료는 1993년 천도교중앙총부에서 간행한 『천도교경전』 중의 『의암성사법
  설』을 저본으로 했음을 밝힌다.
* 『의암성사법설』은 1961년 박응삼에 의해 천도교 삼부경전이 편찬될 때 『교종법경』이라는
  이름으로 기존의 손병희 관련 자료가 수집·정리되었다가 1969년에 현재의 이름으로 바
  뀌어 지금까지 전해오고 있다.
* 여기에 수록된 자료 외에도 『준비시대』, 『천도교전』, 『천도교지』 등이 더 있으나 한정된 지
  면으로 인해 수록하지 못했다.

1. 무체법경(無體法經)

(1) 성심변(性心辨)

1-1-1. 性闔則爲萬理萬事之原素, 性開則爲萬理萬事之良鏡, 萬理
萬事入鏡中, 能運用曰心, 心卽神, 神卽氣運所致也.
성품이 닫히면 모든 이치와 모든 일의 원소가 되고 성품이 열리면
모든 이치와 모든 일의 좋은 거울이 되나니, 모든 이치와 모든 일이
거울 속에 들어 능히 운용하는 것을 마음이라 이르고 마음은 곧 신
이요, 신은 곧 기운이 이루는 바이니라.

1-1-2. 運用最始起點曰我, 我之起點, 性天之所基因, 性天之所根
本, 始乎天地未判之前, 而是時億億萬年自我而始焉, 自我至天地之
無, 而是時億億萬年, 亦至我而終焉.
운용의 맨 처음 기점을 나라고 말하는 것이니 나의 기점은 성천의
기인한 바요, 성천의 근본은 천지가 갈리기 전에 시작하여 이때에
억억만년이 나로부터 시작되었고, 나로부터 천지가 없어질 때까지
이때에 억억만년이 또한 나에게 이르러 끝나는 것이니라.

1-1-3. 是以, 心幻性曰闔, 性生心曰開, 性心雙修, 惟知道者能之.
이러므로 마음이 성품을 가린 것을 닫혔다 말하고 성품에서 마음이
생기는 것을 열렸다 말하나니, 성품과 마음을 같이 닦는 것은 오직
도를 아는 사람이라야 능히 할 수 있는 것이니라.

(2) 성심신 삼단(性心身 三端)

1-2-1. 或曰,「置天於心外, 但盡至誠, 受感化而得道.」又曰,「天在
於我, 仰之何處, 信之何處, 但我仰我, 我信我, 我覺我.」使修者, 心
頭兩方, 疑雲萬疊, 爲見性覺心者之前路茫茫.

어떤 사람이 말하기를 "한울을 마음 밖에 두고 다만 지극히 정성을
다하여 감화를 받아 도를 얻는다" 하고, 또 말하기를 "한울이 내게
있으니 어느 곳을 우러러보며 어느 곳을 믿으랴, 다만 내가 나를 우
러러보고 내가 나를 믿고 내가 나를 깨닫는다" 하여, 닦는 이로 하
여금 마음 머리 두 곳에 의심스러움이 겹치게 하여 성품을 보고 마
음을 깨치려 하는 사람의 앞길을 아득케 하느니라.

1-2-2. 凡天地萬物, 不無主客之勢, 觀天以主體, 我爲客, 觀我以主
體, 天爲客, 不此之辨, 非理非道也. 故主客之位, 指定于兩方. 人之權
能勝天, 天在人之命令下, 天之權能勝人, 人在天之命令下, 此兩端只
在權能均衡.

무릇 천지만물이 주객의 형세가 없지 아니하니, 한울을 주체로 보
면 나는 객이 되고 나를 주체로 보면 한울이 객이 되니, 이를 분별
치 못하면 이치도 아니요 도도 아니니라. 그러므로 주객의 위치를
두 방향으로 지정하노라. 사람의 권능이 한울을 이기면 한울이 사
람의 명령 아래 있고, 한울의 권능이 사람을 이기면 사람이 한울
의 명령 아래 있나니, 이 두 가지는 다만 권능의 균형에 있느니라.

1-2-3. 然見性者不見氣, 見氣者不見性, 爲道不已, 惜乎. 性理也, 性理空空寂寂, 無邊無量, 無動無靜之原素而已. 心氣也, 心氣圓圓充充, 浩浩潑潑, 動靜變化無時不中者. 所以於斯二者無一, 非性非心也.

그러나 성품을 보는 사람은 기운을 보지 못하고, 기운을 보는 사람은 성품을 보지 못하여, 도에 어기어 마지않으니 안타까워라. 성품은 이치니 성리는 공공적적하여 가이 없고 양도 없으며 움직임도 없고 고요함도 없는 원소일 뿐이요, 마음은 기운이니 심기는 원원충충하여 넓고 넓어 흘러 물결치며 움직이고 고요하고 변화하고 화하는 것이 때에 맞지 아니함이 없는 것이니라. 이러므로 이 두 가지에 하나가 없으면 성품도 아니요 마음도 아니니라.

1-2-4. 若以明之, 無性理, 如無心木人, 無心氣, 如無水魚者, 修道者, 明而察之, 明以覺之. 觀性者誰, 觀心者誰, 若無此我身, 性心對照何處生乎.

밝히어 말할 것 같으면 성리가 없으면 마음이 없는 나무 사람과 같고, 심기가 없으면 물 없는 곳의 고기와 같으니, 도 닦는 사람은 밝게 살피고 밝게 깨달으라. 성품을 보는 것은 누구이며 마음을 보는 것은 누구인가. 만약 내 몸이 없으면 성품과 마음을 대조하는 것이 어느 곳에서 생길 것인가.

1-2-5. 有性有身, 有身有心, 然性心身三者何爲先. 性爲主, 性之權能, 勝身之權能, 身爲主, 身之權能, 勝性之權能. 觀性以主體而修者, 以性之權能, 無窮於空寂界, 擴充其原素而不生不滅謂之道.

觀身以主體而修者, 以身之權能, 活活無碍於現世界而涵養萬族謂之
道. 故示性身雙方之修煉, 辯論於修道者.

성품이 있고라야 몸이 있고, 몸이 있고라야 마음이 있으나 그러나
성품과 마음과 몸 세 가지에서 어느 것을 먼저 할 것인가. 성품이
주체가 되면 성품의 권능이 몸의 권능을 이기고, 몸이 주체가 되면
몸의 권능이 성품의 권능을 이기느니라. 성품을 주체로 보고 닦는
사람은 성품의 권능으로써 비고 고요한 경지를 무궁히 하고 그 원
소를 확충하여 불생불멸하는 것을 도라 말하고, 몸을 주체로 보고
닦는 사람은 몸의 권능으로써 활발하고 거리낌없이 현 세계에서
모든 백성을 함양함을 도라고 말하느니라. 그러므로 성품과 몸의
두 방향에 대한 수련을 보이어 도 닦는 사람에게 밝혀서 말하려 하
노라.

1-2-6. 身在時不可不, 認身以主體, 何者. 無身, 性依何而論有無,
無心見性之念起於何處. 夫心身之屬也. 心是生於以性見身之時, 無
形立於性身兩間, 而爲紹介萬理萬事之要樞.

몸이 있을 때에는 불가불 몸을 주체로 알아야 할 것이니, 왜 그런가
하면, 몸이 없으면 성품이 어디 의지해서 있고 없는 것을 말하며,
마음이 없으면 성품을 보려는 생각이 어디서 생길 것인가. 무릇 마
음은 몸에 속한 것이니라. 마음은 성품이 몸으로 나타날 때 생기어
비록 형상은 없으나 성품과 몸 둘 사이에서 만리만사를 연결하는
긴요한 중추가 되느니라.

1-2-7. 心之發跡, 以有情空氣, 生變化之能力, 故得心力者, 能行有情天之能力與變化. 故觀性於自身者, 亦自能自用於天之能力, 是觀性之心, 亦因於有情天而自生也. 以見性者之無我無心無身無道之主意, 誹謗神通力, 此不知神通力之自然生於性心修煉, 但以哲學陜見, 興其誹謗者. 故顧世而取天之能力, 隨時用道, 是在修道者之執中.

마음의 자취가 나타나는 것은 유정공기로써 변화하는 능력이 생기므로, 마음의 힘을 얻은 사람은 능히 유정천의 능력과 변화를 행할 수 있느니라. 그러므로 제 몸에서 성품을 보는 사람도 또한 제가 능히 한울의 능력을 스스로 쓰나니, 성품을 보는 마음이 또한 유정천에 의하여 스스로 생기는 것이니라. 성품을 보는 사람의 "나도 없고 마음도 없고 몸도 없고 도도 없다"는 주장으로 신통력을 비방하나니, 이는 신통력이 자연히 성품과 마음 수련하는 데서 생김을 알지 못하고, 다만 철학의 협견으로써 비방하는 것이니라. 그러므로 세상을 돌아보고 한울의 능력을 취하여 때를 따라 도를 쓰는 것은 수도하는 사람의 중도를 잡는 데 있느니라.

(3) 신통고(神通考)

1-3-1. 大神師之自謂天皇氏, 非自居天上, 但以見性覺心, 居於三界天之最上天也, 明矣. 故空空寂寂之無形天, 圓圓充充之有情天, 塵塵濛濛之習慣天, 俱在性心左右之玄眞兩方.

대신사께서 자신을 천황씨라고 말씀하신 것은 자신이 한울 위에 계시다는 것이 아니요, 다만 성품을 보고 마음을 깨달아 삼계천의 맨 윗 한울에 계시다는 것이 명백하니라. 그러므로 비고 비어 고요하고 고요한 무형천과 둥글고 둥글고 가득하고 가득한 유정천과 티끌이 자욱하고 자욱한 습관천이 다 성품과 마음 좌우의 현묘하고 참된 두 곳에 있는 것이니라.

1-3-2. 由是究性心, 則奚獨大神師以天皇氏自居. 人皆有侍天, 及其見性覺心一也. 神師居玄眞兩間, 性一邊不生不滅, 心一邊萬世極樂.

이로 말미암아 성품과 마음을 연구하면 어찌 홀로 대신사만이 천황씨가 되겠는가. 사람은 다 모신 한울이 있으니 그 성품을 보고 마음을 깨달음에 이르러는 하나이니라. 신사께서는 현묘하고 참된 둘 사이에 계시어 성품의 한쪽은 불생불멸이요, 마음의 한쪽은 만세극락이니라.

1-3-3. 人之覺性, 只在自心自誠, 不在乎天師權能, 自心自覺, 身是天, 心是天. 不覺, 世自世, 人自人. 故覺性者謂之天皇氏, 不覺者謂之凡人.

사람의 성품을 깨닫는 것은 다만 자기 마음과 자기 정성에 있는 것이요, 한울과 스승의 권능에 있는 것이 아니니, 자기 마음을 자기가 깨달으면 몸이 바로 한울이요 마음이 바로 한울이나, 깨닫지 못하면 세상은 세상대로 사람은 사람대로이니라. 그러므로 성품 깨달은 사람을 천황씨라 이르고, 깨닫지 못한 사람을 범인이라 이르느니라.

1-3-4. 然則惟我修道者, 勤勤不已, 進進不退, 心入性覺自居其位, 一默空寂極樂, 一喜泰和乾坤, 一動風雲造化.

그러면 오직 우리 수도하는 사람은 부지런히 하고 부지런히 하여 그치지 아니하고, 나아가고 나아가 물러가지 아니하여, 마음이 성품 깨닫는 데 들어가면 스스로 그 자리에 있을 것이니 한번 조용함에 비고 고요한 극락이요, 한번 기쁨에 크게 화한 건곤이요, 한번 움직임에 풍운조화이니라.

1-3-5. 一體三變, 性心所能, 此之謂天皇氏. 若三端能一謂之聖, 三端不能一謂之凡, 皇聖凡別無妙法, 只在心之定不定.

일체가 세 가지로 변하는 것은 성품과 마음이 할 수 있는 것이니 이를 천황씨라 이르고, 만약 세 가지에 하나가 능하면 성인이라 이르고, 세 가지에 하나라도 능치 못하면 범인이라 이르나니, 천황씨와 성인과 범인이 별다른 묘법이 없는 것이요, 다만 마음을 정하고 정치 못하는 데 있느니라.

1-3-6. 見性覺心, 我心極樂, 我心天地, 我心風雲造化. 心外, 無空空, 無寂寂, 無不生, 無不滅, 無極樂, 無動作, 無喜怒, 無哀樂, 惟我道人, 自心自誠, 自心自敬, 自心自信, 自心自法, 一毫無違, 無去無來, 無上無下, 無求無望, 自爲天皇氏也.

성품을 보고 마음을 깨달으면 내 마음이 극락이요, 내 마음이 천지요, 내 마음이 풍운조화이니라. 마음 밖에 빈 것도 없고, 고요함도 없고, 불생도 없고, 불멸도 없고, 극락도 없고, 동작도 없고, 희로도 없고, 애락도 없으니, 오직 우리 도인은 자심을 자성하고 자심을 자경하고 자심을 자신하고 자심을 자법하여 털끝만치라도 어김이 없으면 가는 것도 없고 오는 것도 없으며, 위도 없고 아래도 없으며, 구할 것도 바랄 것도 없어 스스로 천황씨가 되는 것이니라.

1-3-7. 經云,「我爲我而非他」「遠不求而修我」「在近不在於遠」深思.

경에 말씀하시기를 "내가 나를 위함이요 다른 것이 아니다" "멀리 구하지 말고 나를 닦으라" "가까운 데 있고 먼 곳에 있지 아니하다" 하였으니 깊이 생각하라.

1-3-8. 侍天主之侍字, 卽覺天主之意也. 天主之主字, 我心主之意也, 我心覺之, 上帝卽我心, 天地我心, 森羅萬相, 皆我心之一物也. 我心我侍, 我卽指名, 指名卽現身之謂也.

시천주의 모실 시 자는 한울님을 깨달았다는 뜻이요, 천주의 님 주 자는 내 마음의 님이라는 뜻이니라. 내 마음을 깨달으면 상제가 곧 내 마음이요, 천지도 내 마음이요, 삼라만상이 다 내 마음의 한 물건이니라. 내 마음을 내가 모셨으니 나는 곧 지명이요, 지명은 곧 현재의 몸을 말하는 것이니라.

1-3-9. 性心玄玄妙妙, 應物無跡, 如有如生. 性本無無, 無有, 無現, 無依, 無立, 無善, 無惡, 無始, 無終, 心本虛, 萬思萬量, 億古億今, 無形無迹, 千事萬事, 思量中得生. 故心在性裏, 變化無雙, 造化不測, 性心兩間變化自成. 分而言之, 心以白欲求則以白示之, 以紅求之則以紅示之, 以靑求之則以靑示之, 以黃求之則以黃示之, 以黑求之則以黑示之.

성품과 마음은 현묘하고 현묘해서 물건에 응하여도 자취가 없으나, 있는 듯 사는 듯하느니라. 성품은 본래 없는 것도 없고, 있는 것도 없고, 나타난 것도 없고, 의지한 것도 없고, 서있는 것도 없고, 선한 것도 없고, 악한 것도 없고, 처음도 없고, 나중도 없는 것이요, 마음은 본래 빈 것이라. 모든 생각과 모든 헤아림과 억만 년 예와 지금이 형상도 없고 자취도 없으나, 천만 가지 모든 일이 생각하는 가운데서 얻어지느니라. 그러므로 마음이 성품 속에 있으면 변화가 무쌍하여 조화를 헤아릴 수 없으니, 성품과 마음 두 사이에 변화가 자연히 이루어지느니라. 나누어 말하면 마음이 흰 것을 구하고자 하면 흰 것으로 보이고, 붉은 것을 구하면 붉은 것으로 보이고, 푸른 것을 구하면 푸른 것으로 보이고, 노란 것을 구하면 노란 것으로 보이고, 검은 것을 구하면 검은 것으로 보이느니라.

1-3-10. 以此推之, 求道者, 亦不可不愼也. 求者求之以正則示亦正, 求之以邪則是亦邪.

이로써 미루어 생각하면 도를 구하는 사람이 또한 삼가하지 않을 수 없으니, 구하는 사람이 구하기를 바르게 하면 보이는 것도 또한 바르고, 구하기를 그릇되게 하면 보이는 것도 그릇되게 보이느니라.

1-3-11. 往往古之賢哲, 自求自示, 互相競爭, 及此吾道, 人非自求成道, 天必正示正聞, 萬無一疑, 正示正聞, 性心身三端合以示之分以示之, 三端無一非道非理. 吾亦此三端, 合以覺得獨坐皇皇上帝之位.

지나간 옛 현철이 스스로 구하고 스스로 보이는 것으로 서로 다투었으나, 우리 도에 이르러서는 사람이 스스로 구하여 도를 이루는 것이 아니라 한울님이 반드시 바르게 보이고 바르게 들으니, 만에 하나도 의심이 없느니라. 바르게 보고 바르게 듣는 것은 성·심·신 삼단이 합하여 보이고, 나누어 보임이니 세 가지에 하나가 없으면 도가 아니요 이치가 아니니라. 나도 또한 이 세 가지를 합하여 깨달아 홀로 황황상제의 자리에 앉았노라.

1-3-12. 人必相愛, 大道必得, 念念思之. 我愛衆生, 衆去天路, 靈橋必成, 衆生愛我, 我去天路, 靈橋必成, 眷眷相愛, 必有得果. 性心身三端, 相助相愛, 大道大宗.

사람이 반드시 서로 사랑해야 큰 도를 반드시 얻으리니, 항상 생각하고 생각하라. 내가 뭇 사람을 사랑하면 뭇 사람이 한울 길에 가서 영의 다리를 반드시 이룰 것이요, 뭇 사람이 나를 사랑하면 내가 한울 길에 가서 영의 다리를 반드시 이룰 것이니, 돌보고 돌보아 서로 사랑하면 반드시 성과를 얻을 수 있느니라. 성·심·신 삼단으로 서로 돕고 서로 사랑하면 대도의 큰 근본이 되느니라.

1-3-13. 我心送遠, 去處無處, 彼天來我, 入處無處, 道求何處, 必求我心, 審矣.

내 마음을 멀리 보내도 갈 곳이 없고, 저 한울이 내게 와도 들어 올 곳이 없느니라. 도를 어느 곳에서 구할 것인가, 반드시 내 마음에서 구할 것이니 살필지어다.

1-3-14. 夫性理空寂, 自體秘藏中, 有大活動的動機, 萬物一切, 垂精絲妙理之機脈, 萬相自爲的總集處作大活動的本地, 心小活動的機關, 各受自分動作.

무릇 성리는 비고 고요하나 자체의 비장한 속에 크게 활동할 만한 동기가 있는 것이라, 만물이 한결같이 정밀한 줄과 묘한 이치의 기맥을 드리워 만상이 자위적으로 전부 한 곳에 모여 크게 활동할 본지를 삼은 것이요, 마음은 작게 활동하는 기관이니 각각 자기 직분의 동작을 받은 것이니라.

1-3-15. 煉心 受自性本府之, 大活動的密機, 能力可以運搬天地, 權能可爲萬相首位.

마음을 단련하는 것은 제 성품의 본 바탕의 크게 활동하는 비밀의 기틀을 받은 것이니, 능력이 가히 천지를 운반하고 권능이 가히 만상의 윗자리가 되는 것이니라.

(4) 견성해(見性解)

1-4-1. 見性何處見, 守心何處守, 性亦我性, 心亦我心, 見而無所, 守而無基. 我性我心, 應物無迹, 以何見之, 以何守之.

성품 보기를 어디서 보며 마음 지키기를 어디서 지킬까. 성품도 또한 내 성품이요 마음도 또한 내 마음이나, 보려 하여도 볼 곳이 없고 지키려 하여도 지킬 터전이 없도다. 내 성품과 내 마음은 물건에 응하여도 자취가 없으니 어떻게 보며 어떻게 지킬 것인가.

1-4-2. 見性守心, 別有二端, 自我做性自掛自性, 各用自分內自我作心, 互相是非, 惜哉.
성품을 보고 마음을 지키는 데 특별히 두 가지가 있으니, 스스로 내 성품을 만들고 스스로 내 성품을 걸어 놓아 각각 자기의 분수 안에서 자기가 마음 먹은 대로 하여 서로 시비하니 애석하도다.

1-4-3. 我性我在, 見性守心, 我之任意也.
내 성품이 내게 있으니, 성품을 보고 마음을 지키는 것은 내가 마음대로 할 것이니라.

1-4-4. 我心送物外, 無形無迹, 無上無下, 我心送物內, 億千萬像, 森羅微塵, 皆是我性我心. 故心以物外無情理天也, 心以物內有情心天也. 然則有情無情我性心本體, 我體秘藏靈妙靈迹, 靈中所發我思我量, 我思我量靈妙所發.
내 마음을 물건 밖에 보내면 형상도 없고 자취도 없고 위도 없고 아래도 없으며, 내 마음을 물건 안에 보내면 억천만상과 삼라미진이 다 내 성품이요, 내 마음이니라. 그러므로 마음을 물건 밖에 두면 정 없는 이치한울이요, 마음을 물건 안에 두면 정 있는 마음한울이니, 그러면 정이 있고 없는 것은 내 성품과 마음의 본체라. 내 본체에 비밀히 간직한 것이 '영묘'와 '영적'이요, 영 속에서 나타나는 것이 나의 생각과 나의 헤아림이니, 나의 생각과 나의 헤아림은 영묘에서 나타나는 것이니라.

1-4-5. 覺所左岸性天理天, 覺所右岸, 心天身天. 靈發本地我性我身, 性無身無, 理無天無, 理亦我天後理, 古亦我心後古.
깨달은 왼쪽은 성품한울과 이치한울이요, 깨달은 바른쪽은 마음한울과 몸한울이니라. 영이 나타난 본 곳은 내 성품과 내 몸이라, 성품도 없고 몸도 없으면 이치도 없고 한울도 없나니, 이치도 내 한울 다음에 이치요, 옛적도 내 마음 다음에 옛적이니라.

1-4-6. 我爲性理鏡, 天地鏡, 古今鏡, 世界鏡, 我爲性理天, 天地天, 古今天, 世界天. 我心卽天地萬物古今世界自裁之一造化翁. 是以心外無天, 心外無理, 心外無物, 心外無造化.
나는 성품과 이치의 거울이요, 한울과 땅의 거울이요, 예와 이제의 거울이요, 세계의 거울이요, 나는 성품과 이치의 한울이요, 한울과 땅의 한울이요, 예와 이제의 한울이요, 세계의 한울이니, 내 마음은 곧 천지만물 고금세계를 스스로 주재하는 한 조화옹이니라. 이러므로 마음 밖에 한울이 없고, 마음 밖에 이치가 없고, 마음 밖에 물건이 없고, 마음 밖에 조화가 없느니라.

1-4-7. 性理欲見, 求我心, 造化欲用在我心, 天地萬物世界欲運搬,

在我心一片頭. 詩曰「心爲天地衡, 懸無一分重, 眼爲古今錄, 見無一
字用.」

성품과 이치를 보고자 할지라도 내 마음에 구할 것이요, 조화를 쓰
고자 할지라도 내 마음에 있는 것이요, 천지만물 세계를 운반코자
할지라도 내 마음 한쪽에 있는 것이니라. 시에 말하기를 "마음은 천
지의 저울이 되나 달아도 한 푼의 무게도 없고, 눈은 예와 지금의
기록이 되나 보아도 글자 한 자 쓴 것이 없느니라."

(5) 삼성과(三性科)

1-5-1. 我有一物, 物者我之本來我也. 此物也欲見而不能見, 欲聽而
未能聽, 欲問而無所問, 欲把而無所把. 常無住處不能見動靜, 以法而
不能法, 萬法自然具體, 以情而不能養, 萬物自然生焉. 無變而自化,
無動而自顯, 天地焉成出, 還居天地之本體, 萬物焉生成, 安居萬物之
自體, 只爲天體因果, 無善無惡, 不生不滅, 此所謂本來我也.

나에게 한 물건이 있으니 물건이란 것은 나의 본래의 나니라. 이
물건은 보려 해도 볼 수 없고, 들으려 해도 들을 수 없고, 물으려 해
도 물을 곳이 없고, 잡으려 해도 잡을 곳이 없는지라, 항상 머무는
곳이 없어 능히 움직이고 고요함을 볼 수 없으며, 법으로써 능히 법
하지 아니하나 만법이 스스로 몸에 갖추어지며, 정으로써 능히 기
르지 아니하나 만물이 자연히 나는 것이니라. 변함이 없으나 스스
로 화해 나며, 움직임이 없으나 스스로 나타나서 천지를 이루어내
고 도로 천지의 본체에서 살며, 만물을 생성하고 편안히 만물 자체

에서 사니, 다만 천체를 인과로 하여 무선무악하고 불생불멸하나니 이것이 이른바 본래의 나니라.

1-5-2. 然而我亦名也, 天亦名也, 人亦名也, 性亦名也, 心亦名也, 特有元初二名, 一曰我也, 二曰彼也. 我是人也, 彼是天也.

그러나 나도 또한 이름이요, 한울도 또한 이름이요, 사람도 또한 이름이요, 성품도 또한 이름이요, 마음도 또한 이름이나, 특히 맨 처음에 두 가지 이름이 있으니 첫째는 나요, 둘째는 저쪽이라 하는 것이라, 나는 바로 사람이요 저쪽은 바로 한울이니라.

1-5-3. 我在彼在, 我無彼無, 我爲我名, 我之自謂也, 天爲天名, 我之自謂. 於我於彼各有名焉, 先有原理原素, 天亦生焉, 物亦生焉, 理亦我之本來是我也.

내가 있으면 저쪽이 있고 내가 없으면 저쪽이 없으니, 나를 나라고 이름하는 것도 내가 스스로 한 말이요, 한울을 한울이라 이름한 것도 내가 스스로 한 말이니라. 나와 그대에게 각각 이름이 있고 먼저 원리원소가 있어, 한울도 생기고 만물도 또한 생기었으니, 이치도 또한 나의 본래 나니라.

1-5-4. 物之未生, 無緣無現時代, 物之有生有相有現時代, 我亦生物, 先天億億, 後天億億, 皆由吾生而始, 天天物物, 我體我用.

만물이 생겨나지 못한 것은 인연도 없고 나타남도 없었던 시대요, 만물이 생겨난 것은 형상도 있고 나타남도 있는 시대니, 나도 또한 생물이라, 선천억억과 후천억억이 다 내가 태어남으로 말미암아 시작되어 천천물물이 나를 체로 하고 나를 용으로 하는 것이니라.

1-5-5. 我體用之, 實有三性, 一曰圓覺性, 二曰比覺性, 三曰血覺性, 圓覺性以爲萬法因果無爲而爲, 故修心煉性者不得法體因果難得善果, 比覺性以爲萬相因果有現無量, 修心見性者若非正觀思量不得眞境, 血覺性以爲禍福因果有善有惡而無時相視, 爲其善而世得果者, 擇其好好化頭.

나를 체로 하고 용으로 하는 것이 실로 세 성품이 있느니 첫째는 원각성이요, 둘째는 비각성이요, 셋째는 혈각성이니라. 원각성은 만법으로 인과를 삼아 함이 없이 되는 것이므로, 마음을 지키고 성품을 단련하는 사람은 법체의 인과를 얻지 못하면 좋은 성과를 얻기 어렵고, 비각성은 만상으로서 인과를 삼아 나타남이 있으나 헤아림이 없는 것이니, 마음을 닦고 성품을 보려는 사람이 만일 바르게 보고 생각하여 헤아리지 않으면 진경을 얻지 못할 것이요, 혈각성은 화복으로 인과를 삼아 선도 있고 악도 있어 수시로 서로 보는 것이니, 선을 위하여 세상의 성과를 얻으려는 사람은 좋고 좋은 화두를 가려야 할지어다.

1-5-6. 以此三性爲科, 善守不失, 見性覺心有時有刻.

이러한 세 성품으로 과목을 삼아 잘 지키어 잃지 않으면 성품을 보고 마음을 깨닫는 것이 시각에 있느니라.

(6) 삼심관(三心觀)

1-6-1. 道有三心階梯, 修心見性者, 若非三階梯妙法, 難得善果.
도에 세 가지 마음의 계단이 있으니, 마음을 닦고 성품을 보려는 사람은 만약 이 세 가지 계단의 묘법이 아니면 좋은 성과를 얻기 어려울 것이니라.

1-6-2. 一曰, 虛光心, 天天物物, 各有性心, 自體自動, 皆由法相色相也. 修者念頭必在兩端, 勤勤不息, 惺惺不昧, 寂寂不昏, 虛中生光, 必是萬理具存, 無相法體, 覺所現發, 有相色體, 回光返照, 無所不明, 無所不知, 此曰虛光心力. 止此不求, 吾必不贊, 自庸奮發, 且進一階.
첫째는 허광심이니 한울과 한울, 만물과 만물이 각기 성품과 마음이 있어, 자체가 스스로 움직이는 것이 다 법상과 색상에 말미암은 것이니라. 닦는 사람의 염두에 반드시 양단이 있으리니, 부지런히 하고 부지런히 하여 쉬지 아니하며, 깨닫고 깨달아서 어둡지 아니하고, 적적하여 혼미하지 아니하면, 빈 가운데서 빛이 날 것이라. 반드시 모든 이치가 갖추어 있어 형상 없는 법체가 깨닫는 곳에 나타나며, 형상 있는 색체에 돌아오는 빛이 돌려 비치어 밝지 아니한 곳이 없고 알지 못할 곳이 없으니, 이것을 허광심력이라 이르느니라. 여기에 멎어서 구하지 않으면 내 반드시 찬성하지 않을 것이니, 스스로 힘써 분발하여 또 한 단계를 나아가라.

1-6-3. 二曰, 如如心, 一超上界, 空空寂寂, 無問無聞, 如心如眞, 森羅萬相, 本吾一體, 唯一無二, 我我彼彼, 善善惡惡, 好好惡惡, 生生死死, 都是法體自用, 人何作成. 且以法中妙用, 皆吾性心, 性心本體, 空亦斷矣, 何求此外, 休休喘息, 更加一層.

둘째는 여여심이니 한번 윗 지경에 뛰어오르면 비고 비어 고요하고 고요하여 물을 것도 없고 들을 것도 없으며, 마음과 같고 참과 같아서 삼라만상이 본래 나와 일체라. 오직 하나요 둘이 아니니 나와 너, 선과 악, 좋은 것과 나쁜 것, 나고 죽는 것이 모두 이 법체가 스스로 쓰는 것이니 사람이 어찌 지어서 이루리오. 또한 법 가운데 묘하게 쓰는 것이 다 내 성품과 마음이라. 성품과 마음의 본체는 비고 또 끊겼으니, 이 밖에 무엇을 구하리오마는 쉬고 쉬어 숨을 돌려 다시 한 층계를 더 나아가라.

1-6-4. 三曰, 自由心, 天亦不空, 物亦不斷, 道何止空, 物何止斷. 性無本末, 理無始終, 但因吾心一條, 萬法萬相, 量而考之. 心唯空斷, 理亦必斷矣. 若或如是, 何可謂性, 何可謂理乎.

셋째는 자유심이니 한울도 또한 비지 아니하고 만물도 또한 끊기지 아니하니, 도가 어찌 빈 데 멎으며 만물이 어찌 끊긴 데 멎으리오. 성품은 근본과 끝이 없고 이치는 처음과 나중이 없으니, 다만 내 마음 한 가닥에 기인하여 만법만상을 헤아려 생각할지니라. 마음이 오직 비고 끊기면 이치 또한 반드시 끊기리니, 만약 이와 같다면 어찌 가히 성품이라 말하며 어찌 가히 이치라 말하겠는가.

1-6-5. 故敎自性自心, 一超自由. 心欲爲玉, 玉亦障碍, 心欲如水,水亦障碍, 心欲爲空爲寂, 空寂亦障碍, 心欲明明, 明亦障碍, 以吾無吾, 吾亦障碍, 心欲無心, 心亦大障碍, 以何妙法脱其大障. 更加一層, 必用自由.

그러므로 자기의 성품과 자기의 마음을 가르쳐 한 번 뛰어서 자유로워라. 마음이 옥이 되고자 하면 옥도 또한 장애요, 마음이 물같이 되고자 하면 물도 또한 장애요, 마음이 비고 고요하게 되고자 하면 비고 고요한 것도 또한 장애요, 마음이 밝고자 하면 밝은 것도 또한 장애요, 나로서 나를 없애려 하면 나도 또한 장애요, 마음으로 마음을 없애고자 하여도 마음도 또한 큰 장애니, 어떤 묘법으로 그 큰 장애를 벗어날고. 다시 한 층계를 더하여 반드시 자유를 쓰라.

1-6-6. 性心自由, 道必無終, 世必自由, 世亦不沒, 人必自由, 人人億億, 了悟此自由, 不爲生不爲死 不爲無不爲有, 不爲善不爲惡, 不爲喜不爲怒, 一動一靜, 日用行事, 吾必自由, 好則好, 善則善, 怒則怒, 生則生, 死則死, 每事每用, 無心行無碍行, 此之謂天體公道公行.

성품과 마음이 자유로우면 도가 반드시 끝이 없을 것이요, 세상이 반드시 자유로우면 세상이 또한 없어지지 않을 것이요, 사람이 반드시 자유로우면 억만 사람이 마침내 이 자유를 깨달을 것이니, 살려고도 하지 아니하고 죽으려고도 하지 아니하며, 없으려고도 하지 아니하고 있으려고도 하지 아니하며, 착하려고도 하지 아니하고 악하려고도 하지 아니하며, 기쁘려고도 하지 아니하고 노하려고도 하지 아니하여, 일동일정과 일용행사를 내가 반드시 자유롭게 하나니 좋으면 좋고, 착하면 착하고, 노하면 노하고, 살면 살고, 죽으면 죽고, 모든 일과 모든 쓰임을 마음없이 행하고 거리낌없이 행하니 이것을 천체의 공도공행이라 하느니라.

1-6-7. 聖亦大障, 世必小障, 以何斥障, 公道公用, 天體自用. 告諭修者, 一切障碍, 脫如弊衣速步速進, 好好自由極樂.
성인도 또한 큰 장애요 세상도 반드시 작은 장애니, 무엇으로써 장애를 물리치어 공도공용으로 천체를 스스로 쓰겠는가. 닦는 사람에 고하여 효유하니 일체 장애를 헌옷을 벗는 듯이 하고, 빠른 걸음으로 빨리 나아가 좋고 좋은 자유를 즐거워하라.

(7) 극락설(極樂說)

1-7-1. 我有一黙, 世能不知, 黙裏在樹, 其幹爲性, 其枝爲心. 有性有心, 大道必生.
나에게 한 잠잠한 것이 있으니 세상이 능히 알지 못하도다. 잠잠한 속에 나무가 있으니 그 줄기는 성품이 되고 그 가지는 마음이 되었느니라. 성품이 있고 마음이 있음에 큰 도가 반드시 생겨나느니라.

1-7-2. 道亦在世, 若不用言, 道斷世荒.
도가 또한 세상에 있으니, 만약 말을 쓰지 않으면 도가 끊어지고 세상이 거칠어질 것이니라.

1-7-3. 黙必爲性本, 若不固其根, 葉不靑花不紅, 言必爲心本, 若不淸其源, 春不來秋不來.

잠잠한 것은 반드시 성품이 근본이 되나니, 만약 그 근본이 굳건치 못하면 잎이 푸르지 못하고 꽃도 붉지 못할 것이요, 말은 반드시 마음이 근본이 되나니, 만약 그 근본이 맑지 못하면 봄도 오지 아니하고 가을도 오지 아니하느니라.

1-7-4. 擧心而用道者, 性不得黙裏, 道必歸虛, 擧言而用世者, 道不得心裏, 世必歸荒, 用道用世, 在性在心, 世平國平, 有言有正.

마음을 들어 도를 쓰는 사람이 성품을 잠잠한 속에서 얻지 못하면 도가 반드시 빈 데 돌아가고, 말을 들어 세상을 쓰는 사람이 도를 마음 속에서 얻지 못하면 세상이 반드시 거칠어질 것이니, 도를 쓰고 세상을 쓰는 것은 성품과 마음에 있고, 세상과 나라를 태평하게 하는 것은 바른말에 있느니라.

1-7-5. 言必有正, 天亦正矣, 言必有正, 世亦正矣, 言必有正, 國亦正矣, 言必有正, 人人必正.

말이 반드시 바르면 한울도 또한 바를 것이요, 말이 반드시 바르면 세상도 또한 바를 것이요, 말이 반드시 바르면 나라도 또한 바를 것이요, 말이 반드시 바르면 사람마다 반드시 바를 것이니라.

1-7-6. 天地正焉, 萬物育焉, 世界正焉, 戰爭必息, 國家正焉, 人民享福, 人人必正, 天下極樂, 安知今日之黙, 爲後日之多言哉.

천지가 바르면 만물이 자라고, 세계가 바르면 전쟁이 반드시 그치고, 국가가 바르면 인민이 복을 누리고, 사람 사람이 반드시 바르면 천하가 극락이 되리니, 어찌 오늘의 잠잠한 것이 후일에 많은 말이 될 줄을 알겠는가.

1-7-7. 吾用天體公法, 以副皇皇帝心.
나는 천체공법을 써서 아름답고 거룩한 한울님 마음에 맞게 하노라.

(8) 성범설(聖凡說)

1-8-1. 人問「聖凡特有差別乎」, 曰「一樹花發, 花亦同色, 一蔕結果, 果亦共味, 性本一源, 心本一天, 法本一體, 何有性凡.」
사람이 묻기를 "성인과 범인이 특히 차별이 있습니까?" 대답하시기를 "한 나무에 꽃이 피니 꽃도 같은 색깔이요, 한 꼭지에 열매가 맺혔으니 열매 또한 같은 맛이라. 성품은 본래 한 근원이요, 마음은 본래 한 한울이요, 법은 본래 한 체이니 어찌 성인과 범인이 있으리오."

1-8-2. 曰「聖明凡愚, 豈無差別乎」, 曰「不然, 性無賢愚, 心無賢愚, 體無賢愚, 然只是用心, 小有差別, 聖人我性不染, 我心不變, 我道不惰, 用心用世, 一無拘礙, 持心用道, 非善不行, 非正不用, 非義不行, 非明不爲, 凡人, 我性我不知, 我心我不知, 我道我不知, 用心用世, 自用外道, 行惡行悖, 非正非義, 無所不行.」
묻기를 "성인은 밝고 범인은 어리석으니 어찌 차별이 없습니까?"

대답하시기를 "그렇지 아니하다. 성품은 어질고 어리석음이 없고, 마음도 어질고 어리석음이 없고, 몸도 어질고 어리석음이 없으나, 그러나 다만 이 마음을 쓰는데 작은 차별이 있으니 성인은 내 성품을 물들이지 아니하고, 내 마음을 변치 아니하고, 내 도를 게으르게 하지 않는지라, 마음을 쓰고 세상을 쓰는 데 하나라도 거리낌이 없으며, 마음을 가지고 도를 쓰는 데 선이 아니면 행치 아니하며, 바른 것이 아니면 쓰지 아니하며, 옳은 것이 아니면 행치 아니하며, 밝은 것이 아니면 하지 아니하느니라. 범인은 내 성품을 내가 알지 못하고, 내 마음을 내가 알지 못하고, 내 도를 내가 알지 못하여, 마음을 쓰고 세상을 쓰는 데 스스로 외도를 쓰며 악을 행하고 패도를 행하며 정의가 아닌 것을 행치 않는 바 없느니라."

1-8-3. 曰「聖凡性心, 一體所發, 用心用世, 何可謂有異乎」, 曰「人生厥初, 實無一毫持來, 只將寶鏡一片. 反照虛空, 左邊一岸, 如如寂寂, 右邊一岸, 塵塵濛濛. 居其兩間, 始生爲爲心, 爲爲心始生, 天地生焉, 世界生焉, 道亦必生.」

묻기를 "성인과 범인의 성품과 마음이 한 체에서 나타난 것이라면 마음을 쓰고 세상을 쓰는 데 어찌 가히 다름이 있다고 말합니까?"

대답하시기를 "사람이 태어난 그 처음에는 실로 한 티끌도 가지고 온 것이 없고 다만 보배로운 거울 한 조각을 가진 것뿐이라, 허공에 도로 비치우니 왼쪽 가에 한편은 여여적적하고 바른쪽 가에 한편은 티끌이 자욱하고 자욱하니라. 그 두 사이에 살면서 비로소 위위심이 생기었고, 위위심이 비로소 생기니 천지가 생기고, 세계가 생기고, 도가 또한 반드시 생기었느니라."

1-8-4. 古今賢哲, 只此一心, 恒時不休, 悠悠不絶, 天地萬物, 皆載
於爲爲心頭, 凡人無爲爲心, 只以今日所見, 爲今日心, 且以明日所見,
爲明日心, 不知方向, 莫非自性所關, 不知本性之本來, 每事莫非自心
所關, 不知自心之用道, 此所謂凡人魔奪心. 性本無賢愚, 然用心必在
賢愚.

고금의 현철이 다만 이 한마음으로 항시 쉬지 아니하고 오래오래
끊기지 아니하며 천지만물을 다 위위심두에 실었으나, 범인은 위위
심이 없어 다만 오늘 보는 것으로서 오늘 마음을 삼고, 또 내일 보
는 것으로서 내일 마음을 삼아 방향을 알지 못하고, 자기 천성의 소
관 아님이 없으나 본성의 본래를 알지 못하고, 모든 일이 자기 마음
의 소관 아님이 없으나 자기 마음의 용도를 알지 못하니, 이것이 이
른바 범인의 마탈심이니라. 성품은 본래 어질고 어리석음이 없으
나, 그러나 마음을 쓰는 데 반드시 어질고 어리석음이 있느니라.

1-8-5. 聖人之爲爲心, 卽自利心, 自利心生則利他心自生, 利他心生
則共和心自生, 共和心生則自由心自生, 自由心生則極樂心自生.

성인의 위위심은 곧 자리심(스스로 이로운 마음)이니 자리심이 생
기면 이타심(남을 이롭게 하는 마음)이 저절로 생기고, 이타심이 생
기면 공화심이 저절로 생기고, 공화심이 생기면 자유심이 저절로
생기고, 자유심이 생기면 극락심이 저절로 생기느니라.

1-8-6. 凡人魔奪心一生, 一身必亡, 一國必亡, 一世必亡, 天地必亡, 人不有魔奪心, 不失爲爲心.

범인은 마탈심이 한번 생기면 한 몸이 반드시 망하고, 한 나라가 반드시 망하고, 한 세상이 반드시 망하고, 천지가 반드시 망하나니, 사람은 마탈심을 두지 말 것이요, 위위심을 잃지 말 것이니라.

(9) 진심불염(眞心不染)

1-9-1. 衆生陷萬塵千坑, 不能解脫迷夢, 解脫世塵理由.

중생이 천만 티끌 구덩이에 빠져 능히 아득한 꿈에서 벗어나지 못하니, 세상 티끌에서 벗어나는 이유를 말하리라.

1-9-2. 我是我也, 我爲一塵, 物是物也, 物爲萬塵. 我塵物塵, 都是一塵, 何能染此, 何能染彼, 然而 我爲有情, 物爲無情, 以有情奪無情, 理所固然. 有心有奪, 是謂塵染, 實有不然, 再思再思.

나는 바로 나니 나는 한 티끌이 되고, 물건은 바로 물건이니 물건은 많은 티끌이 되느니라. 나라는 티끌과 물건이란 티끌이 도시 한 티끌이니 어찌 여기에 물들며 저기에 물들겠는가. 그러나 나는 정이 있고 만물은 정이 없으니, 정 있는 것으로써 정 없는 것을 빼앗는 것은 이치가 본래 그런 것이라. 마음이 있고 빼앗김이 있는 것을 바로 티끌에 물들었다 말하나, 실로 그렇지 아니하니 다시 생각하고 다시 생각하라.

1-9-3. 我有二心, 一曰愛心, 一曰憎心. 愛憎二心, 蔽心如塵. 愛憎何所由來, 萬物入心, 自生愛憎, 愛憎物之反動心. 譬則乳兒眼見物, 發愛心, 喜而笑, 奪物怒而厭, 此曰物情心. 物情心卽第二天心, 人人億億, 皆留不脫.

나에게 두 마음이 있으니 하나는 사랑하는 마음이라 이르고, 하나는 미워하는 마음이라 이르느니라. 사랑하고 미워하는 두 마음이 마음을 가리운 것이 티끌과 같으니라. 사랑하고 미워하는 것은 어디서 온 것인가. 모든 물건이 마음에 들면 스스로 사랑하는 것과 미워하는 것이 생기나니, 사랑하고 미워하는 것은 물건의 반동심이라. 비유하면 젖먹이가 눈으로 물건을 보고 사랑하는 마음이 생기어 기뻐하며 웃다가 물건을 빼앗으면 성내어 싫어하나니, 이것을 물정심이라 이르느니라. 물정심은 곧 제이 천심이니 억만 사람이 다 여기에 얽매어 벗어나지 못하느니라.

1-9-4. 然我本來天, 不顧不尋, 但以物情心, 行于世, 此曰凡愚.

그리하여 나의 본래 한울을 돌아보지도 않고 찾지도 않고 다만 물정심으로써 세상에 행하니 이를 범인의 어리석음이라 이르느니라.

1-9-5. 聖賢不然, 恒不忘我本來, 固而守之, 强而不奪, 故觀得萬理根本, 萬理具體, 徘徊心頭, 圓圓不絶, 自遊遊不寂于慧光內, 萬塵之念, 自然如夢想, 是謂解脫心. 1解脫卽見性法, 見性在解脫, 解脫在自天自覺.

성현은 그렇지 아니하여 항상 나의 본래를 잊지 않고 굳건히 지키며 굳세어 빼앗기지 않으므로, 모든 이치의 근본을 보아 얻어 모든 이치가 체를 갖추게 하며, 마음머리에 머뭇거리어 둥글고 둥글어 그치지 아니하며, 스스로 놀고 놀아 슬기로운 빛 안에서 고요하지 아니하며, 일만 티끌 생각이 자연히 꿈같으니 이것을 해탈심이라 이르느니라. 해탈은 곧 견성법이니 견성은 해탈에 있고, 해탈은 자천자각에 있느니라.

1-9-6. 自心自守而不失, 固而不流, 自心自然解脫, 萬法萬相一切具心, 事理不錯, 我天不二, 性心不二, 聖凡不二, 我世不二, 生死不二.
내 마음을 내가 지키어 잃지 아니하고, 굳게 하여 흐르지 아니하면 내 마음이 자연히 해탈이 되나니, 만법만상이 일체 마음에 갖추어져서 일과 이치가 엇갈리지 아니하면 나와 한울이 둘이 아니요, 성품과 마음이 둘이 아니요, 성인과 범인이 둘이 아니요, 나와 세상이 둘이 아니요, 삶과 죽음이 둘이 아니니라.

1-9-7. 故眞心不二不染, 天體自用, 自地自用, 吾用自由.
그러므로 참된 마음은 둘도 아니요 물들지도 아니하나니, 천체를 스스로 쓰며 내 땅을 스스로 쓰며 나를 자유로 쓰느니라.

2. 후경(後經)(1)

2-1.

其性, 如月落隱萬頃滄波, 其心, 如火起燒千里長風. 月隱滄波海國朗,
火燒長風雲天晴.

그 성품은 달이 만경창파에 떨어져 숨은 것 같고, 그 마음은 불이
천리장풍에 일어나 타는 것 같으니라. 달이 창파에 숨으니 바다 나
라가 밝고 불이 장풍에 타오르니 구름한울이 개이도다.

海朗雲晴一色空, 空收色消夜無語. 暗中生風, 天復活. 空空本無空,
心爲空寂界. 我性本來天, 我心身後天.

바다가 맑고 구름이 개이니 일색공이요, 공을 거두고 색을 지우니
밤에 말이 없어라. 어둠 속에서 바람이 나니 한울이 다시 살아나도
다. 비고 빈 것이 본래 빈 것이 아니요, 마음이 비어서 공적계가 되
니라. 내 성품은 본래 한울이요, 내 마음은 몸 뒤의 한울이니라.

2-2.

我性我亦無, 我心我方在. 世法百年苦, 聖法萬年愁. 明中生暗, 暗中
生明, 暗中生明, 明中生暗.

내 성품에는 나도 없는 것이요, 내 마음에 내가 바로 있는 것이니라.
세상 법은 백년 괴로움이요, 성인 법은 만년 수심이니라. 밝은 가운
데서 어둠이 나고 어둠 가운데 밝음이 나는 것이요, 어둠 가운데서
밝음이 나고 밝은 가운데서 어둠이 나느니라.

2-3.

道過三天心自昏, 風動細派空作喧. 百雲以上白雲下, 上以也聽下以論. 聽不聽聽天心處, 知不知知我心邊. 浮花埋天脫萬劫, 虛舟駕波載百年. 遍踏法界故家歸, 五色花葉簷外飛. 淸虛月色澹泊味, 空使主翁自足肥. 上帝黙黙天久虛, 風動空竹初心生. 道必一貫也無二, 對物精神各有情. 無量大天寸心低, 風雲忽然萬里蹄. 枕上覺魂登中霄, 月下俱瞰也東西. 人如日月非分時, 斷然不作百年悲. 男兒留心天不休, 其壽必作百年知.

도가 세 한울을 지나면 마음이 스스로 어두워지고, 바람이 잔잔한 물결을 움직이니 부질없이 시끄럽기만 하느니라. 흰 구름 위와 흰 구름 아래에 위에서는 듣고 아래서는 논하느니라. 들어도 들리지 않는 것을 듣는 것이 한울마음 있는 곳이요, 알려 해도 알지 못할 것을 아는 것이 내 마음이니라. 뜬 꽃이 한울을 묻어 만겁을 벗어나고 빈 배가 물결을 멍에하여 백 년을 실었더라. 법계를 두루 돌아 옛집에 돌아오니 오색 꽃잎이 처마끝에 날리느니라. 맑고 빈 달빛의 담박한 맛은 속절없이 내 마음을 스스로 흐뭇하게 하느니라. '상제'가 잠잠하고 잠잠하여 한울이 오래 비고 바람이 속 빈 대를 움직이어 처음으로 마음이 생기게 하느니라. 도는 반드시 하나의 이치로 꿰뚫어 둘이 없으나 사물을 대하는 정신은 각각 정이 있느니라. 헤아릴 수 없는 큰 한울도 조그만 마음보다 낮고 홀연히 풍운이 일어나 만리를 뒤밟느니라. 베개 위에 깨인 혼이 중천에 올라가니 달 아래 동서를 다 굽어보느니라. 사람은 해와 달같이 분시가 아니니 단연코 백년 슬픔을 만들지 말라. 사나이 마음을 두면 한울도 쉬지 않나니 그 목숨은 반드시 백년의 앓을 만드리라.

3. 후경(後經)(2)

3-1. 性本無始, 心本無二, 萬法具體, 放天無量, 放地無邊, 收之, 亦不得基也.

성품은 본래 처음이 없고 마음은 본래 둘이 없으나, 만법이 체를 갖추어 한울에 놓아도 한량이 없고 땅에 놓아도 가이없고 거두려 하여도 또한 터전을 얻지 못하느니라.

3-2. 或問曰「性本無始, 有性有心, 何也.」曰「性者名也. 名爲有物後始得者. 始者太初有物之時也. 能言性, 能言始, 是靈感想識, 靈感所發, 是有體性, 是性是心, 不免死生, 無始之性, 是無體性, 不有生死, 眞眞如如也.」

어떤 사람이 묻기를 "성품은 본래 처음이 없거니 성품이 있고 마음이 있는 것은 어찌 된 것입니까?" 대답하시기를 "성품이란 것은 이름이니 이름은 만물이 있게 된 후에 처음으로 얻은 것이요, 처음이란 것은 태초 만물이 있던 때이니라. 능히 성품을 말하고 능히 처음을 말하는 것은 이는 영감으로 생각한 것이요, 영감이 나타나는 것은 유체성이라, 이 성품과 이 마음은 죽고 사는 것을 면치 못하나 처음도 없는 성품은 바로 무체성이니 나고 죽는 것이 있지 아니하여 진진여여한 것이니라."

3-3. 曰「眞性, 已在有始之前, 有始後之人, 豈能知有性乎」. 曰「以
無觀無則無亦有之, 以無觀有則有亦無之, 定其無有, 始有, 無始有生,
有有始無滅, 眞眞如如, 無漏無增. 無漏無增, 性心之始也, 故知本性
之無緣有生.」

묻기를 "진성이 이미 처음이 있기 전에 있었으니, 처음이 있은 뒤의
사람이 어떻게 능히 성품이 있음을 알 수 있습니까?" 대답하시기를
"없는 것으로서 없는 것을 보면 없는 것도 또한 있고, 없는 것으로
서 있는 것을 보면 있는 것도 또한 없나니, 그 없고 있는 것을 정하
여 비로소 무시유생이 있고 유시무멸이 있나니, 진진여여하여 새는
것도 없고 더함도 없는 것이니라. 새는 것도 없고 더함도 없는 것
은 성품과 마음의 처음이라. 그러므로 본성의 인연없이 생함이 있
음을 알지니라."

3-4. 曰「如何方法, 脫其大障見其眞性乎」. 曰「日月則雖明, 黑雲弊
之, 如瓶內燈光. 性之淸淨萬障圍之, 如泥中沒玉, 無他妙法, 但以心
爲師, 剛而不奪, 定以不動, 柔而不弱, 惺以不昧, 黙而不沈, 聞而不
息, 動而不亂, 擾而不拔, 靜而不寂, 視而不顧, 有能不用.」

묻기를 "어떠한 방법으로 그 큰 장애를 벗어나서 그 진성을 볼 수
있습니까?" 대답하시기를 "해와 달은 비록 밝으나 검은 구름이 가
리면 병 속의 등불 같으니라. 성품의 맑고 깨끗한 것을 많은 장애
물이 둘러서 진흙 속에 묻힌 구슬과 같으니, 다른 묘법이 없고 다만
마음으로써 스승을 삼아 굳세게 하여 빼앗기지 아니하며, 정하여
움직이지 아니하며, 부드러우나 약하지 아니하며, 깨달아 매혹하지

아니하며, 잠잠하나 잠기지 아니하며, 한가하나 쉬지 아니하며, 움직이나 어지럽지 아니하며, 흔들어도 빼어지지 아니하며, 멈추었으나 고요하지 아니하며, 보이나 돌아보지 아니하며, 능력이 있으나 쓰지 않을 것이니라."

3-5. 曰「有視不顧而有能不用, 則何以用天用人乎.」曰「如法而行則自生大道.」

묻기를 "보이는 것이 있으나 돌아보지 아니하고 능력이 있으나 쓰지 아니하면 어떻게 한울을 쓰고 사람을 씁니까?" 대답하시기를 "법과 같이 행하면 스스로 큰 도가 나타나느니라."

3-6. 曰「何謂大道乎.」曰「大道, 非天非地, 非山非水, 非人非鬼, 思不如思, 視不如視, 言不如言, 聽不如聽, 坐不如坐, 立不如立, 如如之間, 怳然是本來淸淨.」

묻기를 "어떤 것을 큰 도라 합니까?" 대답하시기를 "큰 도는 한울도 아니요 땅도 아니요 산도 아니요 물도 아니요 사람도 아니요 귀신도 아니니, 생각하나 생각하는 것 같지 아니하고, 보나 보는 것 같지 아니하고, 말하나 말하는 것 같지 아니하고, 들으나 듣는 것 같지 아니하고, 앉으나 앉은 것 같지 아니하고, 서나 선 것 같지 아니하여 변하지 않는 사이에 황연한 본래의 맑고 깨끗한 것이니라."

3-7. 曰「大道至此盡矣歟.」曰「修其性而得其道者, 固至而盡矣, 然性上生心, 身在淸風明月, 家在宇宙江山. 觀天地於我則我在世在, 我我物物, 各遂其性, 各守其道, 各得其分, 喜喜我喜喜物, 豈非極樂世哉. 三天大氣, 混然相應, 同歸一心, 前聖後聖, 不立文字, 但以心傳心也. 欲求天道, 自持求心, 求則求也, 畢求無受.」

묻기를 "큰 도가 여기서 그치나이까?" 대답하시기를 "그 성품을 닦아 그 도를 얻은 사람은 진실로 지극히 다 할 것이나, 그러나 성품에서 마음이 생기면 몸은 청풍명월에 있고 집은 우주강산에 있느니라. 천지를 나에게서 보면 나도 있고 세상도 있어 나와 나, 만물과 만물이 각각 그 천성을 이루며 각각 그 도를 지키며 각각 그 직분을 얻나니, 기쁜 나와 기쁜 만물이 어찌 극락세계가 아니겠는가. 세 한울의 큰 기운이 섞이어 서로 응하여 한 마음으로 같이 돌아가니, 먼저 성인과 뒤의 성인이 문자를 나타내지 아니하고 다만 마음으로써 마음에 전한 것이니라. 천도를 구하고자 하면 구하는 마음을 스스로 가져야 하니, 구하면 구할 것이나 구하기를 다하면 받을 것이 없느니라."

3-8. 曰「畢求無受, 於何求之乎.」曰「爾問求是爾心, 吾答爾問, 是吾心, 吾無爾無則吾爾之間, 何有是言. 夫天地有生以來, 億億衆生, 施爲運動, 一切善善惡惡, 皆是人人由心, 由心所發, 是我性我心. 除此本心, 終無別天, 離此本地, 更無求所, 自求, 自性自心. 性心本體, 非因非果, 無證無修, 亦無相貌. 如虛如空, 取不能得, 捨不能棄, 往來自在, 常無住處, 微妙而難見難言, 然而人能自動自用.」

묻기를 "구하기를 다하여 받을 것이 없다 하면 어디서 구합니까?" 대답하시기를 "네가 구함을 묻는 것은 이는 네 마음이요, 내가 네

물음에 대답하는 것은 이는 내 마음이니, 내가 없고 네가 없으면 나와 너 사이에 어떻게 이 말이 있으리오. 무릇 한울과 땅이 생긴 이래로 많은 중생의 움직임과 일체 선악이 다 바로 사람사람의 마음에 달린 것이니, 마음으로 인하여 나타나는 것이 내 성품과 내 마음이라. 이 본래의 마음을 제거하면 마침내 별다른 한울이 없는 것이요, 이 본지를 떠나면 다시 구할 곳이 없으니, 자성을 자심에서 스스로 구하라. 성품과 마음의 본체는 원인도 아니요 결과도 아니며, 증거할 것도 없고 닦을 것도 없고, 또한 모습도 없는 것이니라. 텅 빈 것 같아서 가지려 하여도 능히 얻지 못하며, 버리려 하여도 능히 버리지 못하며, 가고 오는 것도 스스로 있어 항상 머물러 있는 곳도 없고, 미묘해서 보기도 어렵고 말하기도 어려우나, 그러나 사람이 능히 스스로 움직이고 스스로 쓸 수 있는 것이니라."

3-9. 曰「人能自動自用, 何以信天也.」曰「自心自信, 自天自心, 自知自動, 自天自法, 故古來千經萬說, 自心自法, 自外不由. 學經萬讀, 見天千拜, 只是愚夫愚婦之戒心說法, 以此不得見性覺心. 性心修煉必有妙法, 惺惺不昧焉 心入性裏則空空寂寂, 性入心裏則活活潑潑, 空寂活潑起於自性自心, 自性自心吾心本地, 道求何處, 必求吾心.」

묻기를 "사람이 제가 능히 움직이고 쓸 수 있다면 어찌하여 한울을 믿습니까?" 대답하시기를 "자기 마음을 자기가 믿으며, 자기 한울을 자기 마음으로 하며, 스스로 아는 것을 스스로 움직이며, 자기 한울을 스스로 법으로 삼나니, 그러므로 예로부터 많은 경전과 많은 법설이 자기 마음을 자기가 법으로 하는 것이요, 밖으로부터 오는 것이 아니니라. 경전을 배워서 만 번 외우고 한울을 보고 천 번 절하라는 것은 다만 어리석은 사람들의 마음을 경계하느라고 만든 법이요, 이로써 성품을 보고 마음을 깨닫는 것은 얻지 못하느니라. 성품과 마음을 닦는 데는 반드시 묘한 방법이 있으니 깨닫고 깨달아서 어둡지 말 것이니라. 마음이 성품속에 들면 공공적적하고, 성품이 마음속에 들면 활활발발해지니라. 비고 고요하고 활발한 것은 자기 성품과 자기 마음에서 일어나고, 자기 성품과 자기 마음은 내 마음의 본 바탕이니, 도를 어느 곳에서 구할 것인가. 반드시 내 마음에서 구할지니라."

3-10. 曰「吾亦何處生, 性在何處來.」曰「以天觀之則吾無性無, 以人觀之則吾有性有, 吾無觀, 性無觀, 其壽無量, 吾有觀, 性有觀, 其壽必短, 死生不離. 大壽, 無死生, 無善惡, 無動作, 無空寂, 無色相, 無上下, 無古今, 無言書, 難形難言.」

묻기를 "나는 또 어디서 났으며 성품은 어디서 왔겠습니까?" 대답하시기를 "한울의 입장에서 보면 나도 없고 성품도 없고, 사람의 입장에서 보면 나도 있고 성품도 있느니라. 나도 없고 성품도 없다고 보면 그 수명이 한량이 없고, 나도 있고 성품도 있다고 보면 그 수명이 반드시 짧아서 죽고 사는 것을 떠나지 못하느니라. 큰 수명은 죽고 사는 것도 없고, 선하고 악한 것도 없고, 움직이는 것도 없고, 비고 고요함도 없고, 빛깔과 형상도 없고, 위도 아래도 없고, 예와 이제도 없고, 말과 글도 없는 것이니 형용하기도 어렵고 말하기도 어려운 것이니라."

3-11. 曰「難形難言何也.」曰「爾問, 只是, 色相所發, 爾之不問不聽, 是難形難言. 性無空寂, 無色相, 無動靜, 然氣凝血脈相通, 有時有動, 此之謂有天有人, 有情有神. 凡夫凡眼, 但以自身感覺靈識, 對照於光內, 不知光外, 無量廣大之性.」

묻기를 "형용하기도 어렵고 말하기도 어렵다는 것은 무엇입니까?" 대답하시기를 "너의 물음이 다만 색상에서 나온 것이요, 너의 묻지 아니하고 듣지 못하는 것이 바로 형용하기 어렵고 말하기도 어려운 것이니라. 성품은 비고 고요함도 없으며 빛깔도 형상도 없으며 움직임도 고요함도 없으나, 그러나 기운이 엉기어 혈맥이 서로 통하면 때가 있고 움직임이 있나니, 이것을 한울이 있다, 사람이 있다, 정이 있다, 신이 있다 말하는 것이니라. 보통 사람의 눈은 다만 자신의 감각 영식으로써 광내에서 대조할 뿐이요, 광외에 한량없이 넓고 큰 본성은 알지 못하느니라."

3-12. 曰「無量廣大何處在.」曰「爾之感覺所到, 是有相有色而已, 爾之感覺不到, 是無量廣大. 爾亦自無量廣大淸淨界中來, 故本無業障, 久沈苦海, 如浮雲蔽日.

묻기를 "한량없이 넓고 큰 것은 어디에 있습니까?" 대답하시기를 "너의 감각이 미치는 것은 형상이 있고 빛깔이 있는 것 뿐이요, 너의 감각이 미치지 못하는 것은 이것이 한량없이 넓고 큰 것이니라. 너도 또한 한량없이 넓고 크고 맑고 깨끗한 지경으로부터 온 것이

라. 그러므로 본래는 업인과 장애가 없었거늘 오랫동안 고해에 빠져 뜬구름이 햇빛을 가리운 것 같으니라.

3-13. 爾不覺自性自心, 雖身破如塵, 終不得大成, 爾不知自性自大, 自心有道, 雖說得千經萬讀, 必不辨.

네가 자기 성품과 마음을 깨닫지 못하면, 비록 몸을 깨뜨려 티끌같이 할지라도 끝내 크게 이루지 못할 것이요, 네가 자기의 성품이 스스로 크며 자기의 마음에 도가 있음을 알지 못하면, 비록 천 가지 경전을 만 번 읽어서 설득하더라도 반드시 분별치 못하리라.

3-14. 道求自性, 法求自心. 性心所在非彼非此, 非上非下, 只我在我. 我天我道, 天道無量亦繫我也, 我尊我尊, 無上無上, 尊於三天之上.」

도를 자기의 성품에서 구하고, 법을 자기 마음에서 구하라. 성품과 마음이 있는 곳은 저기도 아니요, 여기도 아니요, 위도 아니요, 아래도 아니요, 다만 내가 내게 있는 것이니라. 내 한울을 내 도로 하면 천도의 한량없는 것이 또한 내게 매었으니, 내가 높고 높음이 위도 없고 위도 없어 세한울의 위에 높이 있느니라."

4. 십삼관법(十三觀法)

4-1. 念呪觀 感化觀
주문을 생각하여 보는 것과 감화함을 보는 것.

4-2. 我無觀 天有觀

나를 없다고 보고 한울을 있다고 보는 것.

4-3. 我有觀 天無觀

나를 있다고 보고 한울을 없다고 보는 것.

4-4. 性無觀 心有觀

성품을 없다고 보고 마음을 있다고 보는 것.

4-5. 心無觀 性有觀

마음을 없다고 보고 성품을 있다고 보는 것.

4-6. 性無觀 心無觀

성품도 없다고 보고 마음도 없다고 보는 것.

4-7. 性有觀 心有觀

성품도 있다고 보고 마음도 있다고 보는 것.

4-8. 我先觀 天後觀

나를 먼저 보고 한울을 뒤에 보는 것.

4-9. 我有觀 天有觀

나도 있다고 보고 한울도 있다고 보는 것.

4-10. 我有觀 物有觀

나도 있다고 보고 물건도 있다고 보는 것.

4-11. 自由觀 自用觀

자유를 보고 자용을 보는 것.

4-12. 衆生觀 福祿觀

중생을 보고 복록을 보는 것.

4-13. 世界觀 極樂觀

세계를 보고 극락을 보는 것.

5. 각세진경(覺世眞經)

5-1. 曰「高莫高於天, 厚莫厚於地, 卑莫卑於人, 人以侍天者何也.」
曰「物有是性, 物有是心, 是性是心, 出於天, 故曰侍天也.」

묻기를 "높은 것은 한울보다 더 높은 것이 없고, 두터운 것은 땅보다 더 두터운 것이 없고, 비천한 것은 사람보다 더 비천한 것이 없거늘, 사람이 한울을 모셨다 하는 것은 어찌 된 것입니까?" 대답하시기를 "만물은 다 성품이 있고 마음이 있으니 이 성품과 이 마음은 한울에서 나온 것이라, 그러므로 한울을 모셨다고 말하는 것이니라."

5-2. 曰「性心, 出於天者何也.」曰「陰陽合德而俱體者謂之性, 外有
接靈而內有降話者謂之心也.」
묻기를 "성품과 마음이 한울에서 나왔다는 것은 어찌 된 것입니
까?" 대답하시기를 "음과 양이 합덕하여 체를 갖춘 것을 성품이라
하고, 밖으로 접령이 있고 안으로 강화가 있는 것을 마음이라 하느
니라."

5-3. 曰「然則高而非天, 厚而非地乎.」曰「高依於厚, 厚依於高, 卑
在於其間, 上蒙於高明之德, 下載於博厚之恩. 是故天地人三才者, 都
是一氣也.」
묻기를 "그러면 높은 것이 한울이 아니요, 두터운 것이 땅이 아니란
것입니까?" 대답하시기를 "높은 것은 두터운 것에 의지하고 두터운
것은 높은 것에 의지하였으니, 비천한 것은 그 사이에 있어 위로는
높고 밝은 덕을 입었고 아래로는 넓고 두터운 은혜를 실은 것이니
라. 이러함으로 천·지·인 삼재란 것은 도무지 한 기운뿐이니라."

5-4. 曰「性者何也.」曰「天地之精體也.」
묻기를 "성품이란 것은 무엇입니까?" 대답하시기를 "천지의 정미로
운 체이니라."

5-5. 曰「心者何也.」曰「如聞而難見, 渾元之虛靈也.」
묻기를 "마음이란 것은 무엇입니까?" 대답하시기를 "들리는 듯하나
보기 어려운 혼원한 허령이니라."

5-6. 曰「靈者何也.」曰「虛靈蒼蒼而無物不遺, 無時不照而寂然不動, 起而明之, 暗而變化, 自德自理之天地之勢, 自然之理也.」

묻기를 "영이란 것은 무엇입니까?" 대답하시기를 "허령이 창창하여 만물에 남기지 아니함이 없으며, 비치지 않은 때가 없으며, 고요하여 움직이지 아니하며, 일어나면 밝고 어두우면 변화하여 스스로의 덕과 스스로의 이치의 천지의 세요, 자연의 이치니라."

5-7. 曰「五行者何也.」曰「氣之精體也.」

묻기를 "오행이란 것은 무엇입니까?" 대답하시기를 "기운의 정미로운 체이니라."

5-8. 曰「氣者何也.」曰「理之精靈, 豁發之秀儀也.」

묻기를 "기란 것은 무엇입니까?" 대답하시기를 "이치의 정령이 크게 나타나는 수려한 모양이니라."

5-9. 曰「理者何也.」曰「一塊也.」

묻기를 "이치란 것은 무엇입니까?" 대답하시기를 "한 덩어리니라."

5-10. 曰「一塊者何也.」曰「以無始有也.」

묻기를 "한 덩어리란 것은 무엇입니까?" 대답하시기를 "시작이 없는 것으로써 있는 것이니라."

5-11. 曰「精者何也.」曰「體之至靈也.」

묻기를 "정이라는 것은 무엇입니까?" 대답하시기를 "체의 지극한 영이니라."

5-12. 曰「陰陽者何也.」曰「初有一物, 物者一塊也, 塊者無極也, 只有始分, 所謂無極而生太極. 無極陰, 太極陽, 上下論之則上下亦陰陽, 東西論之則東西亦陰陽, 其他, 寒署, 晝夜, 去來, 屈伸, 皆無不陰陽, 總究其本則天地鬼神變化之理, 相對相應, 都是陰陽之理也.」

묻기를 "음양이란 것은 무엇입니까?" 대답하시기를 "처음에 한 물건이 있었으니 물건이란 것은 한 덩어리요 덩어리란 것은 무극이니, 다만 처음의 나눔이 있어 이른바 무극이 태극을 낳은 것이라. 무극은 음이요 태극은 양이니, 상하로 말하면 상하도 또한 음양이요, 동서로 말하면 동서도 또한 음양이요, 그밖에 춥고 더운 것, 낮과 밤, 가고 오는 것, 구부리고 펴는 것 등이 다 음양 아님이 없으니 다 그 근본을 연구하면 천지·귀신·변화의 이치가 서로 대하고 서로 응하나니, 서로 대하고 응하는 것은 도무지 음양의 이치이니라."

5-13. 曰「降話者何也.」曰「降者, 接靈之理也, 話者無不受鬼神之靈, 能言能笑能動能靜, 皆無不降話之敎也.」

묻기를 "강화란 것은 무엇입니까?" 대답하시기를 "강이란 것은 영이 접하는 이치요, 화란 것은 귀신의 영을 받지 아니함이 없어 능히 말하고 웃고, 능히 움직이고 고요한 것이 다 강화의 가르침 아님이 없는 것이니라."

5-14. 曰「接靈者何也.」曰「其形然然發發, 渾入於骨格, 聰明應其 耳目, 我與天之氣相合, 而天與人言語相聽, 意思相同而萬事能通者 也. 蒙昧餘生, 何以知天之的實, 以守心正氣, 至於聖賢之境, 能聽天 語之的實, 無違敎化之德.」

묻기를 "접령이란 것은 무엇입니까?" 대답하시기를 "그 나타남이 그토록 빠르게 골격에 혼연히 들어가 총명이 그 귀와 눈에 응하여, 나와 한울의 기운이 서로 합하여 한울과 사람이 말을 서로 들으며, 뜻과 생각이 서로 같아서 모든 일을 능히 통하는 것이니라. 어리석 은 사람들이 어찌 한울의 적실한 것을 알 수 있으며, 수심정기로써 성현의 경지에 이르며, 능히 한울님 말씀의 적실한 것을 들어 교화 의 덕을 어김이 없게 하리오."

5-15. 曰「鬼神者何也.」曰「陰陽之變化謂也. 鬼神論之則陰鬼陽神, 性心論之則性鬼心神, 屈伸論之則屈鬼伸神, 動靜論之則動神靜鬼, 總 而論之則氣抱理, 理賦氣, 而無依無立之環也.」

묻기를 "귀신이란 것은 무엇입니까?" 대답하시기를 "음양의 변화를 이름이니라. 귀신으로 말하면 음귀·양신이요, 성심으로 말하면 성 귀·심신이요, 굴신으로 말하면 굴귀·신신이요, 동정으로 말하면 동신·정귀니, 통틀어 말하면 기운이 이치를 포용하고 그 이치가 기운을 받는 것인데, 의지한 것도 없고 선 것도 없는 둘레이니라."

5-16. 曰「無依無立而環, 則有方而不變者何也.」曰「舟中臥則環 舟去而不知其方者也. 嗟呼, 生而不知其生, 行而不知其行, 食而不知其食.」

묻기를 "의지한 것도 없고 선 것도 없는 둘레라면, 방위는 있으나 변치 않는 것은 어찌 된 것입니까?" 대답하시기를 "배 가운데 누우면 배를 돌려서 가도 그 가는 방향을 알지 못하는 것과 같으니라. 슬프다, 살면서도 그 사는 것을 알지 못하고, 행하면서도 그 행하는 것을 알지 못하고, 먹으면서도 그 먹는 것을 알지 못하느니라."

6. 명심장(明心章)

6-1. 吁, 外有接靈者, 這裡自載, 五行合德, 萬物各有接靈之氣也, 內有降話者, 以五行, 至於造物, 豈無相生相克變化之理乎.

아! 외유접령이란 것은 그 속에서 스스로 비롯됨에 오행이 덕을 합하여 만물이 각각 접령의 기운이 있음이요, 내유강화란 것은 오행으로서 만물을 이룸에 이르니 어찌 상생상극 변화의 이치가 없겠는가.

6-2. 自動明應, 自量皀白, 口作話語也, 動明自量, 可謂降話之敎也, 口作話語, 可謂先生之敎也, 天語人語, 豈有異哉. 然守心正氣一心正氣, 渾入於無極之境, 則明知降話之的實, 放心亂意則天語人語之相去, 不數記也. 然則言語動靜, 實是莫過於此, 然實非陰陽鬼神之跡, 豈有化生動靜之理乎. 故於千萬理, 自由無爲而化, 一動一靜都是鬼神之敎也.

스스로 움직이어 밝게 응하고 스스로 잘잘못을 헤아리고 입으로 말을 하니, 움직이어 밝히고 스스로 헤아림은 가히 강화의 가르침이라 이를 것이요, 입으로 말을 함은 가히 선생의 가르침이라 이를 것이니, 한울님 말씀과 사람의 말이 어찌 다름이 있겠는가. 그러나 수심정기하고 한마음으로 기운을 바르게 하여 무극의 경지에 혼연히 들어가면 강화의 적실함을 밝게 알 것이나, 방심하여 생각이 어지러우면 한울님 말씀과 사람의 말이 서로 떨어짐을 헤아려 기록하지 못하느니라. 그런즉 언어동정은 실로 이에 지나지 않으나 그러나 실로 음양귀신의 자취가 아니면 어찌 화생동정의 이치가 있겠는가. 그러므로 천만이치에 자연히 무위이화가 있는 것이요, 일동일정이 도시 귀신의 가르침이니라.

6-3. 聽之不聞, 視之不見云者, 世人不知鬼神自然之理, 但知吾身自行之理. 故言語先出於敎化之際, 然聽之不聞, 一身化生於理氣之中, 然視之不見也, 無他, 此姑未免大悟之故也.

들어도 들리지 아니하고 보아도 보이지 않는다고 말하는 것은 세상 사람이 귀신의 자연한 이치를 알지 못하고, 다만 내 몸이 스스로 행하는 이치로 아노라. 그러므로 언어는 교화할 즈음에 먼저 나오나 그러나 들어도 들리지 않는 것이요, 한 몸은 이치기운 가운데에서 화생하였으나 그러나 보아도 보이지 않으니, 이는 다름이 아니라 아직 큰 깨달음에 이르지 못한 연고이니라.

6-4. 守心正氣以達盖載之德, 則物我豈有毫末之間乎.

수심정기로 덮어주고 실어주는 덕을 환히 알게 되면 만물과 내가 어찌 털끝만치라도 사이가 있겠는가.

6-5. 萬物各得形, 這裡自有性, 心雖無作處, 用地作禍福.
만물이 각각 형상을 얻었으나 그 속에 스스로 성품이 있는지라, 마음은 비록 짓는 곳은 없으나 쓰는 곳에서 화복을 만드느니라.

6-6. 安分身無辱, 知機心自閑, 聾處無是非, 謹步無危地.
분수를 지켜 편안하면 몸에 욕됨이 없고, 때를 알면 마음이 자연히 한가로우니라. 귀막은 곳에는 시비가 없고, 삼가하여 걸으면 위험한 곳이 없느니라.

6-7. 心動去去亂, 性靜時時安, 一亂十載失, 百忍萬機生.
마음이 움직이면 갈수록 어지럽고 성품은 고요하여 언제나 편안하니라. 한 번 어지러움에 십 년을 잃고, 백 번 참음에 만 가지 기회가 생기느니라.

6-8. 默言道心長, 懲忿百神從, 莫知分義定, 每事當來行.
말없이 잠잠히 함에 도심이 자라고 분을 참음에 모든 신이 따르느니라. 분의가 정해짐을 알지 못하거든 매사를 당하는 대로 행하라.

6-9. 生言一氣中, 貴賤亦有命, 百事如此說, 平生我自知.
말은 한 기운 속에서 생기는데 귀천이 또한 명이 있느니라.

모든 일을 이 말씀같이 하면 평생을 나 스스로 알리라.

6-10. 陰陽造化萬物生, 但知成形理不見. 陰陽始分五行生, 五行合德萬物成. 只知體物氣不見, 知行自身氣不行.

음양조화로 만물이 생기는데 다만 형상을 이룬 것은 알아도 이치는 나타나지 않느니라. 음양이 처음 나뉘어 오행이 생기고, 오행이 덕을 합하여 만물을 이룸이라. 다만 물건의 체는 알아도 기운은 보지 못하여 자기 몸이 행하고 기운은 행치않는 것으로 아노라.

6-11. 一水始分是陰陽, 濁則爲地淸則天, 地則水火金木土, 天則日月九星明. 陰陽五行何有分, 淸濁之中自有別, 萬物化生於其中, 四時分明無爲化.

한 물이 처음 나뉘니 이것이 음양이요, 탁하면 땅이 되고 맑으면 한울이라. 땅은 수화금목토요, 한울은 해와 달, 구성이 밝음이라. 음양오행이 어찌 구분이 있겠는가. 맑고 흐린 가운데 자연히 구별이 있느니라. 만물은 그 가운데서 화생한 것이요, 사시가 분명함은 무위로 되느니라.

6-12. 有能通慢是天, 豈不歎哉, 豈不憫. 自古英雄以來聞, 去後永永更無威.

마음에 능통함이 있다고 이 한울에 거만하니 어찌 탄식치 않으며, 어찌 민망치 않겠는가. 옛부터 영웅은 지금까지 들건대 죽은 후에는 영영 다시 위엄이 없노라.

6-13. 於千萬物至於生, 生則理也行則神. 於千萬物明明兮, 鬼神之跡亦留此.

천만 물건이 생함에 이르니 생함은 이치요, 행함은 신이라. 천만 물건이 밝고 밝음이여! 귀신의 자취는 또한 여기에 머무느니라.

6-15. 性則質也, 心則氣, 氣質合德成則形, 內有神靈外有氣化, 靈則氣也, 化則理. 理氣豈有間. 造物自有別.

성품은 바탕이요, 마음은 기운이요, 기운과 바탕이 덕을 합하여 이룬것은 형상이라. 안으로 신령이 있고 밖으로 기화가 있음은 영은 기운이요, 화함은 이치라. 이치와 기운이 어찌 사이가 있겠는가. 만물을 이룸에 자연히 구별이 있느니라.

7. 천도태원경(天道太元經)

(1) 도 전체도(道 全體圖)

```
                          道

        政                              教


        法                              理


                         治

                         ○

                         道
```

(2) 도 전체도설(道 全體圖說)

7-2-1. 夫吾道天, 天極廣極大, 範圍內在, 飛潛動植, 各質素中, 拒力吸力, 受氣質成, 氣素中多分小分受, 其氣資, 此天理流行, 此體, 人與物, 天理密接關係有, 吾道責任有.

우리 도는 한울이라, 한울의 지극히 넓고 큰 범위 안에 있는 새·물

고기 · 짐승 · 풀 · 나무가 각각 바탕의 원소 속에서 거력(미는 힘) ·
흡력(당기는 힘)을 받아 그 바탕을 이루며, 기운의 원소 가운데 많
은 부분과 작은 부분을 받아 그 기운을 마련하니, 이것은 한울 이치
의 유행이라. 이것을 본체로 하여 사람과 물건이 한울 이치에 밀접
한 관계가 있게 하는 것은 우리 도에 책임이 있느니라.

(3) 도 무선무악(道 無善無惡)

7-3-1. (衍義) 無漏無增原體謂. 善惡施爲上發迹, 曰善曰惡向背的
起想, 天理無始無終, 無淺無深, 大範圍對, 人向背的起想, 容措不得,
是境空, 是案斷. 故曰, 無善無惡, 天, 天吾道起原, 經曰,「無極大道」
無漏無增, 理想上眞諦.

(넓힌 뜻) 새는 것도 없고 더함도 없는 원체를 말함이니라. 선과 악
은 베풀어 이루는 데서 그 자취를 발하는 것이요, 선이라 악이라 말
하는 것은 향하고 등지는 데서 일어난 생각이니, 한울이치의 처음
도 없고 나중도 없으며 얕은 것도 없고 깊은 것도 없는 큰 울에 대
하여, 사람의 향하고 등지는 데서 일어나는 생각을 용납하여 조치
하지 않을 수 없을 때에 이 경지가 공이요, 이 방안이 단이라. 그러
므로 선한 것도 없고 악한 것도 없는 것은 한울이요, 한울은 우리
도의 기원이니, 경에 말씀하시기를「무극대도」라 하시니라. 새는
것도 없고 더함도 없는 것은 이상의 참된 깨달음이라.

7-3-2. 吾人眼前心內, 交橫理妙物狀, 天外別區從, 往復者無, 但蒼

穹內, 此形消化餘素, 彼理玄牝供不過, 此對科學的觀念試, 天內在在常常, 玄機自覺, 天一軌同歸, 吾道原體, 一言架床不要.

우리 사람의 눈앞과 마음 안에 종횡으로 얽힌 이치의 미묘함과 물건의 형상이 한울 밖에 따로 다른 구역으로 좇아가고 돌아오는 것이 없고, 다만 푸른 한울 속에서 이 형상의 소화된 남은 원소가 저 이치의 만물을 생성하는 도를 제공함에 불과하니, 이에 대하여 과학적 관념으로 시험하면 한울 속에 어디나 늘 있는 현묘한 기틀을 스스로 깨달을 것이니, 한울의 한 궤도에 같이 돌아가는 우리 도의 원체는 한 말이라도 더하는 것을 요구치 않느니라.

(4) 교 선악분별(敎 善惡分別)

7-4-1. (衍義) 兩段心性衡平. 敎規矩繩墨一定標準, 善高度致, 惡未萌警, 兩途不齊念迹, 人文上要點歸宿, 先天朴素排除, 未來光燭挑得, 新範兼包.

(넓힌 뜻) 두개의 마음과 성품을 형평함이라. 교는 자와 먹줄의 일정한 표준으로, 선은 고도에 이르게 하며 악은 싹트기 전에 경계하여, 두 길이 같지 아니한 생각과 자취를 인류문화의 요긴한 점에 돌아가게 하고, 선천의 순박한 소질을 버리어 미래의 밝은 등촉을 얻게 하는 새로운 법을 겸하여 내포한 것이니라.

(5) 이 선악범위(理 善惡範圍)

7-5-1. (衍義) 心性定有之圈. 理善惡兩界, 道光對照, 善高岸, 惡熱潮, 何周圍占據實迹究得慧眼在我.

(넓힌 뜻) 마음과 성품의 정하여져 있는 테두리라. 이치는 선악의 두 경계에 도의 빛을 대조하여, 선의 높은 언덕과 악의 열조가 어떠한 테두리에 점거한 실적을 생각하여 얻는 슬기로운 안목이 내게 있는 것이니라.

(6) 정 사물분별(政 事物分別)

7-6-1. (衍義) 一切利益鑑定. 政, 等族關事由物質, 雙方裁宜立脚點, 積極的美果結, 重要價值負者. 政腦裏浸潤, 舊時迷昧思想黜, 人政賴 人理上, 極程度臻, 政人粘着, 人政使用, 互相締合後, 國家機能, 家庭規則健全.

(넓힌 뜻) 일체 이익을 감정함이라. 정사는 같은 거레에 관한 사유와 물질을 쌍방으로 적당하게 주재하는 입각점이니, 적극적인 좋은 성과를 맺는 중요한 가치를 가진 것이라. 정사가 뇌속에 젖어 구시대의 낡은 사상을 물리치면, 사람은 정사를 신뢰하여 사람된 도리의 지극한 정도에 이르나니, 정사는 사람에 점착하고 사람은 정사를 사용하여 서로 맺어 합한 뒤에야, 국가의 기능과 가정의 규칙이 건전하느니라.

(7) 법은 사물범위(法 事物範圍)

7-7-1. (衍義) 利益原因之囿. 法, 法人個人間, 兩截交締, 原因的明
證. 法性質, 國家特種形式, 人衆的原素, 影響下構成劃定界限內, 各
個人活潑的起色, 創助一點在, 其次, 人正當軌途外, 盲從情迹導引,
法發足點復歸萬能力有, 法行政上大機關, 身分上反射鏡.
(넓힌 뜻) 이익과 원인의 동산이라. 법은 법인과 개인 사이에 서로
끊어진 것을 맺는 원인의 밝은 증거니라. 법의 성질은 국가의 특종
형식으로 인중적 원소의 영향 아래 구성되어 획정한 한계 내에서
각 개인의 활발한 기색을 처음 돕는 일점에 있으며, 그다음은 사람
의 정당한 궤도 밖에 맹종하는 정적을 이끌어 법의 발족한 점에 다
시 돌아가게 하는 만능력이 있으니, 법은 행정상 큰 기관이요, 신분
상 반사경이니라.

(8) 치 범위평균(治 範圍平均)

7-8-1. (衍義) 氣和形和, 萬方乃乂. 治, 萬般人族一轍歸, 心宅敎區
立, 身格政界守, 永續一規靈光世界發揮, 人界上眞面目呈露.
(넓힌 뜻) 기운이 화하고 형상이 화하여 만방이 마침내 어질게 되
는 것이니라. 다스리는 것은 수많은 인족이 한길로 돌아가 마음자
리를 가르치는 구역에 세우고, 몸의 격을 정계에 지켜서, 영속적인
한 규칙으로 영의 빛을 세계에 발휘하면 인계에 참된 면목이 드러
나느니라.

(9) ○의 극치(極致)

7-9-1. (衍義) 天高地圓. 治極致至, 輝輝融融, 天然格有, 是敎政演布, 根本的思想到達者.

(넓힌 뜻) 한울은 높고 땅은 둥그니라. 다스림의 극치에 이르러 빛나고 화하는 천연한 품격이 있으면, 이는 종교와 정치를 넓게 펴는 근본적 사상에 이른 것이니라.

(10) 도(道)

7-10-1. (衍義) 天人合德. 吾道本體說去餘想, 心界上三階段說, 人三思勉. 其始, 自利的主觀的, 趨步試, 其次, 敎政界分理會, 其眞核透覓, 一方面差別的思想, 客體泥合, 迷妄念, 胸間徘徊, 斬新的悟性, 終局得, 道本部中, 撞着心根, 萬魔力, 動撓不得者有, 其三, 道本體確認, 神秘的天啓文, 何人格由得, 神寵神惠, 何人格從施, 眞素頓覺, 此內面的精神含蓄, 外面的契機啓示, 天然的異色自著, 是宗德. 天啓文, 其人口由發, 神寵神惠, 其人手由施, 故曰天人合德. 前二段迷, 後一段覺, 迷與覺在我.

(넓힌 뜻) 한울과 사람이 덕을 합한 것이라. 우리 도의 본체를 말하던 여상으로 마음자리의 세 단계를 말하여 사람의 세 가지 생각을 힘쓰게 하노라. 그 처음은 자기를 이롭게 하고 주관적으로 나아가는 것을 시험하고, 그다음은 종교와 정치의 나누어진 부분을 이해하여 그 참된 핵심을 찾아내며, 일방으로는 차별하는 사상이 객체

에 진흙같이 합하여 아득하고 망녕된 생각이 가슴 속에 머뭇거리다가 참신한 깨달음을 나중에 얻어, 도의 본부 속에 맞부딪친 마음의 뿌리가 만마의 힘으로도 움직임을 얻지 못할 것이 있으며, 그 셋째는 도의 본체를 확실히 인식하여, 신비한 한울의 계시문은 어떤 인격으로 인하여 얻은 것이며, 신의 사랑과 신의 은혜는 어떤 인격을 좇아 베풀어진다는 참된 근본을 문득 깨달아, 이로써 내면의 정신을 함축하며 외면의 계기를 계시하여 천연적인 이상한 빛이 스스로 나타나면 이것은 높은 덕이라. 한울님의 계시문도 그 사람의 입에 의하여 나타나며, 신의 사랑과 신의 은혜도 그 사람의 손에 의하여 베풀어지므로 천인합덕이라 말하느니라. 먼저 두 계단은 아득한 것이요, 뒤에 한 계단은 깨달은 것이니, 아득함과 깨달음이 내게 있는 것이니라.

(11) 도 연구도(道 研究圖)

```
                            道

        政 法                        教 理
   治安 律度 公認                  操行 學力 信念
          秕                            迷
         引導                          反省
                    中心

      政法研究                        道理感化
        守 規                          覺 心
      立身 律己                       定心 正氣
      道理眞相                        道理眞相
      政法眞面                        政法眞面
                    道
```

(12) 도 연구도설(圖 研究圖說)

7-12-1. 道源敎及, 三階思想, 三階形式有, 上智道, 大原直接, 頓覺性自得, 故曰覺想(天日), 其次, 覺想人紹介因, 記憶心其眞相追感, 故曰感想(夜日), 又其次, 光線燒存餘點, 吹得冥想空境徘徊, 故曰空想(晴日電), 此三階思想, 直觀映觀, 性度部分, 神準的, 政活氣, 空想中抽得, 各種神像, 萬盤人則描出, 是精靈觀世界觀.

도에 근원하여 교에 미친 세 단계의 사상과 세 단계의 형식이 있으니, 제일 슬기로운 사람은 도의 대원에 곧 접하여 문득 성품 깨달음을 스스로 얻으므로 각상(한울의 해)이라 말하고, 그다음은 각상한 사람의 소개로 인하여 기억하는 마음이 그 참된 형상을 좇아 느끼므로 감상(밤의 해)이라 하고, 또 그다음은 광선을 태우고 남은 점에서 불어 얻는 명상이 빈 곳에서 머뭇거림으로 공상(맑은 날의 번개)이라 하나니, 이 세 단계의 사상은 직관(바로 보는 것)과 영관(비추어 보는 것)의 성품 도수의 부분이요, 신의 표준과 정사의 산기틀을 공상 속에서 추상적으로 얻어 각종의 신의 모습과 많은 사람의 법칙을 그려내니, 이는 정령관 세계관이요.

感想中活動力發達, 神啓示, 政正的稱起色, 人族界著明, 是人神觀.
直覺力性理上透明, 超神的思想發表, 其言曰,「神敎主體, 人心想上抽來, 形容辭曰神, 神啓示人心想上, 含蓄影響, 政敎配體, 等族上, 便宜方法曰政, 政正的等族上自由權限裁定者.」是道觀. 道. 極大者.
天蒼蒼者又極大, 故道曰,「天道」人信仰的表準天依屬.

감상 가운데서 활동하는 힘이 발달하여 신의 계시와 정치의 바른 표준이라고 말하는 기색이 인류세계에 드러나니, 이는 인신관이요, 직각한 힘이 성품과 이치 위에 투명하여 초신적인 사상을 발표하니, 그 말에 이르기를 "신은 종교의 주체라, 사람의 심리상으로 빼어낸 형용사를 신이라 말하나니 신의 계시는 사람의 생각이 함축된 영향이요, 정치는 종교의 배필이라, 같은 겨레의 편의를 살피는 것을 정치라고 말하나니 정치의 바른 목적은 같은 거레의 자유권한을 재정하는 것이라." 하니 이는 도관이요, 도는 지극히 큰 것이라. 한 울의 창창한 것이 또한 지극히 크므로, 도는 "천도"라고 말하여 사람의 신앙하는 표준을 한울님께 의속케 한 것이니라.

7-12-2. 道思想, 覺想起, 空想人轉及, 形式空想始, 覺想人遡及, 思想三階, 人格聖凡證, 形式三階 世級文野證.

도의 사상은 각상에서 일어나 공상을 하는 사람에게 전급하고 형식은 공상에서 시작하여 각상한 사람에게 소급하나니, 사상의 세 단계는 인격상 성인과 범인의 증거요, 형식의 세 단계는 세상등급상의 문명과 야만의 증거이니라.

(13) 개인자격도(個人資格圖)

教(個人資格)

　　物之質素　　　　　　　　　　氣之眞理

性之運用

事　業　　法　理　　秩　序　　德　義

進　化

萬和歸一

教

(14) 개인자격도설(個人資格圖說)

7-14-1. 敎歸命, 信仰的思潮, 着着前進, 其心髓道根本的眞境投合, 世界觀總體中, 何物絶對認定, 何物相對否定感覺透, 此地頭立更回頭, 道高人單守物認, 其餘瀝求, 前日迷念自釋, 宇宙萬理, 人性內固有原料信, 此高點安立, 是個人道團.

종교에 명을 돌린 신앙의 사조가 착착 전진하여 그 마음의 중심을 도의 근본인 참된 경지에 투합하면, 세계관의 총체 속에 어떤 물건은 절대로 인정하고 어떤 물건은 상대로 부정하는 감각이 투철하며, 이곳에 서서 다시 머리를 돌리면 도를 높은 사람의 홀로 지키는 물건인 줄 알아 그 나머지를 구하던 지난날 아득한 생각이 자연히 풀어지고, 우주의 모든 이치가 사람의 성품 속에 본래 있는 근원적 질료로 믿으니, 이 높은 자리 속에 편안히 서게 되면 이는 개인의 도단이니라.

(15) 교 비평설(敎 批評說)

7-15-1. 道性質, 一團(一原), 思想萬團(敎分門), 影響小分一團(敎各見), 敎, 思想基, 影響引出者. 思想過去求, 太古朴素呈出, 未來求進化一途得, 敎, 人族世界運搬一大機具.

도의 성질은 일단(한 근원)이요, 사상은 만단(교의 문호)이요, 영향은 소분일단(교의 각 견해)이니, 교는 사상에 기초하여 영향을 찾아내는 것이라.

사상을 과거에 구하면 태고의 소박한 것을 드러내고, 미래에서 구하면 진화하는 한 길을 얻나니, 교는 인류세계를 운반하는 한 큰 기구이니라.

7-15-2. 吾道中諸哲, 下段列, 古今比較的景況, 恭究思想進化一途騁.
우리 도 가운데 모든 현철은 아래에 열거한 예와 지금을 비교한 경황을 공경히 연구하여 사상을 진화하는 한 길로 달리게 할지어다.

7-15-3. 古昔自然界在, 精靈人心交通魔力不可思議.
옛날 자연계에 있어서 정령이 사람의 마음을 서로 통하게 하는 마력은 불가사의로다.

7-15-4. 人, 道理中, 一撮影. 形影隱隱相照兩際, 自然的一耿光, 心理上小分的覺痕成, 思想運力, 草昧一氣未撥狀態有, 故木石聖神認, 此慶幸邀, 太陽善神, 夜暗黑惡神, 太陽火矢試, 世界光明克服企此拜, 一層進化, 倫理的光彩下返, 中古人視時代, 曰「儒」, 曰「老子」, 曰「佛」, 曰「婆羅門」, 曰「耶蘇」, 曰「馬合黙」, 教門重要位置占.
사람은 도의 이치 속에 한 그림자를 찍어낸 것이라, 형상과 그림자가 은은히 서로 비추는 두 사이에 자연히 한 반짝이는 빛이 심리상 작은 부분의 깨달은 흔적을 이루어, 사상의 옮기는 힘이 거칠고 어두운 한 기운을 벗어버리지 못한 상태가 있으므로, 나무나 돌을 성신으로 알고 여기에 경사와 행복을 구하며, 태양은 착한 귀신이요 밤의 어두운 것은 악한 귀신이니, 태양이 불화살을 던져 세계의 밝은 빛을 극복하리라 바라면서 이에 절하다가 한층 진화하여 윤리적 광채 아래 돌아오니, 중세기의 사람을 보는 시대라. 유라 이르고, 노자라 이르고, 부처라 이르고, 바라문이라 이르고, 예수라 이르고, 마호메트라 이르는 것이 교문의 중요한 이치를 점하니라.

7-15-5. 儒, 人格上政見, 實際方向自身規, 則踐行心迹, 人界上風敎演布特性有, 天精靈祖靈崇拜神敎面目有.

유는 인격상의 정사를 보는 것이니, 실제 방면에 자신의 규칙을 실천궁행하는 마음의 자취로서 인계에 풍속과 교화를 펴는 특성이 있으며, 한울과 정령과 조상을 숭배하는 신교의 면목이 있느니라.

7-15-6. 老子, 天地萬有, 一體貫通哲理論明, 自然的天則, 始中終穩健自持, 禮樂刑政拘泥塵想無, 超人格眞髓, 仙此餘葉.

노자는 천지만유의 일체에 관통한 철리를 논하여 밝히며, 자연한 천칙으로 처음과 중간과 나중의 편안하고 건전한 것을 스스로 가지어, 예절과 음악과 형벌과 정사에 얽매인 속된 생각이 없는 초인격적 진수니, 선교는 여기에서 나온 여엽이니라.

7-15-7. 佛, 無神觀無我觀, 其眞覺, 無有, 有無, 無無, 三藏中, 大精神頂點達者, 法文所謂, 苦諦・集諦・滅諦・道諦, 正見・正思・正語・正業・正命・正進・正念・正定 等, 三生因果關一種特色, 敎團

中初轉輪. 婆羅門曰, 梵天, 大精神, 宇宙生滅變化外立, 禁慾主義一
敎組成.

부처는 신도 없다 보고, 나도 없다고 보는 것이니, 그 참된 깨달음
은 없는 것도 있고, 있는 것도 없고, 없는 것도 없다는 세 가지 속에
큰 정신의 정점에 이른 것이요, 법문의 이른바 고제·집제·멸제·
도제와 정견·정사·정어·정업·정명·정진·정념·정정 등 삼
생인과에 관한 일종의 특색은 교단 가운데서 처음의 전륜이니라.
바라문은 범천이라 말하는 것이니, 큰 정신을 우주의 생멸 변화하
는 밖에 서서, 금욕주의로 한 교를 조성한 것이니라.

7-15-8. 耶蘇, 耶蘇神仰三敎團有, 曰基督敎, 曰希臘敎, 曰羅馬敎.
예수는 예수를 믿는 세 교단이 있으니, 기독교·희랍교·로마교라
이르느니라.

7-15-9. 基督敎, 人神諦合的思想, 世界迷羊招, 天父懷抱中, 歸宿
仲保, 心靈界, 道德界, 兩截關係自擔天職云.
기독교는 사람과 신을 결합하는 사상이니, 세계의 길 잃은 양들을
불러 하나님 아버지의 품안에 돌아가게 하는 중간 역할로, 심령계
와 도덕계의 양편의 끊어진 관계를 스스로 담당하는 천직이라 말
하며,

7-15-10. 希臘敎, 猶太預言者倡導眞理愛求, 個人道義敎, 倫理硏
鑽基督敎先驅作.

희랍교는 유태 예언자의 창도한 진리를 사랑하고 구하여 개인의 도의를 가르치며, 윤리를 연찬하여 기독교의 선구가 되었느니라.

7-15-11. 羅馬教他教對, 寬容態度持故, 思想發達點得, 希臘教感化受者.
로마교는 다른 교에 대하여 너그럽게 용납하는 태도를 가지므로 사상이 발달한 점을 얻으니, 희랍교에 감화를 받은 것이니라.

7-15-12. 回回教, 基督一體反影. 其形式上異色, 劍火他人服從, 絶對的義務負, 世界舞臺上, 表現迹有.
회회교는 기독교의 일체 반영이라. 그 형식상 다른 것은 칼과 불로 다른 사람을 복종케 하는 절대적 의무를 지고 세계 무대 위에 나타난 자취가 있느니라.

8. 대종정의(大宗正義)

8-1. 教, 天大精神, 人此精神範圍內, 生成者.
교는 한울의 큰 정신이니 사람은 이 정신 범위 안에서 나고 이루어지는 것이니라.

8-2. 人, 大朴中出來者, 其思想能宗教界交通, 不可思議. 其思想宗教界徘徊, 各思想耿光天地內無情物邀, 教門準的地位, 日月水火木石其大槪. 此衆心歸着點作, 仍小分一團成, 是多神時代最高面目.

사람은 큰 밑둥에서 나온 것이라, 그 생각이 능히 종교계에 통하기는 불가사의한 일이로다. 그 생각이 종교계에 머뭇거리다가 각기 생각의 반짝이는 빛으로 천지 속에 무정물을 만나 교문의 표준되는 곳에 위치하니 일월수화목석이 그 대개라. 여기에 뭇 사람이 돌아갈 마음의 귀착점을 만들어 이에 자그마한 일단을 이루었으니 이것은 다신 시대의 가장 높은 면목이니라.

8-3. 後天大氣轉輪以來, 思想一層進明, 一神崇拜敎門立, 天其抽象的大範圍. 是由舊時斑斑的小部分, 總其下風趣.

후천의 큰 기운이 돌아온 이래로 생각이 한층 진보되고 밝아져서, 일신을 숭배하는 교문을 세우니 한울은 그 추상적인 큰 범위라. 이로 말미암아 옛적에 반짝이던 작은 부분이 다 그 아래로 나아가니라.

8-4. 大神師吾敎元祖. 其思想, 博從約至, 其要旨, 人乃天. 人乃天敎客體成, 人乃天認心, 其主體位占, 自心自拜敎體, 天眞素的極岸立, 此人界初創大宗正義謂足.

대신사는 우리 교의 원조라. 그 사상이 넓은 데로부터 간략한 데 이르렀으니 그 요지는 인내천이라. 인내천으로 교의 객체를 이루고, 인내천을 인정하는 마음이 그 주체의 자리를 점하여 자기 마음을 자기가 절하는 것을 교의 체로 하여 한울의 참된 근원의 최고점에 서나니 이것은 인간계에서 처음으로 창명된 '큰 가르침의 바른 뜻(대종정의)'이라 말함이 족하도다.

(1) 오교 신인시대(吾敎 神人時代)

8-1-1. 大神師, 神機能哲學推究不得靈迹有, 深水急雨徒行衣巾不濕, 手摩心念人病愈.

대신사의 신령한 기틀은 철학으로서 추구할 수 없는 영적이 있었는 지라, 깊은 물과 소나기 속에 그냥 가시어도 의복과 두건이 젖지 않았으며, 손으로 만지고 마음으로 생각하시어 사람의 병을 고치셨느니라.

8-1-2. 究靈迹, 人慧能抽出難者. 天代表天能力行, 自然的活機, 此靈迹由來根本的神機, 言語文章表象不能者. 人此叩, 但泯黙付反省, 其推想力能其發迹地未及, 是意識界根因者, 謂不可, 天靈迹, 靈迹受者兩間紹介者謂可.

생각컨대 영적은 사람의 지혜와 능력으로 뽑아내기 어려운 것이라, 한울님의 대표로 한울님의 능력을 행하는 자연의 활기이니, 이 영적의 거쳐온 근본적 신기는 말과 글로 표상할 수 없는 것이라. 사람이 이것을 캐어물으면 다만 잠잠할 수밖에 없으며, 돌이켜 살피어도 그 추상력이 능히 그 영적이 나타난 곳에 미치기 어려우니, 이것은 의식계에 근인한 것이라 말하지 못할 것이요, 한울님의 영적과 영적을 받은 사람의 양간 소개자라고 말하는 것이 옳으니라.

8-1-3. 天靈迹無極界, 人智有限域故, 有限無極對照, 眼光常未及, 疑生謗起.

한울님의 영적은 무극한 것이요, 사람의 지혜는 유한에 범위한 것이므로, 유한으로써 무극을 대조함에 안광이 늘 미치지 못하여 의심을 낳고 비방을 일으키느니라.

8-1-4. 天師一體二位, 但有形無形區別有者. 雨水病無形天能力, 雨水中徒行不濕, 病物藥自效有形天能力, 先能後能總一機中織出者.

한울님과 스승님은 일체 이위로서 다만 유형과 무형의 구별이 있는 것이라. 비와 병은 무형한 한울의 능력이요, 비 속에 그냥 가도 젖지 않는 것과 병에 약을 아니 써도 낫게 하는 것은 유형한 한울님의 능력이니, 먼저의 능력과 뒤의 능력이 전부 한 기틀 속에서 짜내는 것이니라.

8-1-5. 大神師, 人德性才智本源無形供, 世界修飾面目制度, 人自手執行任.

대신사는 사람의 덕성과 재주의 본원을 무형에 둘 뿐이요, 세계를 꾸미는 데 관한 면목과 제도는 사람의 스스로 집행하는 데 맡기었느니라.

8-1-6. 大神師天職體行年限四個年止, 教基礎天意未洽, 故海月神師繼降教體未完補, 故海月神師終年暨, 萬撓不拔, 教大基礎始奠.

대신사는 한울님의 직책을 체행하신 연한이 사년에 그치어 교의 기초가 한울님의 뜻에 흡족치 못하므로, 해월신사를 계강하시어 교체의 완전치 못한 것을 보충케 하시니, 그러므로 해월신사의 종년에 이르러서는 만 번 흔들어도 빼어지지 않는 교의 큰 기초가 처음 정하여졌느니라.

(2) 오교 현명시대(吾敎 顯明時代)

8-2-1. 人天從世界至然後, 但赤體居, 宮室衣服飲食滋養禮樂刑政保護無, 人名有人位置保難, 故天聖降人界制度面目顯明.

사람이 한울로 좇아 세계에 이른 뒤에 다만 붉은 몸으로 살면서, 주택과 의복과 음식의 자양과 예악과 형정의 보호가 없으면, 사람이란 이름이 있으나 사람의 위치를 보존하기 어려움으로, 한울님이 성인을 나게 하시어 인계의 제도와 면목을 나타내어 밝히었느니라.

8-2-2. 吾敎, 信仰, 哲學, 制度, 三區分, 人心傾向準的地定, 信仰, 人天粘着, 其身自由忘, 哲學性本來天, 身衆生相兩段分定, 性身久暫別, 性界榮譽三光同壽期, 身界利益百年一夢認, 大旨義揚明, 制度天人合一的要點抽出, 性靈人正的肉身人正軌定, 新鮮面目一大素天國構成者. 白日天心當, 其光萬國.

우리 교의 신앙과 철학과 제도를 셋으로 나누어 인심경향의 표준한 곳을 정하니, 신앙은 사람이 한울님에 다가붙어서 그 몸이 스스로 있음을 잊으며, 철학은 성품의 본래천과 몸의 중생상을 양단으로 나누어 정하여 성품과 몸의 오래가는 것과 잠깐 있는 것으로 구별하고, 성품세계의 영예는 삼광과 함께 수함을 기약하고, 신변세계의 이익은 백년일몽을 인정하는 큰 취지의 뜻을 높여 밝히며, 제도는 한울님과 사람이 합일하는 요점을 추출하여 성령인의 바른 목적과 육신인의 바른 궤도를 정하니, 신선한 면목이 하나의 큰 천국을 구성한 것이니라. 백일이 천심을 당하여 그 빛이 만국에 비치리라.

(3) 오교 신사상시대(吾敎 新思想時代)

8-3-1. 人, 幼年壯年別有, 敎今日人壯年, 其體天大, 其光日出, 其思想古朴持, 烏乎其可.
사람은 유년 장년의 구별이 있으니 교의 오늘은 사람의 장년시대라. 그 체는 한울같이 크고, 그 빛은 해와 같이 솟았거늘 그 사상이 옛것을 그대로 가지면 어찌 옳다고 하겠는가.

8-3-2. 吾敎本素, 充然果然, 半分增益不要, 此發表, 思想文明, 現代文明前駕作.
우리 교의 본소는 가득히 차서 반푼의 더할 것을 요구치 아니하나 이것을 발표하기는 사상문명으로 현대문명의 선구를 지어야 하느니라.

8-3-3. 或云, 頭如何脚如何, 未免太拘, 但內心眞實務, 天黙喜得可, 此不諒甚, 小頭一燭暗室中在, 窓壁皆黑昏衢彷徨人何以接引, 大德布施吾敎先着.

혹 이르기를 머리는 어떻고, 다리는 어떻고 하는 것은 아직 큰 장애를 면치 못하는 것이니, 다만 내심의 진실을 힘써서 한울의 조용한 기쁨을 얻는 것이 가하다 하나니, 이는 알지 못함이 심하도다. 작은 한 촛불이 암실중에 있어 그 창벽이 모두 검으면 어두운 거리의 방황인을 어떻게 가까이 인도할꼬. 대덕을 펴고 베푸는 것은 우리 교의 먼저 착수할 것이니라.

8-3-4. 士農工賈人生根器, 揮讓進退, 人事義趣, 萬法了悟, 是所謂新思想.
사농공상(士農工商)은 인생의 근본 그릇이요, 지휘하고 양보하고 나아가고 물러서는 것은 인사의 옳은 취지니, 만법을 깨닫는 것은 이른바 신사상이니라.

8-3-5. 究心學研究, 天智慧資, 形學發達, 人機宜酌, 萬條立暢, 萬目畢張, 吾敎大德.
생각컨대 심학연구는 한울님의 지혜를 자료로 하며, 형학의 발달은 사람의 시기와 형편에 맞도록 짐작함이니, 여러 조목이 서로 통하고 많은 사람에게 다 베푼 것이 우리 교의 큰 덕이니라.

9. 수수명실록(授受明實錄)

9-1. 天化生萬物, 意屬形體, 任意用之者也. 人而生子生女, 愛而養之, 及其終時意予子孫, 傳家萬年矣.

한울은 만물을 화생하고 뜻을 형체에 부쳐 임의로 활용하는 것이
요, 사람은 아들딸을 낳아서 사랑하여 기르다가 나중에는 뜻을 자
손에게 주고 집을 유구히 전하느니라.

9-2. 夫聖賢, 統率天性, 敬而誠之, 及其至也, 傳授後學, 人人成道不
忘守心, 故不死不滅, 德與上天也夫.

무릇 성현은 천성을 거느리어 공경하고 정성하다가 그 지극함에 미
쳐서는 후학에게 전해주어 사람마다 도를 이루게 하며, 마음 지키
는 것을 잊지 않으므로 죽지도 멸하지도 아니하여 덕이 상천에 닿
는 것인저.

9-3. 天以意屬形體, 任意用之明兮, 侍字豈無信兮, 豈無敬兮.

한울이 뜻을 형체에 부쳐서 임의로 활용하는 것이 명백함이여, 모
실 시 자에 어찌 믿음이 없으며 공경이 없겠는가.

9-4. 故生靈之前敬以致誠者, 與人罷惑於物各有侍天主之根本, 能得
天地無窮變化之的實, 速達萬事知, 奉天合德之實常者也. 根本的實
依壁可乎, 向我可乎.

그러므로 살아 있는 사람 앞에 공경히 정성드리는 것은 사람들로
하여금 만물이 각각 시천주의 근본이 있음을 파혹하고, 능히 천지
무궁변화의 적실한 것을 얻어서, 빠르게 만사지에 달하여 한울님을
받들고 한울님의 덕에 합하는 실상이라. 그러니 근본적실은 벽을

향해 위를 설하는 것이 옳겠는가, 나를 향하여 위를 설하는 것이 옳
겠는가.

9-5. 人之生子意予傳家, 目前之恍然, 死後奉祀未惑之餘誠. 然傳來
風俗, 死後奉祀倍加生尊, 何者.

사람이 자식을 낳아 뜻을 주고 집을 전하는 것은 눈앞에 황연한 것
이요, 죽은 뒤에 제사를 받드는 것은 미혹의 나머지 정성이라. 그러
나 전해오는 풍속이 죽은 뒤에 제사지내는 것을 살아 있을 때보다
갑절이나 존경함을 더하니, 어찌 된 것인가.

9-6. 生子傳家在於目前, 如是沒覺反是取末, 又況死後推心在於渺
然, 何敢分釋. 論其實常, 生子傳家, 死後推心, 使汝推心乎, 與壁推
心乎.

자식을 낳고 집을 전하는 것은 눈앞에 있는 것이나, 이와 같이 몰각
한 사람이 도리어 이에 끝을 취하며, 또 하물며 죽은 뒤에 마음으로
생각한다는 것은 묘연한 것이라, 어찌 감히 그 실상을 분석하겠는
고. 그 실상을 논하건대 자식을 낳고 집을 전하는 것은 죽은 뒤에
마음으로 생각하는 것이니, 너로 하여금 마음으로 생각케 하는 것
이냐, 벽으로 더불어 마음으로 생각하는 것이냐.

9-7. 夫聖賢之德, 化被草木無不干涉, 德如蒼天, 賴及萬方也. 故千
秋萬代奉如皇天, 與人授心, 人人成道, 授與受者明若觀火. 聖訓聖德,
念念不忘, 則聖心神明我心燭矣, 論其授受依壁授乎, 依人授乎. 與人

授受, 怳然無疑. 以此觀之, 向我設位豈不可乎.

무릇 성현의 덕은 화하는 것이 초목에까지 미쳐서 간섭치 않음이 없고, 덕은 창천과 같아서 만방이 다 같이 힘을 입느니라. 그러므로 천추만대에 한울같이 받들며 사람에게 마음을 주고 사람마다 도를 이루게 하니, 주고받는 것이 불 본 듯이 밝은 것이니라. 성인의 가르침과 덕을 늘 생각하여 잊지 않으면, 성인의 마음과 신의 밝음이 내 마음을 비치나니, 그 주고받는 것을 논해본다면, 벽에 의지하여 주는 것인가, 사람에게 의지하여 주는 것인가. 사람과 더불어 주고받는 것이 황연히 의심이 없느니라. 이로써 보면 향아설위가 어찌 옳지 않겠는가.

9-8. 論其念字, 人之相思, 思則置矣, 不思則無矣也. 以此推之, 天德師恩, 思則存矣, 忘則亡矣, 天德師恩, 念念不忘, 至化至氣, 至於至聖矣.

생각 념 자로 말하면 사람이 서로 생각하는 것이니 생각하면 있는 것이요, 생각하지 않으면 없는 것이라. 이로써 추구하면 한울님의 덕과 스승님의 은혜도 생각하면 있는 것이요, 잊으면 없는 것이니, 천덕사은을 생각하고 생각하여 잊지 아니하면 지기와 지극히 화하여 지극한 성인에 이르는 것이니라.

9-9. 聖訓曰「人是天人也, 道是大先生主無極大道也.」者, 何者. 人是天人也者, 天以化生萬物意屬形體, 任意用之者也. 道是大先生主無極大道也云者, 以侍定知三字, 以明天地無窮之根本, 布于天下, 人

손병희의 철학: 인내천과 이신환성

人合德成道, 永世不忘者也. 以此論之, 其分釋難矣, 以愚昧之心, 量之則初學入德, 以侍天主三字合德, 更受先生布德, 以萬事知三字, 大道見性若何若何.

성훈에 말씀하시기를 "사람은 바로 한울사람이요, 도는 바로 대선생님의 무극대도라" 한 것은 무엇인가? "사람은 바로 한울사람"이란 것은 한울이 만물을 화생함에 뜻을 형체에 부쳐 임의로 활용한다는 것이요, "도는 바로 대선생님의 무극대도라" 한 것은 시·정·지 세 글자로써 천지무궁의 근본을 밝히어 덕을 천하에 펴고, 사람마다 덕에 합하고 도를 이루어 한평생 잊지 않게 한다는 것이니, 이로써 말하면 그 분석이 어려우니 어리석은 마음으로 헤아려 보면, 처음 배워 덕에 들어가려는 사람은 시천주 석 자로써 덕에 합하고, 다시 선생의 포덕을 받아 만사지 석자로써 대도견성하는 것이 어떠하고 어떠하리오.

9-10. 畵工欲圖, 萬思量度, 投筆成圖, 量心照形者, 比如依壁設位者也.

그림 그리는 사람이 그림을 그리려 할 적에 만 번 생각하고 헤아려서 붓을 들어 그림을 그리나니, 마음을 헤아려서 형상이 나타나게 하는 것이 비유하면 벽을 의지하고 위를 설하는 것과 같으니라.

9-11. 爲人成道者, 每念聖訓, 體用德行, 傳心受心, 豈有間矣哉. 間或齊心黙然正坐, 敬念授受之際, 則以神明聖道怳然降身, 至化至氣無時不明, 無時不教也, 合用明知自量也夫.

사람이 도를 이루려고 하면 언제나 스승님의 가르침을 생각하여 체와 용으로 덕을 행하며 마음을 전하고 마음을 받으면 어찌 사이가 있으리오. 간혹 마음을 가다듬고 조용히 바로 앉아 주고받는 때를 공경히 생각하면, 신명성도로써 황연히 몸에 내리어 지기와 지극히 화하여 때로 밝지 아니함이 없고 때로 가르치지 아니함이 없으니, 합하여 쓰고 밝게 앎을 스스로 헤아릴진저.

10. 명리전(明理傳)

(1) 창세원인장(創世原因章)

10-1-1. 天開地闢, 乾坤定矣, 物理自然, 五行相生, 氣凝而熾盛萬物生焉. 物之其中, 日有最靈萬物之首, 書契始造之初, 名之曰人也. 書契以前則與物同軸, 無能名焉. 食木實而生焉, 構木巢而居焉, 取驢皮而衣焉, 有何人理乎.

한울 땅이 열림에 건곤이 정하였고, 만물의 이치가 자연스러움에 오행이 상생하여서, 기운이 엉기어 불길같이 성함에 만물이 화생하였느니라. 만물 가운데 가장 신령한 만물의 우두머리가 있으니 문자를 만든 처음에 이름하여 사람이라 일렀느니라. 문자가 있기 이전에는 물건으로 더불어 축을 같이하여 능히 이름이 없었느니라. 나무 열매를 먹고 살았으며, 나무를 얽어 집을 만들고 살았으며, 짐승의 가죽으로 옷을 만들어 입었으니, 어찌 사람의 도리가 있었겠는가.

10-1-2. 都緣無他, 物生之初, 風氣未闢, 人智未達, 知有天賦之物, 未覺人造之理也.

모든 인연은 다름이 아니라 만물이 난 처음에는 풍기가 열리지 못하고 인지가 발달하지 못하여, 한울님이 주신 만물이 있는 것만 알고 사람이 만드는 이치는 깨닫지 못하였느니라.

10-1-3. 自是, 食物次次艱乏, 人種漸漸有殖, 强弱撲奪之弊, 比比興焉, 天命所在亦不無矯救之方, 故群生之中, 意見初發, 衆目中拔萃之人, 擇立爲長, 民間庶事, 使之管轄, 鳩聚衆力, 奉餉食物, 是爲常綠也.

이로부터 먹을 것은 차차 모자라고 인종은 점점 불어나니, 강한 자가 약한 자를 치고 빼앗는 폐단이 자주 일어났느니라. 천명이 있는 곳에 또한 바로 잡을 방책이 없지 않으므로, 여러 사람 가운데서 의견이 처음으로 생기어 여럿이 보는 가운데 가장 뛰어난 사람을 어른으로 추대하고 백성의 모든 일을 관할케 하며 여러 사람의 힘을 모아 먹을 것을 받들어주니, 이것이 언제나 정상적인 녹이 된 것이니라.

10-1-4. 如此之後, 一動一靜, 一從其人之指揮而行之, 是爲治人之君長也, 衆人之事, 一人圖之, 亦不無未洽之歎, 故除給當我之祿, 而視其可者, 分擔其事, 是爲朝廷也. 群生之中, 或有稟性, 悖頑, 沮害生靈, 則懲罰防弊, 是爲政治法律也.

이같이 한 뒤에 일동일정을 한결같이 그 사람의 지휘에 복종하여

행케 하니 이것이 사람을 다스리는 임금이 된 것이요, 여러 사람의 일을 한 사람이 도모함에 또한 흡족하지 못하므로 내(임금)게 당한 녹을 덜어주고 일을 볼 수 있는 사람에게 일을 분담시키니 이것이 조정이 된 것이요, 여러 사람 가운데 혹 품성이 사나워 생령을 해치면 징벌로 그 폐단을 막으니 이것이 정치와 법률이 된 것이니라.

10-1-5. 於是君長, 憂其民生之艱食, 透得春種秋實之理, 由是而食料則雖快, 夏之日, 冬之夜, 寒熱之苦, 亦以悶然, 故試其水火金木土之爲理, 鑽而磨之, 煉而成器, 斲木而作舍, 織葛而衣焉, 鑿井而飮 耕田而食, 人之便利, 自此而始矣. 乃造曆象, 仰觀天時而敬授人事, 故春夏秋冬, 各得歲功, 寒署炎凉迭代不違, 理陰陽順四時也.

여기에서 임금이 그 백성들의 먹을 것의 어려움을 근심하여, 봄에 심으면 가을에 열매를 거둘 수 있는 이치를 투득하니, 이로부터 먹을 것은 넉넉하나 여름해와 겨울밤에 춥고 더운 괴로움이 또한 걱정스러우므로 그 수·화·금·목·토의 이치됨을 시험하고, 돌을 다듬고 갈아서 그릇을 만들고, 나무를 깎아서 집을 짓고, 칡을 짜서 옷을 만들고, 우물을 파서 물을 마시고, 밭을 갈아 곡식을 먹으니, 사람의 편리함이 이로부터 시작되었느니라. 이에 역서와 관상대를 만들어 천시를 우러러보고 공경히 사람이 할 일을 가르쳐주므로, 춘하추동에 각기 절기의 공을 얻어서 춥고 덥고 찌는 듯하고 서늘한 것이 갈아 들어 어김이 없으니, 음양을 다스리고 사시에 순응함이니라.

10-1-6. 嘗五味而製造醫藥, 濟人疾苦, 此謂衛生也, 作舟車, 以濟
不通而貿遷有無, 遐邇一體也. 愛育黎首, 心悅誠服. 於斯之際, 尊敬
之心, 油然自萌, 咸戴君功, 此謂君臣有義也.

다섯 가지 맛을 보아 약을 만들어 사람의 병을 고치니 이것을 위생
이라 이르고, 배와 수레를 만들어 통하지 못할 곳을 건너, 있고 없
는 것을 무역하니 멀고 가까운 것이 한 몸 같으니라. 사랑스럽게
백성을 기르니 마음으로 기뻐하며 정성스럽게 복종하느니라. 이러
할 즈음에 높이어 공경할 마음이 기름 번지듯이 스스로 싹터서 다
임금의 공을 추대하니 이를 임금과 신하가 의리가 있다고 이르느
니라.

10-1-7. 造書契, 制其文教人, 開其心導善, 仁義禮智, 自此而生焉.
明其善惡之別, 定其禍福之理, 此謂道德也. 道德之化日新月盛, 風氣
大闢, 世道隆盛, 人事賁新, 物品賦興, 此謂文明之聖代也.

문서를 만들어 글을 지어 사람을 가르치고 그 마음을 열어 선으로
인도하니 인의예지가 이로부터 생겼느니라. 그 선악의 다름을 밝히
어 그 화복의 이치를 정하니 이것을 도덕이라 이르느니라. 도덕의
풍화가 날마다 새롭고 달마다 성하여 풍기가 크게 열리고, 세도가
높이 성하여 인사가 크게 새로워지고, 물품을 받아 흥성하니 이를
문명의 성대라 이르느니라.

10-1-8. 然則先聖之績功, 果安在哉. 斯言也, 載在歷史, 雖三尺童
子, 能言能讀者也, 其實理難透也. 此乃因古今推測事物, 格物致知之

大經大法也, 是豈易言哉.

그러면 옛 성인의 쌓은 공이 과연 어디에 있는가. 이 말은 역사에 실려 있으니 비록 삼척동자라도 능히 읽고 말할 수 있으나, 그 실제 이치는 투득하기 어려운 것이니라. 이것이 예와 이제로 인하여 사물을 추측하여 사물을 연구하고 깨닫는 대경대법이니 이것을 어찌 쉽다고 말하랴.

10-1-9. 推此而觀之, 則雖萬歲可以運籌預度也, 興亡盛衰, 無乃人事之所關係者哉.

이것으로 미루어보면 비록 몇만 년이라도 가려 헤아릴 수 있으니 흥망성쇠가 사람의 하는 일에 관계된 것이 아니냐.

10-1-10. 盖先天之運, 則始判之數也. 乃以純陰之氣, 粹然成物, 故人氣也淳厚誠心也. 所以其時聖人 生於東洋, 觀其時宜而治法規模, 成出文卷, 以定金石之典, 故人人各知其法之當然, 毫無此錯, 故粤昔文明之風, 鳴於東洋也, 斯世之運, 則爆陽之氣, 刱明於天下, 大一變大一闢之數也.

대개 선천의 운은 처음으로 열린 수라. 이것은 순전한 음기로 순연히 만물을 이룬 것이므로 사람의 기운은 순후한 성심이니라. 이러므로 그때 성인이 동양에 나시어 그때에 마땅한가를 보아 다스리는 법과 규모를 문서로 만들어 변할 수 없는 법을 정하였으므로, 사람마다 각각 그 법이 당연한 줄로 알아서 털끝만치라도 어김이 없었으므로 옛날 문명의 풍화가 동양에서 울렸더니, 이 세상 운수는 곧 폭양의 기운이 천하에 처음으로 밝아 크게 한번 변하고, 크게 한번 열리는 수이니라.

10-1-11. 是故, 人氣壯大, 智慧聰明, 倍勝於前人也, 敎化凌弛, 不能從時運時機之變易, 古今定法之外, 更不硏究, 不究不思之地, 物理意見, 從何而出乎.

이러므로 사람의 기질이 장대하고 지혜와 총명이 앞 사람의 갑절이나 뛰어나나, 교화가 무너지고 해이하여 능히 시운과 시기의 바뀌고 변함을 따르지 못하고 고금에 정한 법 밖에 다시 연구치 아니하니, 연구치 아니하고 생각치 아니하는 곳에 사물의 이치와 의견이 어디서 나올 것인가.

10-1-12. 昨日之事, 今日之事, 不同相異, 況幾千古之規法, 相當於幾千古之後乎. 如彼壯大之人, 未免孩提之愚昧, 不能容於天下, 實乃有志者之所羞也. 西洋之人, 乘勢於斯世之運, 確透於人各有活動之氣, 故硏究之中, 才藝必達, 機械便利, 事事成業, 政法必明, 君民之分, 相守不失, 故共和之政, 入憲之治, 文明於世界, 聞名於當世, 此無乃東西洋翻覆之理耶.

어제 일과 오늘 일도 같지 않고 서로 다르거늘, 하물며 몇천 년 전의 옛날 법규가 몇천 년 뒤에 서로 맞을 것인가. 저렇듯이 장대한 사람이 어린아이의 어리석음을 면치 못하여 능히 천하에 용납하지 못하니, 실로 이것이 뜻있는 사람의 부끄러워하는 바이니라. 서양 사람은 이 세상의 운을 타고 확실히 동양 사람보다 투철하여 각각 활동하는 기운이 있으므로 연구하는 가운데 재주가 늘어 기계가 편리하여 일마다 사업에 성공하고, 정치가 밝아 임금과 신하의 분의를 서로 지키어 잃지 않으므로 공화의 정치와 입헌의 정치가 세계에 문명을 하였고 당세에 이름을 드러내니, 이것이 동서양 번복의 이치가 아닌가.

10-1-13. 噫, 稽古而及今, 統論地球而觀之, 君長創自人民中所立之名也. 人民初非君長之所育也. 然則, 民惟邦本者明若觀火. 今我東洋則不然, 君視民如奴隷, 民視君如虎威, 此則苛政之壓制也. 今若一變其政, 敬天命而順民心, 養人材而達其技, 郁郁乎文風, 燦然復明於世, 則無往不復之理, 可得而致矣, 惟我東球中, 有志君子, 念哉念哉.

아! 예를 상고하여 지금에 미치고 지구를 전부 말하여 볼지라도 임금은 처음에 인민 가운데로부터 세운 명칭이요, 인민은 처음부터 임금의 기른 바가 아니니라. 그러므로 백성이 오직 나라의 근본인 것은 밝기가 불 본 듯하도다. 지금 우리 동양은 그렇지 못하여 임금이 백성 보기를 노예같이 하고 백성이 임금 보기를 호랑이같이 무서워하니, 이것은 가혹한 정치의 압제라. 이제 만약 그 정치를 한 번 변하여 천명을 공경하고 민심을 순히 하며 인재를 길러 그 기예를 발달시켜 빛나고 빛나는 문풍이 찬연히 다시 세상에 밝아지면, 가고 돌아오지 아니함이 없는 이치를 가히 이룰 것이니, 오직 우리 동반구 가운데 뜻있는 군자는 생각하고 생각할지어다.

(2) 척언허무장(斥言虛誣章)

10-2-1. 天聰明卽我民聰明. 人爲動物之靈而能盡其聰明叡智之性者, 天與人, 言語相聽意思唯一, 萬事能通也. 大知心淡如新磨之鏡, 照物之處硏嫷分晢, 臨事之地經緯分明, 達事理而敏於行也. 是故於古及今, 大人智士繼繼勝勝, 各使其國立其主敎, 此化民成俗之政策也.

한울의 총명은 곧 우리 백성의 총명이니라. 사람은 동물의 영장이 되어 능히 그 총명하고 슬기로운 성품을 다하는 자니, 한울과 사람이 말을 서로 들음에 뜻과 생각이 오직 하나라, 만사를 능히 통할 수 있느니라. 크게 깨달아 마음을 맑게 하기를 새로 만든 거울같이 하면, 물건이 비치는 곳에 곱고 미운 것이 분명하고 일에 임하는 곳에 경위가 분명하여 사리에 통달하고 행함에 빠르느니라. 이러므로 예나 지금에 대인과 지사가 이어 나서 각각 그 나라에 주교를 세우니, 이것이 백성을 화하고 풍속을 이루는 정책이니라.

10-2-2. 大抵, 立敎如草上之風, 使其生靈, 主心信義而咸惟一德之信德也. 事若不然則民自各心, 禮義雖美, 施用於何處乎. 然則前聖後聖, 歷年不同, 間世相違, 君無傳位之君而法綱何受, 師無受訓之師而禮義安效. 不知也不知也. 生以知之而然耶, 無爲化也而然耶.

대저 교를 세우는 것은 바람 아래 풀 같으니 그 생령으로 하여금 마음을 주로 하여 의를 믿게 하며 다 유일한 덕을 믿게 하는 덕이니라. 일이 만약 그렇지 아니하면 백성이 각자위심하여 예의는 비록 아름다우나 어느 곳에 시용하랴. 그러므로 먼저 성인과 뒤 성인이 시대가 같지 아니하고 세대가 서로 다를지라도, "임금은 자리를 전해준 임금이 없었건마는 법강을 어디서 받았으며, 스승은 가르침을 받은 스승이 없었건마는 예의를 어디서 본받았을까. 알지 못하고 알지 못할 일이니라. 나면서부터 알아서 그러함인가, 절로 되어서 그러함인가"라고 한 것이라.

10-2-3. 魚目聰明, 精不穿海外之陸, 聖道貫天, 意不過天高地厚之間, 何者. 人是天人, 道是天道, 能守天道之性者, 時異道殊, 智謀相照, 意思若同, 合爲一理也. 其大同小異者, 觀其時宜而節中變用, 故盖自肇判以來, 其所以敎人之法, 無非所以明斯心之妙也, 何待敎而覺之, 亦待學而知之. 於斯可見 古人之志, 亦得其物爲物理爲理之大業也. 是故, 道法無限, 敎導雖煥, 根底自露, 首尾旣執, 其話頭焉諱注心透理, 怳然無疑也. 然而其中, 有可斥可祛者, 有可學可敎者, 確得其取可退否之大理矣.

고기의 눈이 아무리 밝아도 밝기가 바다 밖의 육지를 꿰뚫어 보지 못하고, 성인의 도가 한울까지 사무쳤다 하여도 뜻이 한울 높고 땅 두터운 사이를 지나지 못하느니라. 어찌하여 그런가. 사람은 바로 한울 사람이요 도는 바로 천도이니, 능히 천도의 본성을 지키는 사람이면 때가 다르고 도가 다르나 지혜와 계책이 서로 비치고 의사가 같을 것이니 합하면 한 이치가 되느니라. 그 대체는 같으나 조금 다르다는 것은 그 시대에 마땅한가를 보아 절중하게 변용하는 것이니, 그러므로 대개 천지가 갈린 이래로 그 하는 바 사람을 가르치는 법이 이 마음을 밝히는 묘한 것이 아님이 없나니, 어찌 가르치기를 기다려 깨달으며 또한 배우기를 기다려 알 것인가. 이에 볼 만한 것은 옛사람의 뜻이니, 또한 그 만물이 만물되고 이치가 이치된 대업을 얻으려는 것이니라. 이러므로 도법이 한이 없고 교도가 비록 빛난다 할지라도 뿌리와 바닥이 자연히 드러나고 머리와 꼬리가 이미 잡히나니, 그 화두는 마음을 부어 이치를 투득함이 황연히 의심이 없느니라. 그러나 그중에는 가히 배척하고 버릴 것도 있고, 가히 배우고 가르칠 것도 있으니, 확실히 그 옳은 것은 취하고 그른 것은 버리는 큰 이치를 얻은 것이니라.

10-2-4. 論而言之, 有虛誣不可究者三焉, 夢昧餘生, 空費心力於此, 不知老之將至, 終不覺事物之爲理, 可勝言哉. 惜哉. 我亦以無始有一物也, 我生之前, 初無一物. 無物之前, 有何其理哉. 如彼沒覺, 陷於舊習, 生靈未有之前事, 窮究爲事, 卽何以異於緣木求魚也. 是誠寒心處也, 第一虛誣者, 此也.

논하여 말하면 허무하여 가히 생각하지 못할 것이 셋이 있으니 몽매한 인간이 공연히 심력을 허비하여 늙음이 닥치는 줄을 알지 못하고 마침내 사물의 이치를 깨닫지 못하니, 어찌 가히 말을 다하랴. 애석하여라. 내 또한 처음이 없는 데로부터 생긴 한 물건이니 내가 태어나기 이전은 처음의 한 물건도 없었는지라, 만물이 없는 이전에 어찌 그 이치가 있었으랴. 저렇듯이 몰각한 것들이 옛 습관에 빠져서 생령이 있기 이전의 일을 깊이 연구하기를 일삼으니, 나무에 올라가 고기를 구하는 것과 무엇이 다르랴. 이것이 진실로 한심한 것이라, 첫째 허무한 것이 이것이오.

10-2-5. 我亦稟氣而生, 寄寓斯世, 言語動靜, 用心處事, 莫非一氣之所使也. 然則吉凶禍福, 都在於行爲得失而人之不敏, 俱迷惑於術數書狀, 誣論來頭之八字, 能言來事之吉凶, 是豈成說乎.

내 또한 한울 기운을 타고나서 이 세상에 붙어 살면서 언어동정과 용심처사가 한 기운이 시키는 바 아님이 없으니, 그러면 길흉화복이 전부 행위득실에 있으나 사람이 불민한 탓으로 다 술수와 서책에 미혹되어 오는 팔자를 속여서 말하며 능히 오는 일의 길흉을 말하니, 이 어찌 말이 되는가.

10-2-6. 此爲惑世誣民之成習, 認以堂堂有理之學文, 全廢事業而仍作終身之工夫, 及其末也, 有何靈驗. 卽不過自暴自棄之紹介也.

이것이 세상을 의혹케 하고 백성을 속이는 풍습을 이뤄 당당히 이치가 있는 학문인 줄 알고 전혀 다른 일을 폐하고, 여기에 몸이 마치도록 공부하기를 일삼으니, 그 끝에 이르러 무슨 영험이 있을 것인가. 곧 자기가 자기를 버린 소개에 지나지 아니하느니라.

10-2-7. 詳論其由, 當場有經驗者, 若人日數雖好, 待人接物之際, 行悖而言不順, 則卽地受辱目前之怳然. 夫如是則吉凶禍福, 無乃自在其身者乎.

자세하게 그 이유를 말하면 당장 경험이 있는 것은, 만일 사람이 일수가 아무리 좋으나 대인접물할 때에 행패로서 말이 순하지 않으면 곧 그 자리에서 욕을 볼 것은 눈앞에 환한 것이니라. 무릇 이 같으면 길흉화복은 어김없이 그 몸에 스스로 있는 것이 아닌가.

10-2-8. 是故, 詩曰,「永言配命自求多福」云者, 此之謂也. 所以窮究未來之禍福者, 第二個虛誣之事也.

이러므로 시전에 이르기를 "길이 천명에 맞게 하는 것은 스스로 많은 복을 구한다"고 이른 것은 이를 말한 것이라. 이러므로 미래의 화복을 생각하고 연구하는 것이 둘째로 허무한 일이오.

10-2-9. 一生而逝去者, 物理之自然也. 以有歸無, 有何可考. 興比於目睹, 伐木燒燼, 則所生者卽一煙氣也. 輕彼靑煙, 與空氣合飛而但所餘者, 風前灰燼也. 取其無根之灰燼, 斲而刻之而欲爲成器, 則豈可得乎. 做作多事而已也.

사람이 한 번 태어났다가 죽는 것은 물리의 자연한 법칙이라. 있는 데서 없는 데로 돌아가는 것을 무엇으로 가히 상고할 것인가. 눈에 보이는 것으로 비유하면, 나무를 찍어 불태우면 나는 것은 한 연기니, 가벼운 저 푸른 연기는 공기와 같이 날아가고 다만 남는 것은 바람 앞에 타고 남은 재뿐이라. 그 근본도 없는 재를 가지고 깎고 새겨서 그릇을 만들고자 하면 어찌 가히 얻을 수 있겠는가. 많은 일을 만들 따름이니라.

10-2-10. 況乎, 今生之人, 不務生前之福祿, 窮究身後之事, 可當乎. 此乃第三虛誣者也.

하물며 지금에 살아 있는 사람은 생전의 복록은 힘쓰지 않고 죽은 뒤의 일만 깊이 연구하니 가당한 것이냐. 이것이 셋째로 허무한 것이니라.

10-2-11. 此三件理由, 明論於一端一事, 過去現在未來三事也. 過去已往, 論之無益, 未來未有之前也, 付之不知, 現在目前之事, 宜易취度而未能於目前之就事, 誤入苦海, 未免伐柯之事, 噫, 甚可哀也.

이상의 세 가지 이유를 한 가지씩 밝히어 말하면 과거·현재·미래의 세 가지 일이니 과거는 이미 지나간 것이라, 말한다 하여도 이익될 것이 없고, 미래는 있지 아니한 전이니 알지 못하는데 부치고, 현재는 눈앞에 일이라, 마땅히 쉽게 헤아릴 수 있으나 눈앞에 나아가는 일에 능치 못하고, 고해에 잘못 빠져 도끼자루 찍는 일을 면치 못하니, 아! 심히 슬프도다.

10-2-12. 孔子曰,「仁, 人之安宅也. 義, 人之正路也.」遵正路而行, 陞安宅而處焉, 則此非中立而不倚者乎. 此雖易言, 非智謀之士, 不能也. 所以敎人有道, 守其天然之心, 正其天稟之氣, 博學知識而施於行道, 行之不失經緯, 則斯可謂人爲人事之有經緯, 如人之有經絡. 若人足反居上, 臂居背上, 則屈伸動靜任意自如乎. 所以守心正氣, 道法之第一宗旨也.

공자 말씀에 "어진 것은 사람의 편안한 집이요, 의로운 것은 사람의 바른 길이라" 하였으니 바른 길을 좇아가 행하고 편안한 집에 살면 이것이 중용이요, 치우치지 않는 것이 아니냐. 이것이 비록 말은 쉬우나 지모 있는 선비가 아니면 능히 할 수 없는 것이니라. 이러므로 사람을 가르치는 데 도가 있으니, 그 천연한 마음을 지키고 그 천품의 기운을 바르게 하여 넓게 지식을 배우고 행하는 도를 베풂에 경위를 잃지 않으면, 이것이 가히 사람이 사람된 인사의 경위를 잃지 않는 것이라 말하리니, 사람의 경락이 있는 것과 같으니라. 만약 사람의 발이 도리어 위에 있고 팔이 등에 있다면 굴신동정을 임의로 할 것인가. 이러므로 수심정기는 도법의 제일 종지이니라.

(3) 명언천법장(明言天法章)

10-3-1. 何者. 夫, 人順天命而存天理也. 故應天法而造成人事者也, 惟大智, 稟賦完全, 故確知其任我之命, 能守天法也, 其次, 學而知之也, 雖有先後覺之別, 及其至也, 得得其旨意也, 其他, 雖惑或困而得之, 學而習之, 勉强而行之, 則至於率性之境, 人人各知天法之不違也.
왜 그런가. 무릇 사람은 천명을 순히 하고 천리를 보존해야 하느니라. 그러므로 한울법에 응하여 사람의 일을 만드는 것이니, 오직 큰 지혜는 품부한 것이 완전하므로 확실히 내게 맡겨진 명을 알아 능히 한울법을 지키는 것이요, 그다음은 배워서 아는 것이니 비록 먼저 깨닫고 뒤에 깨닫는 차이는 있다 할지라도 그 이르는 데 미쳐서는 가히 그 뜻을 투득할 것이요, 그다음은 비록 혹 고심하여 얻는다 할지라도 배우고 익히며 힘써 행하면 성품을 거느리는 경지에 이르나니, 사람마다 각기 한울법을 알아 어기지 말 것이니라.

10-3-2. 故君子仕於朝, 御衆以道, 敎化而諷之, 和悅民心, 各勸其業, 國富民安, 則此可謂極樂世界也.
그러므로 군자 나라에 벼슬함에 뭇 사람 부리는 것을 도로써 하며, 교화하는 것을 비유로써 하여 백성의 마음을 화하고 즐겁게 하며,

각기 그 직업을 권하여 나라가 부하고 백성이 편안하면, 이것을 가히 극락세계라고 말할 것이니라.

10-3-3. 雖然, 林林叢叢人數之中, 或有稟性乖戾, 不入於敎化, 則國有政法, 法令刑戮, 以懲其不法, 此則應天法而造成人事者也.
비록 그러나 많고 많은 사람들 가운데 혹 품성이 사리에 어그러짐이 있어 교화에 들지 않으면, 나라에 정법이 있어 법령과 형륙으로써 그 불법을 징계하나니, 이것은 한울법에 응하여 사람의 할 일을 만든 것이니라.

10-3-4. 然則法令刑戮, 豈可害人者哉. 人之不良, 自違天法, 陷於政律, 究其實相, 則自暴其身也.
그러면 법령과 형륙이 어찌 가히 사람을 해하는 것이랴. 사람의 어질지 못한 것은 스스로 한울법을 어기어 정치·법률에 걸려드는 것이니, 그 실상을 생각하면 자기가 자기의 몸을 버리는 것이니라.

(4) 응천산이 발달인조장(應天産而 發達人造章)

10-4-1. 大抵, 天高地厚之間, 金木水火土, 相生相克, 物物形形各遂其性, 人是動靈致物之主將, 此天賦之物性, 硏究天然之物理, 則五行相成, 無物不成.
무릇 한울 높고 땅 두터운 사이에 금목수화토가 상생상극하여 물건 모양마다 각기 그 개성을 이루니, 사람은 동물의 영장이요 만물의 주장이라. 이것은 한울이 주신 물건의 성품이니, 천연한 물리를 연구하면 오행이 서로 이룸에 물건을 이루지 못하는 것이 없느니라.

10-4-2. 方今, 西洋之人, 國富業廣, 橫行於天下者, 無他, 先透此理, 得力於人造發達也.
방금 서양 사람이 나라가 부하고 소업이 넓어서 천하에 횡행하는 것은 다름이 아니라 먼저 이 이치를 투득하여 인조 발달에 힘을 얻은 것이니라.

(5) 활동장(活動章)

10-5-1. 噫噫悲哉. 今我東洋之人, 迷惑於三件之虛誣, 全失惺惺之氣, 妄覺昏昏之夢, 身無氣化之神, 工無歸眞之路, 壅遏活動之氣, 豈可曰稟靈之動物乎. 徒備人形而已也. 具體而無靈, 屍也. 生而爲屍, 可謂虛生於世界也.
아! 슬프다. 지금 우리 동양 사람은 세 가지 허무한 데 미혹되어 전연 깨어날 기운을 못 차리고 아득한 꿈을 깨지 못하니, 몸에는 기화의 신이 없고 공부는 참에 돌아가는 길이 없어 활동할 수 있는 기운을 막았으니, 어찌 가히 영기를 받은 동물이라고 말하겠는가. 다만 사람의 형상을 갖추었을 뿐이니라. 몸을 갖추고 영이 없는 것은 주검이니, 살고도 죽은 것은 가히 세상을 헛살았다고 말할 것이니라.

10-5-2. 大抵, 活動之氣, 活活發發, 如水之方湧, 若火之焰然也, 其爲氣也, 至大至精, 能强能柔, 發乎中情而達乎聰明, 則無物不遺, 無事不成也.

무릇 활동하는 기운은 활발하고 활발하여 물이 방금 솟는 듯하고 불이 활활 붙는 듯하니, 그 기운됨이 지극히 크고도 정미로우며 능히 강하고도 유하며, 중정에서 발하여 총명에 달하면 만물에 남기지 아니함이 없고 일에 이루지 못함이 없느니라.

10-5-3. 故元亨利貞, 天道之活動也, 動作威儀, 人事之活動也.

그러므로 원형이정은 천도의 활동이요, 동작위의는 인사의 활동이니라.

10-5-4. 天有至誠不息之道, 故春夏秋冬, 四時成功, 人有進進無已之心, 故智仁勇略, 隨事而發也, 夫人能養活動之氣, 則才藝也, 雄略也, 生業也, 千態萬狀之理, 都出於其中. 然則天地萬物之理, 孰大於是乎.

한울은 지극한 정성으로 쉬지않는 도가 있으므로 춘하추동 사시의 공을 이루고, 사람은 나아가고 나아가는 것을 마지않는 마음이 있으므로 지·인·용·략을 일에 따라 나타내나니, 사람이 능히 활동하는 기운을 양하면, 재주와 웅대한 책략과 생업과 천태만상의 이치가 전부 그 속에서 나오느니라. 그러면 천지만물의 이치가 어느 것이 이보다 크겠는가.

10-5-5. 今我東球中生靈, 長夜醉夢, 惺惺無期, 世界各國, 以屍體待之, 此非痛歎者乎. 今我東球中 生靈之中, 必不無有志君子, 大夢誰先覺. 終未見夢覺者, 甚可畏也. 如有先覺者, 用盡惺惺之精力, 覺破億萬生之昏夢, 是所顧望也.

지금 우리 동양 사람들은 긴 밤에 취한 꿈을 언제 깰런지 기약이 없는지라, 세계 각국이 죽은 송장으로 대하니 이것이 통탄할 일이 아니냐. 지금 우리 동양 사람 가운데도 반드시 뜻있는 훌륭한 사람이 없지 않으리니, 큰 꿈을 누가 먼저 깰 것인가. 아직 꿈 깬 이를 보지 못하겠으니 심히 두렵도다. 만일 먼저 깬 사람이 있으면 깨어난 정력을 다 써서 억만 생령의 아득한 꿈을 깨쳐주기를 이에 바라는 바로다.

(6) 치국평천하지정책장(治國平天下之政策章)

10-6-1. 書曰,「天生蒸民, 有物有則, 民之秉彝, 好是懿德.」孟子曰,「無恒産者, 無恒心.」是故, 民無秉彝之心, 災眚必臻, 民無恒産, 饑饉荐至, 然則禍福妖祥, 無乃生靈之所自致者乎.

서전에 말하기를 "한울이 뭇 백성을 내시니 만물이 있고 법이 있도다 백성이 떳떳함을 잡았으니 좋은 이 아름다운 덕이로다" 하였고, 맹자 말씀하시기를 "일정한 생업이 없는 사람은 일정한 생각이 없다" 하였으니, 이러므로 백성이 떳떳함을 잡는 마음이 없으면 재앙이 반드시 이르고, 백성이 일정한 생업이 없으면 배고픈 것이 겹쳐이르나니, 그러면 화단과 복록과 요사스러운 것과 상서로운 것은 이것이 사람 자기가 스스로 만든 것이 아니냐.

10-6-2. 所以, 邦有道, 家給人足, 物物皆昌, 邦無道, 民窮財盡, 田野荒無, 由此觀之, 民無恒産而無恒心, 則國將難保, 燎然指掌也.
이러므로 나라에 도가 있으면 집과 사람이 충족되고 물건이 다 넉넉하며, 나라에 도가 없으면 백성이 궁하고 재물이 다하여 밭과 들이 거칠어지나니, 이것을 미루어 생각해보건대 백성이 일정한 생업이 없고 일정한 생각이 없으면 나라를 장차 안보하기 어려울 것은 손바닥을 보는 듯하니라.

10-6-3. 何者. 國者, 養人土地之總名也, 君者, 治民教化之大人也, 仁君在上, 以教化政令御衆, 則民自富强, 其國安全, 苟政所及, 民自衰殘, 疆土危焉.
왜 그런가. 나라라는 것은 양육하는 백성과 토지를 총칭한 이름이요, 임금이란 것은 백성을 다스리고 교화하는 어른이니, 어진 임금이 위에 계시어 교화와 법령으로써 뭇 백성을 거느리면 백성이 자연히 부강하여 그 나라가 편안할 것이나, 가혹한 정치가 미치는 곳엔 백성이 자연히 쇠잔하여 강토가 위태로운 것이니라.

10-6-4. 今我東洋, 方在傷害之運, 朝野沸鼎, 民生魚喊, 强敵侵逼, 朝無防禦之策, 貧寒到骨, 民無擠挺之力, 實是痛哭處也. 都緣無他, 此時之運也, 此將奈何.
지금 우리 동양은 방금 상해의 운에 있는지라, 조야가 솥에 물끓듯하고 민생이 물 마른 못에 고기 날뛰는 것 같으니, 만일 강적이 침략하여온다 할지라도 정부에서는 막을 만한 계책이 없고 가난과 추위가 骨에 사무쳐 백성이 물리칠 힘이 없으니 실로 통곡할 일이로다. 전혀 다른 까닭이 아니라, 이것이 시대의 운수니 이를 장차 어찌 할 것인가.

10-6-5. 雖然, 惟我同胞生靈, 若失其保國安民之策, 東土大勢, 必將難保, 豈不痛嘆者乎.
그러나 오직 우리 동포가 만약 보국안민할 계책을 잃으면 동양대세를 반드시 안보하기 어려울 것이니 어찌 통탄하지 아니하랴.

10-6-6. 然則其政其策固將安在. 惟我生靈, 明其慷慨之義, 決守金石之心, 合衆一貫, 則智仁勇三端, 化出於其中, 其眞實施計將安在.
그러면 그 정책이 진실로 어디 있는가. 오직 우리 생령은 그 강개의 의리를 밝히어 결연히 금석 같은 마음을 지키고 중력을 합하여 하나로 꿰면, 지·인·용 삼단이 그 속에서 화해 나오리니, 그것을 참으로 실시할 계책이 장차 어디 있는가.

10-6-7. 盖修身齊家治國平天下, 先聖之所敎也. 僉君子庶幾乎聞之而人人, 各盡其自己之職分, 使其一室之人, 勞苦勤勉, 各知生靈之理而食之, 則必將無遊衣遊食之民矣, 然則不幾之年, 家家富産, 人人安樂不見可圖也.
무릇 수신·제가·치국·평천하는 옛 성인의 가르친 것이라. 여러 군자는 거의 듣고 사람 사람이 각기 자기의 직분을 다하고, 한집 사람일지라도 수고롭고 괴롭고 부지런하고 힘써 각각 생명의 이치를 알고 먹게 하면, 장차는 반드시 놀면서 입고 먹는 백성이 없을 것이니, 그러면 몇 해 안 되어 집집이 부자가 되고 사람마다 편안하고 즐거울 것은 보지 않아도 알 만하니라.

10-6-8. 如是則國之政治, 怳然無疑. 夫以修身齊家, 立爲富國之者, 不無其端, 淸心豫算, 明其實理, 我國三千里區域中, 二千萬同胞, 每日三飯, 人所當爲而三食之飯, 除取三匙之米, 其人之不飢, 勢所固然也, 剩利則自如每一人之每一日銅一葉, 雖某事業擧皆有餘, 日取一葉殖之無損, 則積小成大可見可圖也.

이와 같으면 나라의 정치도 황연히 의심이 없을 것이니라. 무릇 수신제가로 나라가 부해지게 하는 것은 그 까닭이 없지 아니하니, 맑은 마음으로 미리 생각하여 그 실지의 이치를 밝히면, 우리나라 삼천리 강토 내에 이천만 동포가 매일 세 끼씩은 밥을 먹을 것이니, 세 번 먹는 밥에서 세 술 쌀을 덜더라도 그 사람이 주리지는 않을 것이요, 이익이 남으면 한 사람이 하루 동전 한 닢 같은 것은 비록 아무 사업을 해서라도 남을 것이니, 날마다 한 닢씩 불리어 손해가 없으면 적은 것을 모아 큰 것을 이룰 수 있는 것을 가히 보아 도모할 것이니라.

10-6-9. 分而見之, 三飯三匙, 無爲中節用者也, 一日一銅, 勤勉中殖産, 此雖細些, 使我二千萬同胞, 計算於一年, 則乃至幾億萬圓也.

분석해 보면 세 끼에 세 술은 자연한 가운데 절용한 것이요, 하루에 동전 한 닢은 부지런히 힘쓰는 가운데서 불어난 것이니, 이것이 아무리 적은 것이라도 우리 이천만 동포로 하여금 한 해를 계산하며 이에 몇억만 원이 될 것이니라.

10-6-10. 大略觀之, 則事旣如此, 誠力所到, 何事不成, 國富何難.
대강 보면 일이 이와 같으니 성력이 이르는 곳에 무슨 일인들 이루지 못하며, 나라를 부하게 하는 것이 무엇이 어려우리오.

10-6-11. 且富國强兵之道, 亦不在他, 民富國富, 財幣旺盛, 用之不竭, 食之無損. 或有敵國之戰, 軍糧軍器, 連連不絶, 有進無退, 則彼敵自擇自退, 勢所確然. 强兵之計, 無乃富國中所在者乎.
또한 나라가 부해지고 병력이 강해지는 도도 또한 다른 데 있는 것이 아니요, 백성이 부하고 나라가 부하여 재물이 넉넉하면 써도 다함이 없을 것이요, 먹어도 축나는 것이 없을 것이라. 혹 적국과 전쟁이 있다 할지라도 군량과 병기를 계속하여 끊기지 아니하며 나아갈지언정 물러가지 아니하면, 저 적병이 스스로 물러갈 것은 형세가 확연한 바라. 병력을 강하게 하는 계책도 이에 나라가 부한 가운데 있는 것이 아닌가.

10-6-12. 若其國小而兵稀, 則費此陣陣之錢穀, 買彼强隣之兵, 百戰百勝, 亦所當然, 此乃財産保護中 實效也, 又有殖産之方針, 我國人民, 設或富人, 積金藏穀, 貨殖之道, 全然夢昧, 此是未開之一欠也.

만약 그 나라가 작고 병력이 적으면 이에 묵어가는 돈과 곡식을 허비하여 저 강한 이웃 나라의 병력을 사서라도 백 번 싸워 백 번 이기기는 또한 당연한 것이니, 이것이 재산을 보호하는 가운데 실지 효력이요, 또한 재산을 불리는 방침이 있으나 우리나라 백성은 설혹 부한 사람이 돈과 곡식을 저장하였다 할지라도 재산을 불리는 도에 전연 어두우니 이것이 미개한 결점이니라.

10-6-13. 方今世界, 有銀行之規, 則雖曰便利, 此則倉卒間, 私自難設者也. 自國都而至於各道各郡各鄕, 設置殖産會社, 擇其可堪人, 任其名目, 貧富人間, 隨其事力, 富人則立其資本, 貧人則無論某事業間, 勤力食道之餘, 幾錢幾分式日投會社中, 窮究殖利之術, 農商工業間, 如有便利之端, 出入其錢, 生殖興販而至于十年, 則無爲中元富, 至於有名之富, 貧民則至於可活之富矣. 如是之後, 統計人民則一般生民, 平均是富, 國富民安之術, 亦在於他乎. 苟如是而已, 則民有快活而已, 豈不曰平天下之經綸乎.

방금 세계는 은행 규칙이 있어 비록 편리하다고 말하나, 이것은 갑작스럽게 사사로이 스스로는 설립되기 어려운 것이라. 나라의 수도로부터 각 도·각 군·각 마을에까지 식산회사를 설치하고, 감당할 만한 사람을 택하여 그 명목을 맡기어 빈부간 그 일과 힘을 따라 부한 사람이면 그 자본을 세우게 하고, 빈한 사람이면 무슨 사업을 물론하고 부지런히 힘쓰게 하여 식량이 된 나머지에 몇 푼씩 매일 회사에 저금케 하면, 마지막에는 이익을 불리게 하는 기술을 깊게 연구함이 농상공업 간에 이와 같이 편리한 것이 없으리니, 나고 드는 그 돈으로 생산도 하고 판매도 하여 십 년이 되면 자연한 가운데서 원래 부자는 더 큰 유명한 부자가 되고, 가난하던 백성은 살아갈 만한 부자가 될 것이니라. 이같이 한 후에 백성을 통계하면 일반적으로 평균 부자가 될 것이니, 나라가 부하고 백성이 편안한 술책이 또한 다른 데 있으랴. 진실로 이같이만 하면 백성이 쾌활함이 있을 따름이니, 어찌 평천하의 경륜이라고 말하지 않겠는가.

10-6-14. 大抵書生之遊學, 農商工業發達之基礎也, 學彼先覺之學文, 試用於未開之土地, 則山野川澤, 規矩準繩, 輸出輸入, 自在方針矣, 夫如是而才藝兼人之能行儀, 至於君子之境, 而加彼勞苦勤勉之道, 則甘受和白受采, 於斯可見矣.

무릇 서생의 유학은 농상공업 발달의 기초니, 저 먼저 깨달은 학문을 배워 미개척된 땅에 시용하면 산야천택과 규구준승과 수출수입이 스스로 방침이 있으리니, 이렇듯이 재예가 겸비한 사람의 능숙한 행동과 의범이 군자의 경지에 이르러 수고롭고 괴롭고 부지런하고 힘쓰는 도를 더하면, 감수화 백수채를 이에 가히 볼 것이니라.

10-6-15. 於是乎, 民富國泰, 則道德文明廣國於天下也, 天下孰能當之. 居天下之一等, 行天下之一權, 則此謂修身齊家治國平天下之策也. 積小成大物理之自然, 勿以物小而棄之, 勿以德小而賤之. 事之形便, 隨時用道, 略陣於此, 念哉勉哉. 潛心玩味, 能透於此, 則庶幾乎近道矣.

이에 백성이 부해지고 나라가 태평하면 도덕문명이 천하에 넓게 빛나리니, 천하에 누가 능히 당하겠는가. 천하에 일등으로 살면서 천하의 일등 권리를 행하면, 이것을 '수신제가 치국평천하'의 방책이라 말하느니라. 적은 것을 쌓아 큰 것을 이룸은 물리의 자연이니, 물건이 적다고 버리지 말고 덕이 적다고 천히 여기지 말라. 일의 형편과 때를 따라 도를 쓰는 것을 대강 말하였으니, 생각하고 힘쓸지어다. 마음을 고요히 하고 맛을 보아 능히 이를 투득하면 거의 도에 가까울 것이니라.

11. 삼전론(三戰論)

(1) 서론(序論)

11-1-1. 而千古之歷史兮, 講之以可明, 記之以可鑑.
천고의 역사여, 말로써 가히 밝히고 글로써 가히 거울하리로다.

11-1-2. 太古兮, 萬物也, 其胡然豈可然. 贅理而度之, 則茫茫乎其遠, 感物而致之, 則渾渾然無疑. 是故, 於古及今, 先聖後聖, 連絡繼出, 帝法王法同軌一輪, 何者. 治異道同, 時異規同. 略擧其由, 道本乎天, 洋洋乎宇宙者, 莫非一氣之所幹也.
태고여, 만물이여, 그 어찌 그러하며 어찌 가히 그러한가. 이치를 붙여 헤아리면 아득하고 아득하게 멀고, 물건을 느끼고 알아보면 혼혼하여 의심이 없도다. 이러므로 예로부터 지금까지 선성·후성이 이어 나시고 제왕의 법이 같은 궤도에 하나로 돌아가니 어찌 된 일인가. 다스림은 다르나 도는 같은 것이요, 때는 다르나 규범을 같이한 것이니라. 대략 그 이유를 살펴보면 도가 한울에 근본하여 우주에 흘러넘치는 것은 한 기운의 간섭하는 바 아님이 없는 것이니라.

11-1-3. 雖然, 人爲動物之靈, 靈之其中, 亶有聰明, 作之君作之師, 玆曷故焉. 唯天無偏, 率性者惟親也. 侍天行天, 故是曰體天, 推己及人, 故此曰道德也.

그러나 사람이 동물의 영장이 되고, 영장인 그 가운데 특별히 총명함이 있어서 임금을 만들고 스승을 만드니 이 어떤 연고인가. 한울님은 편벽됨이 없으시어 천성을 거느리는 사람과 오직 친하심이라. 한울을 모시고 한울대로 행함으로 이를 「체천」이라 말하고, 나를 생각하여 사람에게 미치므로 이를 「도덕」이라 말하느니라.

11-1-4. 光被四表, 中散萬事, 因時取宜, 大抵時中, 變於時用, 不失執中, 有初克終, 合爲一理. 由是觀之, 天之於道, 豈有間矣, 道之於人, 豈可遠哉. 須臾不可離者, 此之謂也.

빛이 사방을 덮히며 만사에 맞게 흩어지고 때를 따라 마땅함을 취하니 무릇 때에 맞는다 함이요, 때를 쓰는데 잘 변통하여 중도를 잡아 잃지 아니하고, 처음과 내종이 있으니 한 이치에 합하도다. 이로 좇아보면 한울과 도에 어찌 사이가 있으며 도와 사람이 어찌 멀다고 하겠는가. 잠시도 떠나지 못할 것이라는 것은 이를 말한 것이니라.

11-1-5. 太古之無爲兮, 其氣也未發, 三皇之基礎兮, 道本乎心, 五
帝之孩提兮, 施措於治法. 人氣也淳厚, 民皆爲堯舜, 敎導以聖道, 世
莫非堯舜. 人道之將泰兮, 人各有人心, 背化而作亂, 豈可無善惡之
別乎.

태고의 '무위'시대는 그 기운이 아직 발하지 않은 때요, 삼황이 세상
의 기초를 세움이여, 도를 마음에 근본하였음이요, 오제가 문물제
도를 시작함이여, 정치와 법을 바르게 폄이라. 사람이 순후하니 백
성이 다 요순이요, 성도로써 가르치니 세상이 다 요순 아님이 없느
니라. 인도가 커지면서 사람은 각각 인심이 있는지라, 교화를 배반
하고 작란하니, 어찌 선악의 차별이 없다고 하겠는가.

11-1-6. 夫聖人之道, 無物不成. 能治亂之藥石, 干戈刑戮, 是也. 是
故, 及周之盛, 其氣也壯大, 治隆於上, 敎美於下. 郁郁乎文物, 於斯爲
盛, 豈不欽嘆處乎.

무릇 성인의 도도 물건 없이는 이루지 못하느니라. 능히 난을 다스
리는 약석이 되나니 병장기와 형륙이 이것이니라. 이러므로 주나라
가 성함에 이르러 그 기운이 장대하여 다스림이 위에서 융성하고,
교화가 아래까지 아름다웠느니라. 빛나고 빛나는 문물이 이에 성한
지라, 어찌 부러운 것이 아니랴.

11-1-7. 噫, 物久則弊, 道遠則疎, 理之自然, 明若觀火. 自是以後,

歷代列國, 各修霸業, 興廢勝敗, 怳若棋局之勝負, 此豈非寒心處乎. 雖然, 亦是運亦是命, 有何怨尤. 如斯之忖度兮, 理之翻覆, 運之循環, 瞭如指掌也.

아! 물건이 오래되면 낡아지고 도가 멀어지면 소홀해지는 것은 이치가 그런 것이라. 밝기 불 본 듯하도다. 이로부터 역대에 여러 나라들이 권력 잡기만 숭상하여, 흥하고 망하고 이기고 지는 것을 장기 바둑 승부같이 하였으니, 이 어찌 한심한 바가 아니랴. 아무리 그리해도 역시 운수요, 천명이니 누구를 원망하랴. 이렇듯이 헤아리면 이치의 번복과 운수의 순환이 손바닥을 보는 듯하도다.

11-1-8. 夫如是, 則鑑昔稽古, 指今視今, 豈有間於多端哉. 是故, 古今之不同兮, 吾必日運之變也.

이같이 하면 옛적을 거울삼고 옛적을 상고하여, 오늘을 가리키고 오늘을 살펴보는 것에 어찌 조금인들 어려움이 있으랴. 이러므로 예와 이제가 같지 않은 것은 나는 반드시 '운이 변한 것이라' 이르노라.

11-1-9. 方今, 天下之大勢, 與運偕同, 人氣也, 强莫强焉, 巧莫巧焉, 技藝之發達, 動作之練習, 極盡於此也. 雖然, 强非勁兵之强力, 就義無屈之謂也, 巧非姦細之巧態, 達士乘銳之稱也, 以若利器堅甲, 兵刀相接, 則强弱相分, 人道絶矣, 是豈天理哉.

방금 천하대세가 운과 함께 나아감으로 사람의 기운은 더할 수 없이 강하고, 더할 수 없이 정교하여 기예의 발달과 동작의 연습이 이에 극진했느니라. 아무리 그러해도 강하다는 것은 병력이 강하다는 것이 아니라, 의에 나아가 굴치 않음을 말하는 것이요, 기교는 교활한 교태가 아니라, 일을 통달하여 예리함을 타는 것을 말함이니, 만약 앞선 무기와 굳센 무장으로써 병력이 서로 접전하면 강약이 서로 나누어져 인도가 끊어지리니, 이 어찌 천리이겠는가.

11-1-10. 以余不敏, 俯仰宇宙之勢, 擧世竝强, 雖欲接兵, 同手相敵, 戰功無益, 此所謂五獸不動也. 然則兵戰一款, 自歸無奈, 畏尤甚於兵戰者, 有三焉, 一曰道戰, 二曰財戰, 三曰言戰, 此三者能知然後, 可進於文明之步, 而保國安民平天下之策, 可得而致矣. 是故請言申之, 聊以戰論.

불민한 나로서 세계 대세를 살펴보니 온 세상이 모두 강해져서 비록 싸운다 할지라도, 같은 적수가 서로 대적하면 싸움의 공이 없으리니, 이것을 '오수부동'이라 말하느니라. 그러면 무기로만 싸운다는 것은 자연히 쓸데없이 되는 것이요, 무기보다 더 무서운 것 세 가지가 있으니 첫째 도전이요, 둘째 재전이요, 셋째 언전이라. 이 세 가지를 능히 안 뒤에라야 가히 문명에 나아가 보국안민과 평천하의 계책을 가히 얻어 이루리라. 이러므로 말을 거듭 청하여 삼전론을 말하노라.

(2) 도전(道戰)

11-2-1. 道戰何也. 曰「天時不如地利, 地利不如人和.」 人和之策,非道不能, 曰「以道和民則無爲而可治也.」歸之於戰則不可曰不然.

도전이란 무엇인가. 옛사람이 말하기를 "천시가 지리만 못하고 지리가 인화만 못하다" 하였으니 인화의 방책은 도가 아니면 할 수 없고, 또 말하기를 "도로써 백성을 화하면 다스리지 않아도 절로 다스려진다" 하였으니, 전쟁을 돌아보아도 그렇지 않다고 말할 수 없는 것이니라.

11-2-2. 君子之德, 風也, 小人之德, 草也, 道之所存, 德之所行, 望風而不偃者, 未之有也. 夫大德 花被草木, 賴及萬方也.

군자의 덕은 바람 같고 소인의 덕은 풀 같으니, 도가 있는 곳과 덕의 행하는 곳에 바람을 좇아 쓰러지지 않는 것이 없느니라. 큰 덕화는 초목에까지 미치고, 힘이 만방에 미치느니라.

11-2-3. 現今天運泰通, 風氣大闢, 遐邇一體, 率濱同歸, 玆曷故焉.

지금 세상은 천운이 크게 통하고 풍기가 크게 열리어, 멀고 가까운 것이 한 몸과 같고 온 천하가 한 가지로 돌아가나니 이 어떤 연고인가.

11-2-4. 國各有國敎, 一款主掌者, 開明文化也. 盖以先開之道, 加被未開之國, 行其德化其民, 則民心所歸, 沛然如水, 盍曰「民惟邦本乎.」其本不全而其邦獨全者, 未之有也.

나라마다 국교가 있어 첫째 주장은 개명문화이니라. 대개 먼저 개명한 도로써 미개한 나라에 베풀어 그 덕을 행하고 그 백성을 화하면 민심 돌아가는 것이 물이 아래로 흐르듯 하나니, 어찌 "백성이 나라의 근본이라"고 말하지 아니하랴. 그 근본이 온전치 못하면서 그 나라가 홀로 온전한 법은 없느니라.

11-2-5. 是故, 世界各國, 各守文明之道, 保其民敎其職, 使其國, 至於泰山之安, 此無奈道前無敵者乎. 征伐所到, 雖有億萬之衆, 各有億萬心, 道德所及, 雖有十室之忠, 同心同德, 保國之策, 有何難矣哉. 然則天時地利無益於施措者乎. 曰「至治之時, 田野闢, 風雨順, 山川草木盖有精彩.」天時地利 無奈人和中, 可致者乎. 所以, 吾必曰可戰者, 道戰也.

이러므로 세계 각국이 각각 문명의 도를 지키어 그 백성을 안보하고, 그 직업을 가르쳐서 그 나라로 하여금 태산같이 안전하게 하니, 이것은 별 수 없이 도 앞에는 대적할 자 없다는 것이니라. 병력으로 치는 곳에는 아무리 억만 대중이 있다 할지라도 억만심이 각각이요, 도덕이 미치는 곳에는 비록 열집의 충성이 있다 할지라도 같은 마음 같은 덕이라, 보국의 계책이 무엇이 어려울 것인가. 그러면 천시지리가 쓸 곳이 없지 아니한가. 옛사람이 말하기를 "지극히 잘 다스리는 시대에는 논밭이 넉넉하고, 비와 바람이 순하여 산천초목이 다 생기가 넘쳐 활발함이 있다" 하니, 천시지리가 다름 아니라 인화중에서 되는 것이 아니냐. 이러므로 나는 반드시 말하기를 "싸울 만한 것은 도전이라" 하노라.

(3) 재전(財戰)

11-3-1. 財戰者, 何也. 曰財也者, 天寶之物貨也, 生靈之利用, 元氣
之膏澤, 其類幾何. 動物植物鑛物, 是也.

재전이란 무엇인가. 재물이라 하는 것은 한울이 준 보배의 물화니,
백성들의 이롭게 하는 쓰임이요, 원기를 윤택하게 하는 기름이라.
그 종류가 어떤 것인가. 동물, 식물, 광물이 이것이니라.

11-3-2. 人爲治物之主, 其利惟何. 農商工三業, 是也. 發達農器, 不
違農時, 則穀不可勝食也. 食者惟時, 用之以節中, 則可備凶荒之患難
矣, 此所謂農業也, 貿遷有無, 殖利致富, 量入虞出, 勞以食力則 此乃
保産之策也, 此所謂商業也, 製造機械, 便於器用, 盡耳目之巧, 正規
矩之藝, 則有物俱足, 此所謂工業也.

사람은 만물을 다스리는 주인이 되니 그 이익은 무엇인가. 농상공
삼업이 이것이니라. 농기구를 발달시키어 농사할 때를 어기지 않으
면 그 곡식을 다 먹을 수 없느니라. 먹을거리는 때맞추어 쓰고 절
중하면 가히 흉년과 환란을 방비할 것이니 이것을 '농업'이라 하고,
있는 것과 없는 것을 사고 팔고 옮기고, 이익을 불리어 부를 이루
고, 수입을 보아 쓸 데 쓰고, 힘껏 벌어서 먹고 쓰면 이것이 보산하
는 계책이니 이것을 '상업'이라 하고, 기계를 만들어 쓰기에도 편리
하며 보기에도 좋음을 다하고, 규격의 재예를 바로하면 물건이 모
두 넉넉함이 있을 것이니 이것을 '공업'이라 하느니라.

11-3-3. 此三業者, 自古及今之美法良規也. 挽今世界則人氣莫熾, 博覽經緯, 格物推理, 製造飾用, 玩好珍寶, 不可勝用者多矣. 以若出類之物, 嘗試於各國, 遷彼所產之物,

이 세 가지 산업은 예로부터 지금까지 아름다운 법이요, 좋은 규칙이라. 근래 세계는 사람의 기운이 왕성하여 경위를 널리 보고, 사물을 탐구하고 이치를 추리하여, 만들고 꾸며 쓰는 것과 진귀한 각종 물건을 미처 쓰지 못할 것이 많으니라. 만약 특출한 물건을 각국에 상품으로 시험하여 그 나라 소산물로 바꾸나니

11-3-4. 夫如是, 則或有未開之國, 莫知利害之分析, 則不幾之年, 其國之凋殘, 可立而待也, 以此觀之, 丁寧是唆澤之紹介也. 是以, 智謀之士, 意思同然也, 上以國子, 至於凡民之俊秀, 養其才達其技, 一以資外禦之策, 一以致富國之術, 此豈非可戰者乎. 所以, 吾必曰可戰者, 財戰也.

이같이 하면 혹 미개한 나라가 이해분석을 할 줄 모르면 몇 해 안되어 그 나라의 쇠잔함을 면치 못할 것이니, 이로써 보면 정녕히 이것은 기름을 빨아먹는 앞잡이니라. 이러므로 꾀 있는 선비는 생각이 같은지라, 위에서는 왕가의 자제로부터 아래로 민간의 수재에 이르기까지 그 재주를 기르고 그 기술을 발달시키어 한편으로는 외국 자본을 막아내고 한편으로는 나라가 부해지는 술책을 쓰는 것이니, 이것이 어찌 싸움이 아니라고 하랴. 이러므로 나는 반드시 말하기를 '싸울 만한 것은 재전이라' 하노라.

(4) 언전(言戰)

11-4-1. 言戰者, 何也. 曰言也者, 發蘊之標信, 敍事之基本也. 發乎
中情, 施乎事物, 其爲發也, 無形而有聲, 其爲用也, 無時而不然, 經緯
也, 毫分釐析, 條理也, 至精且微, 生存興戎, 總係乎此, 可不信也哉.
是故, 先儒所云,「時然後出言」者, 此之謂也.

언전이란 무엇인가. 말이란 것은 속에 있는 생각을 드러내는 표신
이요, 사실 있는 그대로를 알게 하는 기본이라. 속에 있는 생각을
발하여 사물에 베푸는 것이라, 그 나오는 것이 형상은 없으나 소리
가 있고, 그 쓰는 것이 그렇지 않은 때가 없으니, 경위에는 호리를
분석하고 조리에는 지극히 정미로워 생존하는 것과 전쟁을 일으키
는 것이 모두 이에 관계하니 믿지 않을 수 있겠는가. 이러므로 옛
선비가 말하기를 "때가 된 뒤에 말을 하라" 한 것은 이것을 말한 것
이니라.

11-4-2. 大抵, 方言, 隨其山川之風氣, 各殊其調節, 故萬國生靈, 稟
質則雖是一體, 相未通情者, 無他, 言語之矛盾故也. 況此, 於今世界
荒羅之間, 人氣通環, 物貨相交, 國政旁然, 自西阻東, 自南之北, 無不
交隣, 若非言語之通涉, 安可得交際之方策乎.

무릇 사투리는 그 지방 산천 풍기를 따라 각각 그 조절을 달리하나
니, 그러므로 각 나라 사람들이 품질은 비록 같으나 서로 뜻을 통치
못하는 것은 다름이 아니라, 말에 모순이 있기 때문이라, 하물며 지
금 세상 복잡한 사이에서 사람이 오고가고 물품과 재화가 상통되

며, 국정이 넓어서 서에서 동에까지 남에서 북에까지 이웃과 다름이 없으니, 만약 말이 통하지 못하면 어찌 교제할 방책이 있겠는가.

11-4-3. 出言有道, 智謀竝行然後, 言可有章矣. 是故, 一言可以興邦, 先聖之心法, 現於書, 斷無異於畵工之妙, 著於物也.
말은 하는 데도 도가 있으니 지혜와 계책이 병행한 뒤에라야 말도 빛이 나느니라. 이러므로 한마디 말이 가히 나라를 흥하게 한다 하니, 옛 성인의 심법이 이 글에 나타났으니 단연코 그림 그리는 사람이 물건을 보고 묘하게 그리는 것과 다름이 없느니라.

11-4-4. 交際之地, 又有談判之法, 兩敵相待, 及其未決之時, 則遠近團合, 先覈事緖之曲直, 閱覽經緯之可否, 得其事理之當話然後, 萬端歸一, 確定勝負之目的, 竟致歸化之規正, 當其時也, 若其一半分經緯, 不合於智謀, 則安可得世界上特立之威勢乎.
교제할 때에 또한 담판법이 있으니, 두 적이 서로 대하여 판결하기 어려울 때에는 여러 나라가 모이어 먼저 시비곡직을 가리고, 경위의 가부를 열람하여 사리의 마땅한 것을 얻은 연후에야, 모든 일이 하나에 돌아가 승부의 목적을 확정하고 마침내 귀화할 규정을 짓나니, 이때를 당하여 만일 그 반푼 경위라도 지혜와 계책에 맞지 않으면, 어찌 가히 세계무대 위에 권위를 세울 것인가.

11-4-5. 興敗利鈍, 亦在於談判, 以此量之, 則智謀之士發言而無不中也. 夫如是言之, 則施於事物, 其功豈不重大哉. 是故, 吾亦曰可戰者, 言戰也.

나라가 흥하고 패하는 것과 빠르고 더딘 것이 담판하는 데 달렸으니, 이로써 생각하면 슬기로운 계책이 있는 선비는 말을 하여 맞지 않는 것이 없느니라. 무릇 이같이 말하면 사물에 베풀어질 때에 그 공이 어찌 중대치 아니하랴. 이러므로 내 또한 말하기를 「싸울 만한 것은 언전이라」하리로다.

(5) 총론(總論)

11-5-1. 觀今世界之形便, 道之前程, 尤極怳然. 經曰「無兵之亂」云者, 豈不昭然哉. 第念僉君子, 如坐井中, 相必昏暗於外勢之形便, 故玆成三戰論一篇, 忘陋輪示, 幸須極盡心志, 分釋其大同小異之理, 則得力於此, 煥乎其章, 甘受和白受采矣. 潛心玩味, 無至面墻之嘆, 如何如何.

지금 세계의 형편을 보니 우리 도의 앞길이 더욱 황연하도다. 경에 말씀하시기를 "무병지란"이라고 하는 것이 어찌 맞는 것이 아닌가. 내가 생각하기에는 여러분은 우물 안에 앉은 것 같아서 외세 형편에 어두우므로 이에 「삼전론」 한 편을 만들어 고루함을 잊고 돌려보이니, 행여 마음을 극진히 하여 대동소이한 이치를 분석하면, 힘을 이 책에서 얻어 그 글 밝기가 단것이 화함을 받고 흰 것이 채색을 받음과 같으리니, 마음을 잠기어 맛을 보아 무식한 탄식을 하는 일이 없도록 하는 것이 어떠하고 어떠할고.

11-5-2. 方今世界文明, 實是天地一大變, 始刱之運也. 先覺之地必有唯親之氣應, 念哉, 勿違乎天地感動之精神也夫. 夫孝悌忠信, 三綱五輪, 世界上欽稱也, 故仁義禮智, 先聖之所敎也. 吾道之宗旨三戰之理合用, 則豈非天下之第一乎. 夫如是則錦上添花也, 以此銘念, 顒祝顒祝.

방금 세계문명은 실로 천지가 한번 크게 변하는 첫 운수라. 먼저 깨닫는 그곳에는 반드시 한울님의 돌보시는 기운이 응하리니, 부디 생각하여 천지가 감동하는 정신을 어기지 말라. 무릇 효제충신과 삼강오륜은 세계에서 칭송하는 것이므로, 인의예지는 옛 성인의 가르치신 바라. 우리 도의 종지와 삼전의 이치를 합하여 쓰면 어찌 천하제일이 아니겠는가. 이같이 하면 비단 위에 꽃무늬를 더한 것이니 이로써 명념하기를 바라고 또 바라노라.

12. 이신환성설(以身換性說)(1)

12-1. 以身換性은 大神師의 本旨니라.
몸을 성령으로 바꾸라는 것은 대신사의 본뜻이니라.

12-2. 身은 百年間一物이요 性은 天地未判前에도 固有한 것이라 其體됨이 圓圓充充하여 不生不滅하며 無加無減이니라. 性은 卽人의 永年主體요 身은 卽人의 一時客體니라 若主體로 主張하면 永遠히 福祿을 享할 것이요 客體로 主張하면 每每災禍에 近하리라.

육신은 백 년 사는 한 물건이요, 성령은 천지가 시판하기 전에도 본래부터 있는 것이니라. 성령의 본체는 원원충충하여 나지도 아니하며, 멸하지도 아니하며, 더하지도 않고, 덜하지도 않는 것이니라. 성령은 곧 사람의 영원한 주체요, 육신은 곧 사람의 한때 객체니라. 만약 주체로써 주장을 삼으면 영원히 복록을 받을 것이요, 객체로써 주장을 삼으면 모든 일이 재화에 가까우니라.

12-3. 그런데 主體가 永生코자 할진대 客體卽肉體는 險苦多多하고 客體가 安樂코자하려면 主體卽性靈의 前路泛泛하리니 諸君은 何를 取하겠는고 故로 全敎人을 對하여 險苦를 多言하고 安樂을 不言하노라.
그런데 주체가 영생하고자 하면 객체 즉 육체가 험하고 괴로움이 많고, 객체가 안락하고자 하면 주체 즉 성령의 앞길이 들떠 있으리니 그대들은 무엇을 취하겠는가. 그러므로 모든 교인을 대하여 험고를 많이 말하고, 안락을 말하지 아니하노라.

12-4. 凡安樂의 言은 聞키 비록 好하나 實은 安樂이 아니라 反히 險苦하고 險苦의 言은 聞키 비록 惡하나 實은 險苦가 아니라 卽安樂이니 吾敎大神師는 性靈으로 主體를 삼으신지라 故로 修煉이 極致에 至한 人이라야 險苦로써 安樂하사 肉身의 安樂은 忽然히 忘却하는지라 深水를 渡涉하시며 雨中徒行하신 것을 看할지라도 怳然치 않느뇨 故로 肉身으로 性靈을 換하는 者 先히 苦를 樂으로 知하여야 可하니라.

무릇 안락의 말은 듣기에는 비록 좋으나 실은 안락이 아니라 도리어 험고하고, 험고의 말은 듣기에는 비록 싫으나 실은 험고가 아니라 곧 안락이니, 우리 교의 대신사는 성령으로 주체를 삼으신지라, 그러므로 수련이 극치에 이른 사람이라야 험고로써 안락하여 육신의 안락은 홀연히 잊어버리는지라, 깊은 물을 건너시며 빗속에 그냥 보행하신 것을 보아도 황연하지 않느뇨. 그러므로 육신을 성령으로 바꾸는 사람은 먼저 괴로움을 낙으로 알아야 가하니라.

13. 이신환성설(以身換性說)(2)

13-1. 修煉의 極致에 至한 人이라야 비로소 大神師의 性靈出世를 알 수 있나니라 사람은 누구나 各自 本來의 性品(本體性)을 깨달으면 血覺性의 善惡强柔에 있어서 千萬年前人이나 千萬年後人이나 現代人이 同一한 것을 知할지니 此를 覺한 者 大神師요 此를 不覺한 者 凡人이니라 大神師의 法力은 圓圓充充하여 長生不滅하나니 水中徒行과 雨中不濕은 大神師의 生前法力이요 盛夏에 清水氷結과 誠米그릇에 誠米增滋는 大神師의 死後法力이니 大神師의 法力은 生前死後가 同一하니라.
수련의 극치에 이른 사람이라야 비로소 대신사의 성령출세를 알 수 있느니라. 사람은 누구나 각자 본래의 성품인 본체성을 깨달으면, 혈각성의 선악과 강유에 있어서도 능히 천만 년 전 사람이나 천만 년 후 사람이나 현대 사람이 같은 것을 알 것이니, 이것을 깨달은 사람은 대신사요, 이것을 깨닫지 못한 사람은 범인이니라. 대신사의 법력은 '원원충충'하여 길이 살아 계시어 없어지지 아니하나니, 물 가운데 그냥 가는 것과 비속에서도 젖지 않는 것은 대신사의 생전 법력이요, 한여름에 청수에 얼음이 얼고 성미 그릇에 성미가 불어나는 것은 대신사의 사후법력이니, 대신사의 법력은 생전 사후가 같은 것이니라.

13-2. 大海가 翻覆하면 魚族이 俱沒하듯이 大氣가 翻覆하면 人類가 어떻게 生을 圖할 것이냐 日後에 반드시 이러한 時期를 한번 지나고서야 우리의 目的을 達成할 것이니 以身換性은 이러한 時期에 生을 圖하는 唯一한 大方法이니라.
큰 바다가 번복하면 어족이 다 죽듯이, 대기가 번복하면 인류가 어떻게 살기를 도모하겠느냐. 일후에 반드시 이러한 시기를 한 번 지나고서야 우리의 목적을 달성할 것이니, 이신환성은 이러한 시기에 살기를 도모하는 오직 하나의 큰 방법이니라.

13-3. 誠心修煉으로 本來의 性을 바꾸라 後天開闢의 時期에 處한 우리는 먼저 各自의 性身부터 開闢해야 하나니라 만일 自己의 性身을 自己가 開闢치 못하면 布德廣濟의 目的을 어떻게 達成할 것이냐 大神師이르시되「한울님께 福祿定해 壽命을랑 내게 비네」하셨으니 이것은 以身換性을 말씀하신 것이니라 한울이 있으므로써 物件을 보고 한울이 있으므로써 飮食을 먹고 한울이 있음으로써 길을 간다는 理致를 透徹히 알라.

성심 수련으로 본래의 성품을 바꾸라. 후천개벽의 시기에 처한 우리는 먼저 각자의 성령과 육신부터 개벽해야 하느니라. 만일 자기의 성령 육신을 자기가 개벽하지 못하면 포덕 광제의 목적을 어떻게 달성하겠느냐. 대신사 말씀하시기를 「한울님께 복록정해 수명을랑 내게 비네」하셨으니 이것은 몸으로써 성령을 바꾸어야 한다는 말씀이니라. 한울이 있음으로써 물건을 보고, 한울이 있음으로써 음식을 먹고, 한울이 있음으로써 길을 간다는 이치를 투철하게 알라.

14. 성령출세설(性靈出世說)

14-1. 宇宙元來靈之表顯者也.
우주는 원래 영의 표현인 것이니라.

14-2. 靈之積極的表顯是有形也, 靈之消極的攝理是無形也, 故無形有形也, 卽靈之現勢力潛勢力之兩轉輪也.
영의 적극적 표현은 이것이 형상 있는 것이요, 영의 소극적 섭리는 이것이 형상 없는 것이니, 그러므로 형상이 없고 형상이 있는 것은 곧 영의 나타난 세력과 잠겨 있는 세력의 두 바퀴가 도는 것 같으니라.

14-3. 玆有一物從之, 而忽有靈性之活動, 是以靈之結晶, 生物之組織也, 以物之組織, 又生靈之表顯也.

여기에 한 물건이 있어 문득 영성의 활동이 시작되었나니, 이것은 영의 결정으로써 만물의 조직을 낳은 것이요, 만물의 조직으로써 다시 영의 표현이 생긴 것이니라.

14-4. 故靈與世不過同一理之兩側面而已.

그러므로 영과 세상은 같은 이치의 두 측면일 따름이니라.

14-5. 大神師, 嘗呪文之意解釋曰,「侍者, 內有神靈, 外有氣化, 一世之人, 各知不移者也.」是指稱以靈之有機的表顯, 道破人乃天之定義也.

대신사 일찍이 주문의 뜻을 풀어 말씀하시기를 "모신 것이란 안에 신령이 있고 밖에 기화가 있어 온 세상 사람이 각각 알아서 옮기지 않는 것이라" 하셨으니, 이는 영의 유기적 표현을 가리킴이요, 사람이 곧 한울인 정의를 도파한 것이니라.

14-6. 故性靈根本出世的矣. 靈移而別無物, 物移而別無靈, 更無世, 究竟靈而需世, 世而得靈. 物物各遂其性, 是神妙之性靈活動, 應於萬機萬相, 與器數應於出世調攝, 譬如同一雨露, 桃結桃實杏結杏子, 是從千差萬別之植物, 結千差萬別之果實.

그러므로 성령은 근본이 세상에 나타난 것이니라. 영을 떠나 따로 물건이 없고 물건을 떠나 따로 영이 없고 다시 세상이 없으니, 마침내 영은 세상을 마련하고 세상은 영을 얻은 것이니라. 물건마다 각각 그 성품을 이룬 것은 이 신묘한 성령의 활동이 만기만상에 응한 것이요, 기국대로 세상에 나 조섭하는 데 응함이니, 비유하면 같은 비와 이슬에 복숭아는 복숭아 열매를 맺고, 살구는 살구 열매를 맺나니, 이것은 천차만별의 식물에 좇아 천차만별의 열매를 맺음과 같으니라.

14-7. 同一性靈, 無量大德之妙法, 順化大天大地之各個差別, 鳶飛 於天, 魚躍於淵.
같은 성령에 헤아릴 수 없는 큰 덕의 묘한 법에 대천 대지의 각개 차별을 순히 화하여, 하늘에 솔개가 날고 못에 고기가 뛰는 것이 니라.

14-8. 然而人是萬物中, 最靈者萬機萬相之理, 總俱體者也, 人之性 靈, 是大宇宙靈性純然稟賦同時, 萬古億兆之靈性, 以唯一系統, 爲此 世之社會的精神也.
그러나 사람은 이에 만물 가운데 가장 신령한 자로 만기만상의 이 치를 모두 한 몸에 갖추었으니, 사람의 성령은 이 대우주의 영성을 순연히 타고난 것임과 동시에 만고억조의 영성은 오직 하나의 계통 으로서 이 세상의 사회적 정신이 된 것이니라.

14-9. 神師, 受人乃天之心法, 定向我設位之祭法, 是表明宇宙之精 神, 卽億兆之精神也, 共更明定億兆之精神, 卽我一個體之精神也.
신사께서 사람이 곧 한울인 심법을 받으시고 향아설위의 제법을 정하시니 이것은 우주의 정신이 곧 억조의 정신인 것을 표명하심과 아울러, 다시 억조의 정신이 곧 내 한 개체의 정신인 것을 밝게 정하신 것이니라.

14-10. 此以一層狹義而言之, 前代億兆之精靈, 爲後代億兆之精靈之點, 祖先之精靈, 與子孫之精靈, 融合表顯, 先師之精靈, 與後學之精靈融合, 永遠出世的活動有之也.

이를 한층 뜻을 좁히어 말하면 전대 억조의 정령은 후대 억조의 정령이 된다는 점에서, 조상의 정령은 자손의 정령과 같이 융합하여 표현되고, 선사의 정령은 후학의 정령과 같이 융합하여 영원히 세상에 나타나서 활동함이 있는 것이니라.

14-11. 又悅, 大人之德, 與天地共活用靈性, 故天與吾神師, 但有有形無形之別, 觀其靈性的契機, 則全爲同一範圍同一活動, 同一表顯也, 是天卽人, 人卽天之所由來. 天地萬物共順應, 時代億兆同進化, 故其心法決非超人間的, 全然合世間的出世間的.

또 하물며 대인의 덕은 천지와 더불어 같이 성령이 활용하는 것이라, 그러므로 한울과 우리 신사는 다만 형상이 있고 형상이 없는 구별이 있을 뿐이요, 그 영성의 계기로 보면 전혀 같은 범위에서 같은 활동이 같이 표현되는 것이니, 이것은 한울이 곧 사람이요, 사람이 곧 한울인 관계이니라. 천지 만물은 한 가지로 순응하여 시대 억조와 같이 진화하므로, 그 심법은 결코 인간을 떠난 것이 아니요, 전부 세간과 합치된 것이요, 세간에 나타난 것이니라.

14-12. 余嘗, 梁山修煉之時, 豁然得,「昔時此地見, 今日又看看」之
詩句, 是大神師之昔時余之今日, 性靈上同一心法立言.
내가 일찍이 양산 통도사에서 수련할 때에 활연히 "옛적에 이곳을
보았더니 오늘 또 보고 보는구나" 하는 시 한 구를 불렀으니, 이것
은 대신사의 옛적과 나의 오늘이 성령상 같은 심법임을 말한 것이
니라.

14-13. 大神師, 旣爲性靈出世矣, 一切物物心心, 皆不無此性靈之出
世的表顯也.
대신사는 이미 성령으로 출세하셨으니 일체의 물건마다 마음마다
다 이 성령의 출세한 표현이 아님이 없는 것이니라.

14-14. 然而吾人, 以此覺得, 未覺得之所以, 全關係性靈之修煉不修
煉, 若以吾人各受大神師之心法, 而性靈修煉之結果, 一朝豁然境到
之, 則玆覺大神師之心法, 一切宇宙之心法, 而從以覺自己之性靈, 卽
大神師之性靈, 不生不滅, 無漏無增, 是大性靈之根本的出世也.
그러나 우리 사람이 이를 깨닫고 깨닫지 못하는 바는 전혀 성령을
수련하고 수련치 않는 데 관계한 것이니, 만약 우리가 각각 대신사
의 심법을 받아 성령 수련한 결과가 하루아침에 환한 경지에 이르
면, 이에 대신사의 심법이 일체 우주의 심법임을 깨닫고 따라서 자
기의 성령이 곧 대신사의 성령임을 깨달을 것이니, 불생불멸하고
무루무증한 것은 이것이 큰 성령의 근본적 출세이니라.

15. 법문(法文)

15. 汝必天爲天者, 豈無靈性哉. 靈必靈爲靈者, 天在何方, 汝在何方. 求則此也, 思則此也, 常存不二乎. 布德 五十五年 四月 二日.

너는 반드시 한울이 한울된 것이니, 어찌 영성이 없겠느냐. 영은 반드시 영이 영된 것이니, 한울은 어디 있으며 너는 어디 있는가. 구하면 이것이요 생각하면 이것이니, 항상 있어 둘이 아니니라. 포덕 55년 4월 2일.

16. 무하설(無何說)

16-1. 粤昔丁戊間不記之日, 成漆園之事, 忽然太陽零落, 天地昏暗, 怳若泳於泥水而望見陸地也. 是時覆載間, 無限生靈, 魚喁而嗷嗷, 可憐情景目不忍見也. 哀此群生愛而奈何, 歎之而已.

옛적 정·무 사이 기억치 못한 날에 깜깜한 동산을 이룬 일이 있으니, 홀연히 태양이 떨어져 천지가 아득한 것이 마치 흙물에서 헤엄을 치며 육지를 바라보는 것 같으니라. 이때에 천지간 무한한 생령이 고기떼처럼 울부짖으니 가련한 그 정경은 눈으로 차마 볼 수가 없었느니라. 슬픈 이 군생을 사랑한들 어찌 할 것인가. 탄식할 뿐이로다.

16-2. 雖然人名至重天何不眷, 乃謂衆生曰, 「此是自天所使, 天外無禱.」極盡心祝而已. 自天纖纖有影, 如太陽之照鏡. 淸光合一, 更成太陽天地明朗, 便是新世界也.

비록 그러나 사람의 목숨이 지극히 중하니 한울이 어찌 돌보지 않겠는가. 이에 여러 사람에게 말하기를 "이것은 한울로부터 시킨 것이니 한울밖에 빌 곳이 없다"라 하고 극진한 마음으로 빌 따름이라. 한울로부터 가늘고 가는 그림자가 있어 태양이 거울에 비친 것 같더니 맑은 빛이 하나로 모이어 다시 태양을 이루고 천지가 밝아지니, 바로 이것이 새 세계였느니라.

16-3. 一日洪水滔天, 充滿無際, 率濱生靈, 擧皆垂死之中, 我則依於丘原上森林之間, 又況霹靂之火, 轉轉於臨死之民叢, 命在立地心甚怪訝, 膽氣發動, 乃急起心力亹亹思之, 則天生萬民, 生生爲德, 如是降災, 寧有是理. 乃急呼霹靂曰,「汝欲打殺生民, 急急打我, 以贖衆生.」以手打霹靂之塊, 霹靂從手而散, 只一煙塵而已.

하루는 큰 물이 한울에 넘쳐 가득히 차 끝이 없느니라. 온 천하의 생령이 거의 다 죽게 된 가운데 나는 언덕위 숲 사이에 의지하였더니, 또한 벼락불이 거의 죽게된 백성들이 모여 있는데 굴러 떨어져서 목숨이 경각에 달렸음이 마음에 심히 괴이하고 의심스러워 담기가 발동하는지라, 이에 급히 마음에 힘을 일으켜 곰곰이 생각한즉, 한울이 만백성을 내고 살게 하는 것이 덕이 되거늘 이같이 재앙을 내리니, 어찌 이런 이치가 있겠는가. 이에 급히 벽력을 불러 말하기를 "네가 백성을 때려 죽이고자 할진대 급급히 나를 때려 뭇 백성을 속죄케 하라" 하고 손으로 벽력의 덩어리를 때리니, 벽력은 손으로부터 흩어져서 다만 한 줄기 연기와 티끌뿐이었더라.

16-4. 是時, 幾盡民生, 雲集而急號曰,「以欲如天之威勇, 救我垂死之蒼生.」擔我於轎子, 上于高山尖峰, 以至誠昭告于天, 書十餘字而付于衆生, 使之誦讀, 少焉百川順流, 平野成陸, 黎民安接也.

이때에 거의 죽게 된 민생들이 구름같이 모이어 급히 울부짖으며 말하기를 "이렇듯이 한울같은 위엄과 용맹으로 우리 죽게 된 창생을 구원하게 하소서" 하고, 나를 가마에 메고 높은 산 뾰죽한 봉우리에 올라, 지극한 정성으로 한울님께 밝게 고하고 글 십여 자를 써서 중생에게 주어 외우게 하였더니, 조금 만에 뭇 개울이 순히 흐르고 육지 평야가 이루어져 뭇 백성이 편안히 살았느니라.

17. 인여물개벽설(人與物開闢說)

17-1. 開闢이라 함은 天墜地陷하여 混沌一塊로 合하였다가 子丑의 兩段으로 分함을 意味함인가. 아니다. 開闢이란 腐敗한 者를 淸新케 複雜한 者를 簡潔케 함을 謂함이니 天地萬物의 開闢은 空氣로써 하고 人生萬事의 開闢은 精神으로써 하나니 汝의 精神이 곧 天地의 空氣니라. 今에 君等은 不可能의 事를 思치말고 先히 各者 固有의 精神을 開闢하면 萬事의 開闢은 次第의 事니라.

개벽이란 한울이 떨어지고 땅이 꺼져서 혼돈한 한 덩어리로 모였다가 자·축 두 조각으로 나뉘임을 의미함인가. 아니다. 개벽이란 부

패한 것을 맑고 새롭게, 복잡한 것을 간단하고 깨끗하게 함을 말함
이니, 천지 만물의 개벽은 공기로써 하고 인생 만사의 개벽은 정신
으로써 하나니, 너의 정신이 곧 천지의 공기이니라. 지금에 그대들
은 가히 하지 못할 일을 생각지 말고 먼저 각자가 본래 있는 정신
을 개벽하면, 만사의 개벽은 그다음 차례의 일이니라.

17-2. 그러나 精神을 開闢코자 하면 먼저 自尊心을 恃字로 開闢하
고 自尊心을 開闢코자하면 먼저 疑懼心을 定字로 開闢하고 疑懼心
을 開闢코자 하면 迷妄念을 知字로 開闢하고 迷妄念을 開闢코자 하
면 먼저 肉身觀念을 性靈으로 開闢하라.
그러나 정신을 개벽코자 하면 먼저 스스로 높은 체하는 마음을 모
실 시자로 개벽하고, 스스로 높은 체하는 마음을 개벽코자 하면 의
심스럽고 두려운 마음을 정할 정자로 개벽하고, 의심스럽고 두려운
마음을 개벽코자 하면 아득하고 망녕된 생각을 알 지 자로 개벽하
고, 아득하고 망녕된 생각을 개벽코자 하면 먼저 육신관념을 성령
으로 개벽하라.

17-3. 「天下萬念總一身 前波纔息後波起」此念이 何時에 없어질
것이냐 이것을 끊으려고 不可能의 心力을 徒費치 말고 但「我中에
何我가 有하여 屈伸動靜을 指使하는가」를 事事思之하여 오래도록
習性을 지니면 性身兩者에 誰主誰客 誰輕誰重을 自覺케 될 것이니
是覺이 곧 肉身開闢의 地니라.
"천하 일만 생각이 전혀 한 몸에 있으니, 앞의 물결이 겨우 쉬면 뒤

의 물결이 일어난다"는 이 생각이 어느 때에 없어질 것이냐. 이것을
끊으려고 불가능의 심력을 공연히 허비치 말고, 다만 「내 속에 어
떤 내가 있어 굴신동정하는 것을 가르치고 시키는가」 하는 생각을
일마다 생각하여 오래도록 습성을 지니면, 성품과 몸 두 가지에 어
느 것이 주체요 어느 것이 객체인 것과 어느 것이 중하고 어느 것
이 경한 것을 스스로 깨닫게 될 것이니, 이 깨달음이 곧 육신을 개
벽하는 것이니라.

17-4. 此念을 一闢하면 於是乎 皚皚氷雪의 介潔 天晴日郞의 光明
山高水流의 方正 落落雲鶴의 高尙한 그 者가 卽眞個의 精神我니 是
我는 天傾地坼이라도 長如是요 海枯石爛이라도 亦如是라. 顧此蚩
蚩的世界를 開闢함에 何難이 有하리오. 我大神師를 見하라. 此人이
아니신가.

이 생각을 한번 개벽하면, 이에 희고 흰 얼음과 눈의 깨끗함과 한울
이 개이고 날이 밝은 광명과 산이 높고 물의 흐름이 방정함과 뜻이
크고 뛰어난 운학의 고상한 그것이 곧 참된 정신의 나이니, 이 나는
한울이 기울어지고 땅이 터지더라도 길이 이와 같을 것이요, 바다
가 마르고 돌이 녹아도 또한 이와 같을 것이라. 이 미욱하고 미욱
한 세계를 돌아보고 개벽함에 무슨 어려움이 있으리오. 우리 대신
사를 보라. 이러한 사람이 아니신가.

17-5. 天地의 氣數로 觀하면 今日은 四時之秋요 一日之夕인 世界
라. 物質의 複雜과 空氣의 腐敗가 其極에 達하였으니 此間에 立한

吾人이 何能獨存이리오. 大機一轉의 時日이 眼前에 迫到하였도다. 천지의 기수로 보면 지금은 일 년의 가을이요, 하루의 저녁때와 같은 세계라. 물질의 복잡한 것과 공기의 부패한 것이 그 극도에 이르렀으니, 이 사이에 있는 우리 사람인들 어찌 홀로 편안히 살 수 있겠는가. 큰 시기가 한 번 바뀔 때가 눈 앞에 닥쳤도다.

17-6. 肅殺의 金風이 蕭蕭然 瑟瑟然 自西伊東하니 鬱蔚葱靑의 草木이 雖卽現在顔色을 姑保하나 一夜를 經하면 滿山黃落의 可憐한 霜葉뿐일지니 今此有形의 開闢을 當하여 精神上 無形의 開闢을하지 아니하면 天下로 衣하고 宇宙로 家하고 四海로 田하는 其人이라도 「一落枝頭便寂莫의 霜葉」일지니 此是人與物開闢의 時니라.

무섭게 죽이는 가을 바람이 쌀쌀하고 쓸쓸하게 서쪽으로부터 동쪽에 불어오니, 우거졌던 푸른 초목이 아무리 현재의 모양을 아직 보존하고 있지마는 하루밤 지나면 산에 가득차 누렇게 떨어지는 가련한 서리맞은 잎뿐이리니, 이제 이 유형의 개벽을 당하여 정신상으로 무형의 개벽을 하지 않으면, 천하로 옷을 입고 우주로 집을 삼고 사해로 밭을 가는 그 사람이라도 "한번 가지에서 떨어지면 문득 적막한 서리맞은 잎"과 같이 될 것이니, 이것이 사람과 물건이 개벽하는 때이니라.

18. 입진경(入眞境)

18-1. 有人緣, 何心入於此境耶. 玩景而入耶, 得仙而入耶. 於斯之
間, 發程之初, 必有主觀的也.

사람에 연분이 있어 어떤 마음으로 이런 경지에 들어왔을까. 경치
를 구경하러 온 것인가, 신선을 만나러 온 것인가. 어느덧 길을 떠
나는 처음에는 반드시 주관이 있었을 것이리라.

18-2. 昔聞,「眞境有仙翁」, 欲見眞仙之心, 不憚千辛萬苦, 步步進
進, 不息至誠日費心加, 到于此境, 果如, 昔聞仙翁, 待我而來.

전에 들으니 "진경에 선옹이 있다" 하여 참 신선을 보고 싶은 마음
에 천신만고를 꺼리지 않고 걸음걸음 나아가고 나아가, 지극한 정
성으로 쉬지 않고 나날이 마음을 더하여 이 경지에 이르니, 과연 전
에 듣던 것과 같이 신선 늙은이가 나를 기다리며 오시더라.

18-3. 欣喜進拜, 酬酌之際, 翁問曰,「我待爾者, 久矣. 爾何得聞, 如
是到達耶. 而閑談次第說明.」

기뻐서 나아가 절하고 서로 말을 주고 받을 즈음에 늙은이가 묻기
를 "내가 너를 기다린 지 오래다. 네가 어떻게 내가 여기 있다는 소
문을 듣고 이같이 왔느냐. 천천히 차례로 설명하라."

18-4. 前日門前發程之初心, 一日欲得目的地, 此行初行, 發程幾日,
岐路多有, 或恐橫馳之慮, 抑亦有支離之心, 徘徊路上, 反而思之, 則

此行初路, 對誰而問耶.

전일 문 앞 길을 떠나던 첫 마음은 하루에 목적지까지 득달하려 하였으나 이번 걸음이 처음 가는 길이라, 길을 떠난지 몇 날만에 갈림길이 많이 있어 혹 가로달아날 염려도 무섭고, 또한 지리한 마음도 있어 길 위에서 머뭇거리다가 돌이켜 생각한즉, 이번 가는 것이 첫길이라, 누구를 대하여 물을 것인가.

18-5. 心畓悶鬱, 彷徨超規, 忽聞何聲曰,「路上徘徊者, 誰耶.」

마음이 답답하고 민망하여 머뭇거리며 법규를 벗어나려 할 적에 홀연히 무슨 소리가 들리며 말하기를 "길 위에서 배회하는 사람은 누구냐."

18-6. 欣然回顧, 有聲無人. 或有疑端, 定心之定信, 訪仙目的也, 信之盆, 固之致, 過年風聞, 無疑仙招之音, 反有內固, 不憚前程之遠, 盡心竭力不畏豺狼之劫, 瞻彼五色雲處, 必是仙境. 漸入佳境, 香風吹來, 奇花瑤草, 一步一層, 飄然陟彼坮上, 萬里山野, 物物形形, 盡是眼前別界.

기뻐서 돌아보니 소리는 있었으나 사람은 없었더라. 혹 의심스러운 점도 있었으나 마음으로 작정한 정한 믿음은 신선을 찾는 것이 목적이라, 믿음을 더하고 굳게 나아가니 지난해에 떠도는 소문은 의심없는 신선이 부른 소리라. 도리어 속으로 굳건한 생각이 있어 앞길이 먼 것을 꺼리지 아니하고, 마음과 힘을 다하여 이리와 범을 무서워하는 겁도 없이 오색 구름 있는 곳을 바라보니, 필시 선경이라.

점점 아름다운 경지에 들어가니, 향기로운 바람이 불어오는 기이한 꽃과 아름다운 풀이라. 한 걸음에 한층계씩 나는 듯이 대 위에 올라가니 만리 산야에 모든 물상이 다 눈앞의 별세계라.

18-7.「何如是, 何如是乎.」翁笑曰,「美哉, 君之誠力, 與吾相孚.」
"어찌하여 이렇습니까?" 하니 늙은이가 웃으며 말하기를 "아름답다 그대의 정성이여, 나와 함께 서로 믿노라."

18-8. 仰問,「翁號誰也.」翁笑曰,「吾有名三, 信聽. 一曰, 靈, 二曰, 心, 三曰, 翁, 仙翁也者世人尊稱之號也. 不須多言, 君如是而問, 必有眞契, 願聞眞心也.」
우러러 묻기를 "늙은이의 호는 무엇입니까?" 하니, 늙은이는 웃으며 말하기를 "내 이름은 셋이 있으니 믿고 들으라. 첫째는 '영'이라 말하고, 둘째는 '마음'이라 말하고, 셋째는 '늙은이'라 하지마는, 신선 늙은이라 하는 것은 세상 사람들이 높혀서 일컫는 이름이니라. 많은 말을 할 것이 없이 그대가 이렇듯이 묻는 것도 반드시 참된 괴로움이 있을 것이니, 그 참된 마음을 듣기 원하도다."

18-9. 沈吟良久, 恭順正答曰,「我之爲人, 何之爲人, 我之爲國, 何之爲國, 我之爲世, 何之爲世. 問者三也.」
잠잠한 지 오래어 공순히 대답하기를 "나의 사람됨이 어떻게 사람이 되었으며, 나의 나라됨이 어떻게 나라가 되었으며, 나의 세상됨이 어떻게 세상이 되었습니까? 물을 것이 세 가지 있습니다."

18-10. 翁曰,「後必有然然明敎, 勿爲心急.」
늙은이가 말하기를 "후에 반드시 그런 것을 밝게 가르치리니, 마음을 급히 하지 말라."

18-11. 款曲相對, 忽然覺之, 仙境何處, 仙翁正是我心所形者.
매우 정답고 친절하게 대하다가 홀연히 깨달으니, 선경은 어디인가. 신선 늙은이는 바로 이 내 마음의 형상한 것이로다.

19. 우후청산(雨後靑山)

19-1. 山耶, 雨耶, 知天時而然耶, 無爲而化而然耶. 截彼南山, 雨後精神, 更新世界.
산아 비야, 한울의 때를 알고 그런 것이냐 무위이화로서 그런 것이냐. 분명하도다, 저 남산의 비온 뒤 정신이여, 다시 새로워진 세계로다.

19-2. 一團, 和氣祥風, 綠樹半舞, 紅花一笑.
한 덩어리 화한 기운과 상서로운 바람에 푸른 나무는 반춤을 추고 붉은 꽃은 한결같이 웃는구나.

19-3. 時乎時乎, 綠樹之綠耶, 紅花之紅耶. 經霜枯木, 何如是得意之春逢耶. 雨後朝天, 萬木一時而一新.

때여 때여, 푸른 나무가 푸른 것이냐 붉은 꽃이 붉은 것이냐. 서리 지난 마른 나무가 어쩌면 저렇듯이 뜻을 얻은 봄을 만났는가. 비온 뒤의 아침 한울에 모든 나무가 일시에 새로워지는구나.

19-4. 曰,「爾靑山, 知我否, 綠陰花色, 一帶自由之氣.」
나는 말하기를 "너 푸른 산아, 나를 아느냐 모르느냐. 푸른 그늘과 꽃빛은 한결같이 자유의 기운을 얻었구나."

19-5. 由是觀之, 山與花, 自由亦如是, 況惟我靑年, 不如山花乎.
이로 말미암아 보면 산과 꽃도 자유가 또한 이같거든 하물며 우리 청년이 산과 꽃만 같지 못할소냐.

19-6. 壯哉, 吾敎友靑年之自由精神, 亦勝於靑山, 豈不壯哉, 豈不樂哉.
장하다, 우리 교우 청년의 자유정신은 또한 푸른 산보다 승할 것이니, 어찌 장하지 않으며 즐겁지 아니하랴.

19-7. 用心而前進, 團體泰山, 目的, 保國. 敎中靑年, 形如喬岳卓立之氣像.
마음을 가다듬고 앞으로 나아감에 단체가 태산이요, 목적이 보국이라. 교중청년은 그 형상이 높은 산이 우뚝 솟은 듯한 기상이로다.

20. 아지정신(我之精神)

20-1. 人爲人之時, 天賜天之精神, 我爲我之一大機關也. 然則精神
二字莫重於我者, 精神我耶, 肉身我耶. 我之爲始, 自何方而來, 我爲
乎. 我爲乎, 我之前有也, 以無形之於有形也. 精神於我本位人, 故無
精神者, 乃失自由不言可想矣.

사람이 사람될 때에 한울이 한울의 정신을 주었으니, 이것은 내가
나된 한 큰 기관이니라. 그러면 정신이란 두 글자는 나에 있어 더
중한 것이 없으니, 정신이 나인가 육신이 나인가. 내가 처음에 어디
로부터 와서 내가 되었는가. 내가 된것은 나의 이전이 있을 것이니,
형상이 없는 것으로써 형상이 있는 것이라. 정신은 나의 근본자리
사람이므로, 정신없는 사람이 자유를 잃을 것은 말하지 않아도 상
상할 만하니라.

20-2. 天賜精神也, 大者天下, 中者一國, 小者個人也, 此三者, 其肥
個人, 至於國與天下者也. 如是觀之, 廣大天道敎之於我, 私有物我不
我. 誰我之乎. 願矣, 靑年敎友, 我精神, 我守, 我國精神, 我國守, 我
天精神, 我天守, 可守五萬年敎天定限哉.

한울이 준 정신은 큰 것이 천하요, 중 것이 한 나라요, 작은 것이 개
인이니, 이 세 가지는 그 개인이 살찌어 나라와 천하에 이르는 것이
니라.

이와 같이 보면 넓고 큰 천도교의 나는 사유물인 내가 아니니라.
누가 나인가. 원컨대 청년 교우는 내 정신을 내가 지키고, 내 나라

의 정신을 내 나라로 지키고, 내 한울의 정신을 내 한울로 지키어, 가히 오만 년 천도교의 한울이 정한 것을 지키라.

21. 삼화일목(三花一木)

21-1. 彼有一木, 木有三花, 彼木彼花兮, 眼觀榮花者, 是誰之功德耶. 春生之德, 人成之功.

저기에 한 나무가 있는데 나무에 세 가지 꽃이 피었도다. 저 나무의 저 꽃이여, 눈으로 빛난 꽃을 보는 사람은 이 누구의 공덕인가. 봄이 낳은 덕이요, 사람이 만든 공이로다.

21-2. 一木三花, 是何謂也. 譬於直言而出於天者, 一也, 各其名之而各敎也, 然則儒佛仙三敎, 本於天而至於各門者是也.

한 나무에 세 가지 꽃이란 무엇을 말함인가. 비유로 직언하면 한울에서 나기는 한 가지나 각각 그 이름이 각 교로 된 것이니, 유·불·선 삼교는 한울에 근본하였으나, 각각 문호를 달리한 것이 이것이니라.

21-3. 如是論之, 何必木花. 人之一身, 心有三思, 百年之間, 萬事俱成. 木與花春榮, 不如我天樂.

이처럼 말하면 어찌 반드시 나무와 꽃만일까. 사람의 한 몸에도 마음에 세 가지 생각이 있으나 백 년 사이에 모든 일을 함께 이루느니라. 나무와 꽃의 봄 영화도 내가 내 한울을 즐거워하는 것만 같지 못하니라.

21-4. 然而爲世, 三花之氣, 一春之功, 百年之事, 一身之役, 一木一花, 春心合, 一身一教, 天人合. 合則一也, 散則二也, 唯吾天道, 儒佛仙三合, 更是一木上, 三色花.

그렇게 세상이 되었으니 세 꽃의 기운은 한 봄의 공이요, 백년의 일은 한 몸의 역사요, 한 나무의 한 꽃은 봄마음이 합함이요, 한 몸의 한 교는 한울과 사람이 합한 것이라. 합하면 하나요 헤어지면 둘이니 오직 우리 천도는 유불선 셋이 합일된 것이요, 다시 이것은 한 나무 위에 세 빛깔의 꽃과 같은 것이니라.

22. 권도문(勸道文)

'도'라는 것은 사람이 한갓 지켜서 사업만 할 뿐 아니라, 진리를 온전히 체득하여 어김이 없게 함이니, 어찌 삼가지 아니하리오.

사람이 세상에 남에 한울 성품으로 말미암지 아니함이 없건마는 능히 그 성품을 거느리는 이가 적고, 누구나 집에서 살지 않는 이가 없건마는 그 집을 잘 다스리는 이가 적으니, 어찌 민망치 아니하리오.

성품을 거느리니 한울이 있고 집을 다스리니 도가 있는지라, 어찌 한울과 도가 멀다하리오. 그러므로 한울은 만물을 낳고 도는 일을 낳나니, 어찌 물(物)과 일이 또한 멀다 하리오. 물은 일을 낳고 일은 먹는 것을 낳는지라. 어찌 일과 다만 밥을 또한 멀다 하여 어길 바리오. 이러므로 한울이 없으면 생함이 없고, 생함이 없으면 먹는 바 없고, 먹는 바 없으면 일이 없고, 일이 없으면 도가 없을지니라.

이런고로 한울은 화생하는 직분을 지키므로 잠간도 쉬고 떠나지 못하는 것이라.
만일 한울이 일분 일각이라도 쉬게 되면 화생변화지도가 없을 것이요, 사람이 또한 일용지도를 잠시라도 떠나게 되면 허령창창한 영대가 가난하고 축날 것이라. 이러므로 수고롭고 괴롭고 부지런하고 힘쓰는 도는 금수라도 스스로 지키어 떠나지 않거든 하물며 사람이야 이것을 저버리며 떠날 바리오.

두려워하고 삼가함은 더욱 군자의 절중함이라. 군자는 능히 이 사단을 지키어 천도를 순히 함이니, 어찌 삼가지 아니하리오.
대저 천도가 여기에 지날 바 없는지라, 삼가 지킬진저!

우리 대선생님께서 경신 사월 초오일에 강령지법을 지어 사람으로 하여금 한울님 모심을 알게 함이요, 한울님 모심을 알면 가히 한울님 말씀함을 알지라, 어찌 의심할 바 있으리오. 사람이 이것을 다 지키면 수심정기 할 것이요, 만일 지키지 못하면 배천 역리함이라.

한울은 사람에 의지하여 변화가 무궁하고, 사람은 밥에 의지하여 만사를 행하는지라, 어찌 도를 멀리 구하며 능히 근본을 깨달아 지키지 아니하리오.

모름지기 사람마다 신령한 마음이 있어 입으로 말하고 귀로 듣고 눈으로 보고, 수족이 있어 능히 동정함으로써 만사를 능히 다하여, 마시고 먹고 입는 바는 도시 다른 바 없건마는 그 근본을 알아 지키는 것이 적으므로, 한울을 등져서 영대가 혼미하고 진실로 한울님의 도우심을 받지 못하는지라.
군자는 이것을 능히 알고 순히 지켜서 잠시라도 떠남이 없으므로, 영대가 한울같이 신령하고 그 밝음이 일월같고 그 앎이 귀신같아서, 천지로 더불어 그 덕을 합하고 일월로 더불어 그 밝음을 합하고 귀신으로 더불어 그 길흉을 합할지라.

근래에 들으니 혹 입도한 지 수삭이 못 되어 발령이 되어 스스로 아는 바 있어 능히 도를 통하였다 하니, 진실로 민망하도다. 이같이 발령이 속히 되는 것은 천하 사람으로 하여금 한울님의 가르침을 알게 함이니라.
이와같이 한울님이 가르치시는 이 운수에, 만일 실상을 알아 잘 지키는 사람이 있으면 능히 천지로 더불어 조화를 운용할지라, 삼가 지켜 어기지 말지어다. 만일 우리 선생님의 도가 아니시면 어찌 창생을 건지리오. 이러므로 오직 "수명을랑 내게 비네" 하신 것이라.
방금 성령이 현세하여 밝음이 엄숙한지라, 능히 근본을 알아 지키는 데에는 선생의 밝은 도로써 명하여 가르치심이 있어, 홀로 묘연한 사이에 받음을 알 터이요, 만일 이 이치를 어기는 사람은 만일지공(萬日之功)이 있어도 한울님과 스승님의 가르치심을 받지 못할 터이니, 진실로 애석하도다.

이 몸은 선천이기(先天理氣)로 화생함이요 이 마음은 후천이기(後天理氣)로 받음이라, 이런고로 세상사람이 한울님을 모시지 아니함이 아니언마는, 후천 운수를 알아 지키지 아니하면 한울이 간섭치 아니하는 바, 한울이 간섭치 아니하면 오직 사람의 중함으로도 놀다가도 죽고, 자다가도 죽고, 섰다가도 죽고, 앉았다가도 죽을지라, 이와 같이 죽음이 무상한 것은 그 간섭치 아니함을 반드시 알지라. 만일 지키는 사람도 이 운수의 근본을 알지 못하면, 설령 정성이 지극할지라도 한울이 간섭치 아니할 터이니 깨닫고 생각하라.

이런고로 "한울님께 복록정해 수명을랑 내게 비네" 하신 바라. 복록은 의식이라 의식은 선천 후천이 다른바 없는지라, 밥은 한울님 은혜를 생각하고, 도는 스승님 은혜를 생각할 것이니, 삼가 파혹하여 대도를 순성하라. 은혜를 생각한다 하여도 그 근본을 알아 힘써 지키지 아니하면 어찌 한울님의 감동함이 있으리오. 실상을 알고 지키어 대도 견성하기를 바라노라.

23. 강론경의(講論經義)

23-1. 互相問議, 透徹道德. 勞而有得, 逸而無成, 勉之戒之.
서로 뜻을 물어 도덕을 투철히 하라. 수고하면 얻는 것이 있고 안 일하면 이루는 것이 없으니 힘쓰고 경계하라.

23-2. 「侍天主造化定」, 根本, 「永世不忘萬事知」, 鍛鍊也, 至化至氣, 至於至聖者, 豈非正理乎.
"시천주 조화정"은 근본이요 "영세불망 만사지"는 단련이니, 지기와 지극히 화하여 지극한 성인에 이르는 것이 어찌 정당한 이치가 아니겠는가.

23-3. 「侍者, 內有神靈, 外有氣化.」, 海月先生主, 分析曰, 「內有神靈者, 落地初赤子心也. 外有氣化者, 胞胎時降靈也.」 此說, 至矣盡矣.
"모셨다는 것은 안에 신령이 있고 밖에 기화가 있다"는 것을 해월신사께서 분석하여 말씀하시기를 "안에 신령이 있다는 것은 땅에 떨어진 처음 어린아이의 마음이요, 밖에 기화가 있다는 것은 포태될 때에 영이 강림한 것이라" 하였으니 이 말씀이 지당하고 극진한 것이니라.

23-4. 然而道德者, 罔有內外, 神靈, 氣化, 初非二致, 一理中, 散之理也, 呪文註譯, 「內有神靈」, 論學章, 「外有接靈之氣」 爲敎則, 靈與氣, 本非兩端, 都是一氣也.

그러나 도덕이란 것은 안과 밖이 있을 수 없으니 신령과 기화는 처음에 둘로 된 것이 아니라 한 이치 속에서 흩어진 이치요, 주문 해석의 "내유신령"과 논학문의 "외유접령지기"라고 가르친 것은, 곧 영과 기운이 본래 둘이 아니요 도시 한 기운이니라.

23-5. 天與人, 分言, 心之依身, 如天之依萬物也.
한울과 사람을 갈라서 말하면, 마음이 몸에 의지한 것이 한울이 만물에 의지한 것과 같으니라.

23-6. 「心兮本虛, 應物無跡.」, 虛靈, 如無形而有跡.
"마음은 본래 비어서 물건에 응하여도 자취가 없다"고 하나 허령은 형상이 없는 듯하나 자취가 있느니라.

23-7. 心與天, 本無二物, 心卽天, 天卽心, 守其心, 正其氣, 無所不通也.
마음과 한울은 본래 두 물건이 아니니 마음이 곧 한울이요 한울이 곧 마음이라, 그 마음을 지키고 그 기운을 바르게 하면 통하지 못할 것이 없느니라.

23-8. 「主」者, 尊崇天地父母之意也, 「造化」者, 無爲, 無爲卽玄妙, 玄妙卽鬼神, 鬼神者, 難形難測, 知者, 知矣, 實所難言處也.
"님"이란 것은 천지부모를 존경하고 숭배하는 뜻이요, "조화"란 것은 함이 없는 것이요, 함이 없는 것은 곧 현묘요, 현묘는 곧 귀신이요, 귀신은 형상하기 어렵고 헤아리기 어려운 것이라, 아는 사람은 아나 실로 말하기 어려운 것이니라.

23-9. 「定」者, 合天德, 定天心, 始成人之形體, 故曰「合其德, 定其心也.」「知」者, 的知此受, 天之理氣然後, 能受天之指敎, 故曰, 「知其道而受其知」也.

"정"이란 것은 천덕에 합하고 천심을 정하여 비로소 사람의 형체를 이룬 것이므로 말씀하시기를 "합기덕 정기심"이라 하였고, "지"란 것은 적실히 이것이 한울님께 받는 이치 기운이란 것을 안 뒤에야 능히 한울님의 가르침을 받으므로 말씀하시기를 "지기도이수기지"라 하였느니라.

23-10. 是故, 十三字其文, 爲人之根本也, 透徹根本, 則能通造化, 無所不爲, 敢發愚見, 以爲僉君子, 不恥下問之資.

이러므로 십삼자 주문은 사람 된 근본이니 근본을 투철히 하면 능히 조화를 통하여 하지 못할 것이 없겠기에, 감히 어리석은 소견을 말하여 여러분을 위하여 불치하문의 자료로 삼노라.

23-11. 或曰, 「侍者, 影也.」影者, 氣形之隨物也.

어떤이는 말하기를 "모신 것은 그림자라" 하니 그림자라는 것은 기운과 형체를 따르는 물형이니라.

24. 위생보호장(衛生保護章)

24-1. 物有始終하니 始終은 理氣變化之自爲也라. 故로 春夏에 生成하고 秋冬에 黃落하나니 此는 現今目的之機也라 豈有疑端이리오. 方今世界는 衛生을 甚要하나 人皆是 定命을 不充함은 無他라 其實은 生하는 根本을 不知함이요 抑又 知者或有라도 經緯를 能守치 못하는 바라 能知能行하면 어찌 命을 充치 못하리오.

물건은 처음과 나중이 있으니 처음과 나중은 이치와 기운이 변화하여 스스로 되는 것이므로, 봄과 여름에 생장하고 가을과 겨울에 시들어 떨어지나니, 이것은 현재 눈으로 적실하게 보는 것이라 어찌 의심이 있겠는가. 방금 세계는 위생을 심히 중요하게 여기나 사람이 다 정한 명을 살지 못하는 것은 다름 아니라 그 실은 사는 근본을 알지 못하기 때문이요, 또는 아는 사람이 혹 있다 할지라도 그대로 능히 지키지 못하기 때문이라, 능히 알고 능히 행하면 어찌 명대로 살지 못하겠는가.

24-2. 大抵 生하는 根本은 陰陽動靜造化之理也라 豈易斷言이리오마는 略言하면 天生萬物은 人皆言而知之요 胞胎化生도 亦皆目見이라 實理를 不知故로 定命不充이라.

무릇 사는 근본은 음양 동정 조화의 이치라, 어찌 쉽게 단언하리오마는 대강 말하면 한울이 만물을 내었다는 것은 사람마다 말하고 아는 것이요, 포태로 화생하였다는 것도 또한 다 눈으로 보는 것이나, 실지 이치를 알지 못하므로 정한 명을 채우지 못하느니라.

24-3. 人의 化生之初로 言하면 淳然한 陰陽理氣의 交應된 바어니와 形을 成한 것으로 言하면 其父母胞胎로부터 成하는 바요, 生하는 것으로 言하면 自然히 生하는 것이 當當한 理致라. 生함에 氣가 接하고 氣가 接함에 비로소 四肢가 動하고 耳目이 開하여 能히 動靜함이 俱備하니 是는 何故也오. 心, 性, 精, 三者而已라.

사람이 화생하는 처음으로 말하면 순연한 음양이기가 교응된 것이어니와, 형상을 이룬것으로 말하면 그 부모의 포태로부터 이룬 것이요, 낳는 것으로 말하면 자연히 낳는 것이 당당한 이치이니라. 나면 기운이 접하고 기운이 접하면 처음으로 사지가 움직이고 귀와 눈이 열리어 능히 동정을 갖추나니, 이것은 어떤 연고인가. 마음과 성품과 정기 세 가지일 따름이니라.

24-4. 三段을 分言하면 心은 氣也요, 性은 質也요, 精은 腦骨肺腑 個個節節을 應하여 在한 바니라.

세 가지를 나누어 말하면 마음은 기운이요, 성품은 바탕이요, 정은 뇌수와 골격과 폐부 개개 절절을 응하여 있는 것이니라.

24-5. 動作의 造化로 言하면 心이 先發하여 精을 動하고 精이 發함에 體가 動하는 것이라. 故로 人이 動作할 때에 心을 先發하여 四肢에 血脈精神이 通한 後에 動作하여야 相違가 되지 않는 것이요, 또한 말을 할 때에도 心을 先發하여 靜脈이 相通한 後에 言을 發하면 血氣가 減損되지 아니하나 無心中에 言을 發하면 氣血이 大傷하고 飮食도 無心中 猝地에 飮食하면 害가 有하며 起居도 無心中

猝地에 動하면 害가 有하나니 愼之愼之하라.

동작의 조화로 말하면 마음이 먼저 발하여 정을 움직이고 정이 발함에 몸이 움직이는 것이라. 그러므로 사람이 움직일 때에 마음을 먼저 발하여 사지에 혈기와 정신이 통한 뒤에 동작하여야 서로 어김이 없는 것이요, 또한 말할 때에도 마음으로 먼저 생각하여 정과 맥이 서로 통한 뒤에 말을 하면 혈기가 감손되지 아니하나, 무심중에 말을 하면 기운과 피가 크게 상하고 음식도 무심중 급하게 먹고 마시면 해가 되며, 보통 기거할 때에도 무심중 급하게 움직이면 해가 되는 것이니 삼가하고 삼가하라.

24-6. 大盖 三端으로 말하면 全體에 心이 主宰라 利害가 都是在於心이니 第一 心을 團束함이 可하니라.

대개 세 가지로 말하면 전체 마음이 주재라, 이가 되고 해가 되는 것이 도무지 마음에 있으니 첫째 마음을 잘 단속함이 옳으니라.

24-7. 第一은 守心이니 人이 心을 暫時도 精脈에서 떠나지 않게 할 것이라. 떠나지 않게 하는 方法은 日用行事間 念念不忘하여 三端을 相違케 말 것이며,

첫째 수심이니, 사람이 마음을 잠시라도 정맥에서 떠나지 않게 할 것이라. 떠나지 않게 하는 방법은 일용행사간에 생각하고 생각하여 잊지 말고 세 가지를 서로 어김이 없게 할 것이며,

24-8. 第二는 正氣니 喜怒哀樂을 過度히 말 것이라. 怒가 過하면

驚脈이 不通하고 哀가 過하면 靜脈이 不化하고 喜樂이 過하면 散脈
이 不調하나니 必是大害가 有할지니 愼之愼之하라.

둘째 정기니, 기쁘고 성나고 슬프고 즐거운 것을 과도하게 말 것이
라. 성나는 것이 과하면 경맥이 통하지 못하고, 슬픈 것이 과하면
정맥이 화하지 못하고, 기쁘고 즐거운 것이 과하면 산맥이 고르지
못하나니, 이는 반드시 큰 해가 되는 것이라 삼가고 삼가라.

24-9. 第三은 飮食調節이니 飮食이 過하면 胃가 溢하고 胃가 溢
하면 經絡이 不調하여 消化치 못하는 故로 害가 多하니라. 人이 食
하는 物이 多하되 其中五穀은 純然한 精氣라 利가 有하고 餘外之
物은 利害가 相伴하나 제일 肉類는 害가 多하며 酒類도 또한 多害
하니라.

셋째 음식 조절이니, 음식이 과하면 위가 넘치고, 위가 넘치면 경락
이 고르지 못하여 소화를 잘하지 못하므로 해가 많으니라. 사람이
먹는 물건이 많되 그중에 오곡은 순연한 정기라 이가 되고, 기타의
물건은 이해가 서로 절반이 되나, 제일 고기류는 해가 많으며 술도
또한 해가 많으니라.

24-10. 第四는 居處와 淸潔이니 土屋이라도 內外를 朝夕으로 灑
掃하고 居處를 淨潔히 하여 또는 近處에 水를 棄하지 말라. 腐敗하
여 惡臭가 나면 有害하며 日日團束하여 修灑할 것이며 또는 몸을
자주 沐浴하라. 몸에 汗塵이 많으면 有害하니라.

넷째 거처와 청결이니 비록 흙집이라도 안과 밖을 아침 저녁 닦고

쓸고 거처를 깨끗이 하며, 또는 집 근처에 물을 버리지 말라. 부패하여 악취가 나면 유해하며, 날마다 단속하여 닦고 깨끗이 할 것이며, 또는 몸을 자주 목욕하라. 몸에 땀과 때가 많으면 유해하니라.

24-11. 衛生保護하는 法과 民生保護하는 法과 財産保護하는 法은 道之宗旨라. 爲先 衛生保護하는 緊路를 記錄하여 頒布하니 先試施行을 千萬伏祝.
위생을 보호하는 법과 민생을 보호하는 법과 재산을 보호하는 법은 도의 종지이니라. 우선 위생을 보호하는 긴요한 방법을 기록하여 반포하니 먼저 시험하고 시행하기를 천만 바라노라.

25. 천도교(天道敎)와 신종교(新宗敎)

25-1. 天道敎는 天道敎人의 私有物이 아니요 世界人類의 公有物이니라.
천도교는 천도교인의 사유물이 아니요 세계인류의 공유물이니라.

25-2. 天道敎는 門戶的宗敎가 아니요 開放的宗敎니라. 天道敎는 階級的宗敎가 아니요 平等的宗敎이며 區域的宗敎가 아니요 世界的宗敎이며 偏頗的宗敎가 아니요 廣博的宗敎이며 人爲的宗敎가 아니요 天然的宗敎인 今不聞古不聞 今不比古不比之新宗敎也니라.
천도교는 문호적 종교가 아니요 개방적 종교이니라. 천도교는 계급적 종교가 아니요 평등적 종교이며, 구역적 종교가 아니요 세계적 종교이며, 편파적 종교가 아니요 광박적 종교이며, 인위적 종교가 아니요 천연적 종교로서, 지금에도 듣지 못하고 옛적에도 듣지 못하였으며, 지금에도 비할 수없고 옛적에도 비할 수 없는 새로운 종교이니라.

26. 신앙통일(信仰統一)과 규모일치(規模一致)

26-1. 各自自己의 習慣天을 믿지말고 오직 自我本來天主를 믿는 것으로써 信仰統一을 하라.
각자가 자기의 습관천을 믿지 말고, 오직 자아본래의 한울님을 믿는 것으로써 신앙을 통일하라.

26-2. 敎會의 全體幸福은 敎人의 信仰統一과 規模一致가 되는 데 있나니라.
교회의 전체 행복은 교인의 신앙통일과 규모일치가 되는 데 있느니라.

26-3. 信仰統一은 먼저 精神統一에서 시작되는 것이니 經典의 文句만을 逐究치 말고 오로지 大道의 眞理를 直覺하는데 努力하여 조용히 天地未判前의 消息을 들으라.
신앙통일은 먼저 정신통일에서 시작 되는 것이니, 경전의 문구만을 따져서 연구하지 말고 오로지 대도의 진리를 직각하는 데 노력하여, 조용히 한울 땅이 생기기 이전의 소식을 들으라.

26-4. 다음은 規模一致니 規模一致는 卽行動統一이니라. 各自 自己의 知力으로 判斷하여 自行自止하지말고 오직 社會(敎會)의 決議에 依하여 制定된 規範을 絶對嚴守하라.

다음은 규모일치니 규모일치는 곧 행동통일이니라. 각자 자기가 아는 지식의 힘으로 판단하여 제 마음대로 했다 말았다 하지 말고 오직 사회(교회)의 결의에 의하여 제정된 규범을 절대 엄수하라.

26-5. 家族에는 家族社會 國家에는 國家社會 敎會에는 敎會社會 人類에는 人類社會가 有하니 吾敎會의 人乃天의 一大目的과 性身換信 規模一致 至仁公愛의 三大綱領과 誠敬信法 四科와 呪文·淸水·誠米·侍日·祈禱의 五款實行은 敎會로서 制定한 唯一한 規模니라.

가족에는 가족사회 국가에는 국가사회 교회에는 교회사회 인류에는 인류사회가 있으니, 우리 교회의 인내천의 일대목적과 성신환신·규모일치·지인공애의 삼대강령과 성경신법 사과와 주문·청수·성미·시일·기도의 오관실행은 교회로서 제정한 유일한 규모니라.

26-6. 世界는 廣海요 吾敎는 汽船같으니 敎人이 敎會生活을 하는 것은 汽船中海上生活과 如하니라 汽船은 九十九分을 水力으로 活

動함과 如히 吾敎人은 九十九分을 天力으로 生活하는 者니라.

세계는 넓은 바다와 같고 우리교는 기선과 같으니, 교인이 교회생활하는 것은 기선 위에서 해상 생활을 하는 것과 같으니라. 기선은 구십구분을 물의 힘으로 움직이는 것과 같이 우리 교인은 구십구분을 한울의 힘으로 살아가는 사람이니라.

26-7. 敎人으로서 敎會의 德化를 不知함은 堯舜之世에 堯舜의 德化를 不知함과 如하니라. 我의 目的한 바와 諸君의 目的한 바가 이미 同一하고 諸君의 目的한 바와 大神師의 目的한 바가 또한 同一한 것이니 同一한 目的을 達成하려면 精神이 一致해야 하나니라. 吾人의 本來精神이 꼭 一致하고보면 天下를 驅하여 動코자 하여도 敢히 動치 못하나니라.

교인으로서 교회의 덕화를 알지 못함은 요순 때에 요순의 덕화를 알지 못함과 같으니라. 나의 목적한 바와 여러분의 목적한 바가 이미 같고, 여러분의 목적한 바와 대신사의 목적한 바가 또한 같은 것이니, 같은 목적을 달성하려면 정신이 일치해야 하느니라. 우리의 본래 정신이 꼭 일치하고 보면 천하가 달려들어 움직이고자 해도 감히 움직이지 못하느니라.

26-8. 敎人으로서 만일 이러한 眞理를 不信한다면 우리의 目的을 어떻게 達成하겠는가. 目的達成에 希望이 있는 者는 먼저 眞實一致한 精神으로 過去의 精神을 刷新하여야 하나니라.

교인으로서 만일 이러한 진리를 믿지 않는다면 우리의 목적을 어떻게 달성하겠는가. 목적 달성에 희망이 있는 사람은 먼저 진실하고 일치한 정신으로 과거의 정신을 쇄신해야 하느니라.

26-9. 우리가 恒常 지켜야 할 條件은 信仰을 九十九分으로 하고 規制를 一分으로 할 것이니 敎會에서 制定한 一分의 規制를 一個 自己의 知力으로 判斷하여 만약 이를 遵行치 않으면 이는 敎人資格 을 喪失하는 것이라. 一分의 規制를 違反하는 者가 어찌 九十九分 의 信仰을 할 수 있겠느냐.

우리가 항상 지켜야 할 조건은 신앙을 구십구분으로 하고 규제를 일분으로 할 것이니, 교회에서 제정한 일분의 규제를 한개 자기의 지력으로 판단하여, 만약 이것을 준행치 않으면 이는 교인 자격을 상실하는 것이라. 일분의 규제를 위반하는 사람이 어떻게 구십구분 의 신앙을 할 수 있겠느냐?

26-10. 吾敎의 重要한 規制는 五款實行이니 敎人된 者는 누구나 이것을 實地로 體行하라.

우리 교의 중요한 규제는 오관실행이니 교인된 사람은 누구나 이것 을 실지로 체행하라.

27. 원자분자설(原子分子說)

27-1. 原子는 空氣中 原素之一種이니 無相離存在之理也요. 分子

는 各原子相合而生成者也니 水素與水素 相合則 團體也 水素與酸素
相容相合則 複體也니 是는 皆天地 萬物化生之氣也니라.

원자는 공기 가운데 원소의 일종이니 서로 떠나있는 이치가 없는
것이오. 분자는 각 원자가 서로 모이어 생성한 것이니 수소와 수소
가 서로 모이면 단체요, 수소와 산소가 서로 용납하여 서로 모이면
복체니, 이는 다 천지만물 화생의 기운이니라.

28. 몽중문답가(夢中問答歌)

천봉만학(千峯萬壑) 기암괴석(奇巖怪石) 화중강산(畵中江山) 분명
(分明)하다
천파만절(千波萬絶) 강수성(江水聲)은 노상행인(路上行人) 상심처
(傷心處)요
청산녹림(靑山綠林) 두견성(杜鵑聲)은 불여귀(不如歸)를 일삼는다
화류춘풍(花柳春風) 호시절(好時節)을 거연(遽然)히 보냈으니
무정세월(無情歲月) 분명(分明)하다 호월춘풍(皓月春風) 명월야(明
月夜)에
홀로앉아 생각하니 추우오동(秋雨梧桐) 엽락시(葉落時)는
날로두고 일렀도다 백운심처(白雲深處) 수간초옥(數間草屋)
인간풍속(人間風俗) 몰랐으니 무릉도원(武陵桃園) 분명(分明)하다
인간풍속(人間風俗) 괴이(怪異)하여 불고천명(不顧天命) 아닐런가
매매사사(每每事事) 한탄(恨歎)하다 홀연(忽然)히 잠이드니

침상일몽(沈上一夢) 괴이(怪異)하다 청풍명월(淸風明月) 희미한데

장원호접(莊園蝴蝶) 날아와서 길을 인도(引導) 따라가니

험(險)하도다 험(險)하도다 천봉만학(千峯萬壑) 험(險)하도다

평생기력(平生氣力) 다하여서 불고사생(不顧死生) 따라가니

산(山)도 많고 물도많아 한(限)이 없는 그길이라

천신만고(千辛萬苦) 따라가서 한곳에 당도(當到)하여

좌우(左右)를 바라보니 물도없고 산(山)도없네

호호망망(浩浩茫茫) 난형처(難形處)를 호접(蝴蝶)이 인도(引導)하여

한편으로 들어갈세 홍교백교(紅橋白橋) 넓은길로

천천히 들어가니 호호망망(浩浩茫茫) 넓은천지(天地)

수중세계(水中世界) 분명(分明)하다 갈바를 전혀몰라

호접(蝴蝶)을 돌아보니 불견기처(不見其處) 되었더라

정신(精神)이 황홀(恍惚)하여 길이앉아 탄식(歎息)하고

수심정기(守心正氣) 다시하여 호접거처(蝴蝶去處) 살필즈음

홀연(忽然)히 뇌성벽력(雷聲霹靂) 녹수세계(綠水世界) 뛰노면서

정신수습(精神收拾) 못할러라 일심정기(一心精氣) 다시모아

수심정기(守心正氣) 단좌(端坐)하여 동정(動靜)을 살피더니

차차차차(次次次次) 고요하여 일월(日月)이 명랑(明朗)하며

난데없는 물 한점(點)이 차차차차 벌어질 때

그거동(擧動) 난형(難形)이라 정심정기(正心正氣) 단속(團束)하고

일편단심(一片丹心) 단좌(端坐)하여 자상(仔詳)히 살펴보니

북방수기(北方水氣) 일어나며 사방(四方)으로 점(點)을치고

청홍단색(靑紅丹色) 고운실로 팔방(八方)에다 줄을매고

동서남북(東西南北) 중앙(中央)에다 마음심(心)자 기둥하여
한데매어 세워놓고 태극도(太極圖)로 돌려내니
궁을체격(弓乙體格) 분명(分明)하다 일년삼백 육십일(一年三百 六
十日)과
일일십이(一日十二) 열두시각(時刻) 동서남북(東西南北) 이십사방
(二十四方)
방위(方位)대로 돌려가니 천지도수(天地度數) 분명(分明)하다
일월정기(日月精氣) 모아들어 태음태양(太陰太陽) 눈이되고
청풍정기(淸風精氣) 모두모아 정신(精神)으로 귀가되고
동서남북(東西南北) 사지(四肢)되고 오색단청(五色丹靑) 고운물로
피육골격(皮肉骨格) 갖추어서 사람형상(形像) 완연(宛然)하다
신기(神奇)하기 짝이없어 정신(精神)차려 살펴보니
선풍도골(仙風道骨) 분명(分明)하고 세상(世上)사람 아닐러라
기골(氣骨)도 좋거니와 풍신(風身)도 장(壯)하도다
신선(神仙)일세 분명(分明)하여 괴이(怪異)여겨 살펴보니
물결이 용용(溶溶)하며 난데없는 표표소년(飄飄少年)
홀연(忽然)히 들어와서 공순사배(恭順四拜) 하온후에
궤슬단좌(跪膝端坐) 다시앉아 수련성음(修煉聲音) 순(順)케내어
본연이치(本然理致) 묻자오니 묵묵부답(黙黙不答) 말이없이
무수힐난(無數詰難) 애걸(哀乞)하니 수중천지(水中天地) 운동(運動)
하며
입을열어 말씀하니 다른말씀 바이없어
음양(陰陽)이치 천지순환(天地循環) 잠간설화(暫間說話) 덮어두고

만물화생(萬物化生) 조화지리(造化之理) 이와같이 대강하고

매매사사(每每事事) 교훈(敎訓)해서 다른할말 바이없고

백천만물(百千萬物) 되는이치(理致) 이와같이 되는거니

불망기본(不忘其本) 부디말고 경천순천(敬天順天) 하였어라

천고청비(天高聽卑) 그문자(文字)와 천생만민(天生萬民) 그말이며

기심기천(欺心欺天) 되는줄을 이제 정녕(叮嚀) 알겠더냐

호호망망(浩浩茫茫) 넓은천하(天下) 오곡백곡(五穀百穀) 마련할 때

음양이기(陰陽理氣) 조화(調和)되어 우로중(雨露中)에 마련해서

만민(萬民)에게 녹(祿)을 정(定)해 이십사방(二十四方) 혈기(血氣)
쫓아

그기운(氣運) 돕게 하고 천지음양(天地陰陽) 건곤(乾坤)으로

남녀(男女)마련 짝을 정(定)코 선천후천(先天後天) 그이치(理致)로

부자인륜(父子人倫) 완성(完成)하고 사시순환(四時循環) 이치(理致)
붙여

인간화복(人間禍福) 마련하고 금목수화(金木水火) 오행지리(五行
之理)

중앙토(中央土)가 주장(主張)이라 천하만국(天下萬國) 이 이치(理
致)로

만민생활(萬民生活) 마련하고 일월영허(日月盈虛) 이 이치(理致)로

인간부귀(人間富貴) 순환(循環)하고 사시성쇠(四時盛衰) 되는 이치
(理致)

생사수명(生死壽命) 마련해서 일동일정(一動一靜) 언어동작(言語
動作)

용심선악(用心善惡) 하는일이 조화(造化)로서 하는 거니

이대로만 하게되면 순환지리(循環之理) 불구(不久)하여

좋은시절(時節) 정(定)할테니 어찌 아니 좋을소냐

요순세계(堯舜世界) 다시와도 이와 같진 못할테요

삼황오제(三皇五帝) 다시온들 이에서 지날소냐

좋을시고 좋을시고 오만년(五萬年)의 회복지운(回復之運)

희호세계(熙皥世界) 분명(分明)하다 불망기본(不忘其本) 그 이치

(理致)를

염념불망(念念不忘) 잊지말아 한탄(恨歎)말고 있게 되면

너의소원(所願) 이루리라 축문(祝文)지어 현송(現誦)하며

불고사생(不顧死生) 맹서(盟誓)해서 삼재인륜(三才人倫) 다시정

(定)해

다짐맹서(盟誓) 하는줄을 내가어찌 모를소냐

이대로만 하게되면 돌아오는 그때에는

음양조화(陰陽造化) 다알아서 주찰천하(周察天下) 할 터이오

소원(所願)대로 행(行)할테니 한탄(恨歎)말고 돌아가서

너의 사장(師丈) 교훈(敎訓)받아 일사위법(一事違法) 하지 말고

차제도법(次第道法) 밝혀내어 순리순수(順理順受) 하였어라

수작(酬酌)하는 그거동(擧動)을 잠심(潛心)하여 보다가서

봉황(鳳凰)의 울음소리 홀연(忽然)히 잠을깨니

불견기처(不見其處) 되었더라

전후좌우(前後左右) 살펴보니 침상일몽(枕上一夢) 그뿐일세

29. 무하사(無下詞)

용담(龍潭)에 물이있어 근원(根源)이 깊었으니
사해(四海)에 둘렸도다 검악(劍岳)에 꽃을심어
임자를 정(定)했으니 화개소식(花開消息) 분명(分明)하다
동풍삼월(東風三月) 이때로다 십오야(十五夜) 밝은달은
사해(四海)에 밝아있고 이화도화(李花桃花) 만발(滿發)하여
만화방창(萬花方暢) 아닐런가 백화작작(百花灼灼) 그가운데
정전(庭前)에 일지매(一枝梅)는 표일(飄逸)한 절개(節介)로서
은연(隱然)히 빛을감춰 정절(貞節)을 지켰도다
가련(可憐)하다 가련(可憐)하다 화류춘풍(花柳春風) 호시절(好時節)을
무연(憮然)히 보냈으니 황국단풍(黃菊丹楓) 아닐런가
상풍(霜風)이 대작(大作)하여 백설(白雪)을 날렸도다
벽공(碧空)에 걸린달은 추풍(秋風)에 정신(精神)모아
서산(西山)에 나려있고 만화방창(萬花方暢) 붉은꽃은
화락무성(花落無聲) 아닐런가 가련(可憐)하다 가련(可憐)하다
적막(寂寞)한 공창(空窓)앞에 인적(人迹)이 없었으니
화개소식(花開消息) 누가알꼬 정전(庭前)에 심은 매화(梅花)
향풍(香風)에 뜻을내어 지지발발(枝枝發發) 날로피어
백설(白雪)을 웃었으니 화개소식(花開消息) 분명(分明)하다
더디도다 더디도다 나귀등에 오는손은
이런소식(消息) 모르고서 편답강산(遍踏江山) 무슨일고

춘몽(春夢)을 불각(不覺)하여 정신수습(精神收拾) 못했도다

세상풍진(世上風塵) 고해중(苦海中)에 무릉소식(武陵消息) 어찌알꼬

무릉도화(武陵桃花) 흐르는물 사해(四海)에 흘렀거든

어주(漁舟)를 벗을삼아 비월비시(非月非時) 그때로서

찾아오기 분명(分明)토다 적막(寂寞)한 공창(空窓)앞에

표연(飄然)히 홀로서서 정절(貞節)을 지켰으니

군자낙지(君子樂地) 아닐런가 그럭저럭 지내나니

유수(流水)같이 빠른광음(光陰) 일순(一瞬)같이 지내나니

서산(西山)에 운권(雲捲)되고 춘풍삼월(春風三月) 또있도다

이때로다 이때로다 정당삼월(正當三月) 이때로다

남산북산(南山北山) 그가운데 동산서산(東山西山) 일체(一體)로써

일조방창(一朝方暢) 되었더라 나귀등에 오는손이

이제야 잠을깨어 호접(蝴蝶)에 신(信)을붙여

꽃을따라 찾아가니 바쁘도다 바쁘도다

나귀걸음 재촉하여 화개문전(花開門前) 당도(當到)하여

마상(馬上)에 얼른나려 공창(空窓)앞에 사배(四拜)하고

일지매(一枝梅) 부여잡고 일장탄식(一場歎息) 한참하고

만단수회(萬端愁悔) 한참할 때 반공(半空)에 옥적(玉笛)소리

홀연(忽然)히 들리더니 오운(五雲)이 영롱(玲瓏)하고

향취(香臭)가 진동(震動)하며 학(鶴)의소리 가깝도다

정신(精神)이 쇄락(灑落)하여 공수합장(拱手合掌) 의지(依支)하여

동정(動靜)을 살피더니 표연(飄然)한 학발노인(鶴髮老人)

불문곡직(不問曲直) 나려와서 학(鶴)의 등에 얼른나려

당상(堂上)에 좌정(座定)하여 일지매(一枝梅)를 어루만져

희희낙락(喜喜樂樂) 아닐런가 마상(馬上)에 이른손이

정하(庭下)에 사배(四拜)하니 묵묵부답(黙黙不答) 아닐런가

이윽히 생각(生覺)타가 낭중(囊中)의 일편물(一片物)을

완연(宛然)히 내어들고 마상(馬上)에 걸어주며

여차여차(如此如此) 분부(吩咐)하니 불과수언(不過數言) 그뿐이라

이윽고 천지(天地)가 진동(震動)하며 풍우대작(風雨大作) 일어나서

강산(江山)을 뛰노면서 우뢰소리 귀가먹고

정신수습(精神收拾) 못할러라 이웬일고 이웬일고

홍몽천지(鴻濛天地) 이아닌가 연속부절(連續不絶) 진동(震動)하며

일천지하(一天之下) 일반(一般)이라 천지개벽(天地開闢) 이아닌가

생활지계(生活之計) 뉘가알랴 억조창생(億兆蒼生) 도탄중(塗炭中)에

이제창생(以濟蒼生) 어찌할꼬 만단수심(萬端愁心) 한참할 때

당상(堂上)에 학발노인(鶴髮老人) 미소탄식(微笑歎息) 하는말씀

미련(未練)한 이것들아 일편물(一片物) 주는것을

자세(仔細)보고 하게되면 만무일생(萬無一生) 그가운데

생활지방(生活之方) 근심하며 홍몽세계(鴻濛世界) 그중(中)에도

이제창생(以濟蒼生) 못할소냐 자세(仔細)보고 시행(施行)하라

그제야 깨닫고서 일편물(一片物) 살펴보니

비금비옥(非金非玉) 그가운데 마음심(心)자 뿐이로다

정신(精神)이 쇄락(灑落)하여 수심정기(守心正氣) 다시하고

일동일정(一動一靜) 시험(試驗)하니 임의용지(任意用之) 하는거동
(擧動)

천지조화(天地造化) 분명(分明)하다 그제야 파혹(破惑)하고

마상객(馬上客) 다시불러 여차여차(如此如此) 지휘(指揮)하고

원처근처(遠處近處) 어진친구(親舊) 구름모듯 하였더라

그중(中)에 현인군자(賢人君子) 의기남자(義氣男子) 몇몇인고

심지상통(心志相通) 그가운데 여차여차(如此如此) 지휘(指揮)하니

무궁조화(無窮造化) 그이치(理致)가 임의용지(任意用之) 분명(分明)

하다

불과수삭(不過數朔) 못하여서 각자위심(各自爲心) 그사람이

동귀일체(同歸一體) 되었으니 차차차차 시험(試驗)하면

일천지하(一天之下) 그가운데 만화귀일(萬化歸一) 아닐런가

좋을시고 좋을시고 태평시절(泰平時節) 좋을시고

마상객(馬上客) 그손님은 한번 지휘(指揮) 들어다가

신지일자(信之一字) 아니 잃고 성경신법(誠敬信法) 분명(分明)하다

장(壯)하도다 장(壯)하도다 위의복록(威儀福祿) 장(壯)하도다

일지매(一枝梅) 한가지가 편답강산(遍踏江山) 아니하고

일천지하(一天之下) 넓은천지(天地) 화개소식(花開消息) 전(傳)했

으니

오만년지(五萬年之) 무궁(無窮)이라 용담검악(龍潭劍岳) 돌아드니

제제창창(濟濟蹌蹌) 모든사람 현인군자(賢人君子) 분명(分明)하다

정상(庭上)을 살펴보니 대서특필(大書特筆) 붙인선판(宣板)

오만년지(五萬年之) 무궁(無窮)이라 선판(宣板)에 새긴 글은

정각(亭閣)이 높고높아 기록(記錄)하기 어렵도다

현숙(賢淑)한 제군(諸君)들은 이말저말 하지 말고

수심정기(守心正氣) 살펴내어 성지우성(誠之又誠) 잃지마오

가도화순(家道和順) 하는법(法)은 부화부순(夫和婦順) 으뜸이라

부화부순(夫和婦順) 하게되면 천지합덕(天地合德) 아닐런가

군자(君子)의 이른말씀 천생만민(天生萬民) 하였으니

각수직분(各受職分) 아닐런가 직업(職業)을 잃잖으니

불실천심(不失天心) 아닐런가 직업(職業)을 힘써 하면

유의유식(裕衣裕食) 아닐런가 유의유식(裕衣裕食) 되게 되면

물욕교폐(物慾交蔽) 있을소냐 물욕교폐(物慾交蔽) 없게 되면

수심정기(守心正氣) 못할소냐 성지우성(誠之又誠) 공경(恭敬)하니

인의예지(仁義禮智) 없을소냐 수신제가(修身齊家) 분명(分明)하니

도덕군자(道德君子) 아닐런가

30. 강서(降書)

30-1

龍潭聖運 與天無窮 長生不死

용담 성운은 한울과 같이 무궁하여 길이 살아 죽지 않는지라,

傳授海月 乘日蹈天 杳向仙臺

해월신사께 전하여 주시고 해를 타고 한울에 이르러 아득하게 선대
로 향하였으나,

無事不涉 無事不命 恒恃吾心

일에 간섭치 아니함이 없고 일에 명령하지 아니함이 없이 길이 내

마음에 모시었도다.

劍岳聖世 傳之無窮 不死不滅

검악성세에 전하는 것이 무궁하여 죽지도 아니하고 멸하지도 아니하여,

傳鉢道主 無時不命 無時不敎 長全心肝

바릿대를 전한 도주는 때로 명하지 아니함이 없고, 때로 가르치지 아니함이 없어,

길이 온전하여 마음에 새기었도다.

如是沒覺 不敢將擧大道

이렇듯이 깨달음이 없는 것이 대도를 거느려 일으키지 못하다가,

擇日說法 惶然降敎

날을 가리어 설법하니 황연히 가르침이 내리어,

明立紀綱 廣濟蒼生之大願

기강을 밝게 세우고 광제창생을 크게 원하노라.

30-2

荷蒙薰陶 日月之光明　훈도하심을 입은 것은 일월의 광명이요,

傳鉢師恩 道統之相授　전발하신 스승님의 은혜는 도통의 서로 주심이라.

先天用道 浩蕩之廣政　선천 용도는 호탕한 넓은 정사요,

今日說法 立綱之節義　금일 설법은 기강을 세우는 절의로다.

守眞志滿 勿捨淸德　참을 지키고 뜻을 원만히 하여 맑은 덕을 버리지 말라.

日去月來 陰陽合德	날이 가고 달이 옴에 음양이 덕을 합하고,
春生秋實 造化成功	봄에 나고 가을에 결실하니 조화의 성공이라.
無去無來 吾心永守	가는 것도 없고 오는 것도 없는 내 마음을 길이 지키어
不遷不易 大道刱明	옮기지도 아니하고 바뀌지도 아니하는 큰 도를 창명하라.
何何知知 無窮而無窮	무엇을 알랴, 무궁하고 무궁한 것을.
天必感應 誠心而一片	한울님은 반드시 정성 마음 한 조각에 감응하느니라.
一以貫之 夫子之聖德	일이관지는 공부자의 성덕이요,
空界送心 釋氏之道通	공계송심은 석씨의 도통이요,
無形有跡 吾道之造化	무형유적은 우리 도의 조화니라.
侍天奉天 永世守志	한울님을 모시고 한울님을 받들고 평생동안 참뜻을 지키라.

31. 시문(詩文)

(1) 강시(降詩)

31-1-1

天地日月入胸中 天地非大我心大

천지일월이 가슴 속에 드니, 천지가 큰 것이 아니요, 내 마음이 큰
것이라.

君子言行動天地 天地造化吾任意
군자의 말과 행동은 천지를 움직이나니, 천지조화는 내 마음대로
할 것이니라.

觀貫天地一幅粧 每聽上帝言
보는 것이 천지 한 폭의 장식한 것을 꿰뚫으면 언제나 상제의 말씀
을 들으며,

恒時飽腹政 腹中有馳馬戰爭之聲
항상 배가 부른 정사면 배 속에 말달리며 전쟁하는 소리가 있더라.

31-1-2

一碗之食 百夫所成	한 그릇 밥도 백 사람의 노력으로 된 것이니,
苟非其力 愧不敢食	정말 힘쓰지 않고는 부끄러워 감히 먹지 못하리라.
天地圖來一掌中	한울 땅은 한 손바닥 가운데 그림이요,
大道行盡二字分	큰 도는 두 글자를 분석하는데 다했어라.
人不侍天天率人	사람이 한울을 모신 것 아니라 한울이 사람을 거느렸고,
口不教言言教口	입이 말을 하는 것 아니라 말이 입을 가르치고,
耳不聽聲聲屬耳	귀가 소리를 듣는 것 아니라 소리가 귀에

부딪히고,

舌不知味味敎舌　혀가 맛을 아는 것 아니라 맛이 혀를 가르치더라.

31-1-3

坐看江山圖 茂然胞腹中　앉아서 강산의 그림을 보니 흐뭇하게 배가 부르도다.

若吐宇宙間 天下共飽腹　만약 우주 사이에 뱉으면 천하가 함께 배부르리라.

天人授受地 水德最佳明　한울과 사람의 주고받는 곳에 물의 덕이 가장 아름답고,

性靈顯世 蒼蒼復續　성령이 세상에 나타남에 창창하게 다시 이으리라.

曰吾上帝 感化無窮　말하기를 우리 상제님 감화가 무궁하여,

命我于世 活我蒼生　나를 세간에 내시어 내가 창생을 살리게 하시더라.

呼我者誰 讀我者誰　나를 부르는 자 누구이며, 나를 외우는 자 누구이냐.

呼呼讀聲 庶幾三春　부르고 외우는 소리 거의 삼년이 되었더라.

合二成一 非古非今　둘을 합하여 하나를 이루니 예도 아니요 지금도 아니라.

琴調失今 古家閒翁　거문고 가락이 지금을 잃었으니 옛집에

한가한 늙은이가 된지라.

哀哉人生猿頭虎尾　슬프도다 인생들아, 잔나비머리에 호랑이 꼬리라.

千塵萬劫已屬先天　천만겁이 선천에 속하고,

落日鳥聲錦繡江山　해 떨어질 때 새는 금수강산을 노래하더라.

妖猿哀啼賢客散　요망한 잔나비 슬프게 울어 어진손님이 흩어지고,

人鷄始鳴函谷關　사람 닭이 처음으로 울어 함곡관이 열린다.

走狗逢箭勢可憐　달리는 개가 화살을 만나니 형세가 가련하고,

隱猪得放氣揚揚　숨은 돼지 놓임을 얻으니 기운이 양양하도다.

鼠入積中非獸徒　쥐가 노적 가운데 들었으니 짐승의 무리가 아니요,

牛放陣頭非田單　소를 진두에 놓았어도 전단이 아니더라.

猛虎出林時九秋　날랜 범이 숲에서 나오니 때는 구월이요,

玉兎含情月三更　옥토끼가 정을 머금으니 달은 삼경이라.

龍得水氣最佳味　용이 물기운을 얻으니 가장 재미가 좋고,

鳥啼靑林始驚人　새가 푸른 숲에서 노래하니 처음으로 사람이 놀래더라.

昔時此地見 今日又看看	옛적에 이곳을 보았더니 오늘 또 보고 보는구나.
何來一物本吾性	어디서 온 한 물건이 본래 내 천성인데
何無來無吾亦無	어디도 없고 온 데도 없고 내 또한 없는 것이라.
我性本是來何處	성품은 본래 어느 곳에서 왔는가.
性無來無我亦無	성품도 없고 온 곳도 없고 내 또한 없는 것이더라.
寶鏡虛虛含照懸	보배로운 거울이 비고 비어 비추는 것을 머금고 매달렸으니,
能呑天地能吐世	능히 천지를 삼키고 능히 세상을 뱉는도다.
五尺未滿血一塊	다섯 자 못 차는 피 한덩어리에
共載宇宙步步輕	한가지로 우주를 실어도 걸음걸음 가볍더라.
靈源不泉不渴	영의 근원은 샘솟지도 아니하고 마르지도 아니하며,
聖道不窮不乏	성인의 도는 다하지도 아니하고 모자라지도 아니 하나라.
勇於知 行而明之	아는 데 날래고 행하는 것은 밝게,
勇於仁 包而豊之	어진 데 날래고 포용하는 것은 풍족하게,

勇於勇 合於大德　　날랜 데 날래고 큰 덕에 합하면,

還是五萬年生也　　도리어 이것이 오만 년 사는 것이니라.

我生誰爲生 我生爲蒼生　　내가 사는 것은 누구를 위하여 사는 것인가.

　　내가 사는 것은 창생을 위하여 사는 것이라.

世有無道者 不忍天帝告　　세상에 무도한 자가 있는데

　　한울님께 고하는 것을 참지 못하니라.

日月天中到 一世共樂觀　　해와 달이 중천에 솟으니 온 세상이 한가지로 즐겁게 보더라.

仙隣漸近咫尺間　　신선 이웃이 점점 지척 간에 가까워지는데

欲滌塵埃誰爲緣　　티끌을 씻고자 하나 누가 인연이 되겠는가.

(2) 우음(偶吟)

心爲古今囊 天地囊中輕　　마음은 예와 지금의 주머니가 되고,

　　천지는 주머니 속의 가벼운 것이라.

囊中一片物 囊外遍法界　　주머니 속에 한 조각 물건이 주머니 밖의 법계를 둘리었더라.

天地爲一囊 世事輕一塵　　천지는 한 주머니가 되고 세상일은 가벼

운 한 티끌이라.

天地暗暗月自東	천지가 아득한데 달이 동쪽에 솟으니
億千萬家明如同	억천만 집이 밝은 것이 같고,
春雨洗塵花心新	봄비가 티끌을 씻으니 꽃 마음이 새롭고,
雄度海量蕭秋風	영웅의 도량이 바다같으니 쓸쓸한 가을 바람이라.
大天自自下娑婆	큰 한울로부터 스스로 세상에 내려오니
落處點點寶鏡成	떨어지는 곳마다 보배로운 거울을 만들었네.
皓月登空上下空	흰 달이 허공에 솟으니 위아래가 비고,
心鏡含照片片月	마음거울이 비친 것을 머금으니 조각조각이 달이로다

法步登眞空難容	법의 걸음으로 참에 오르니 빈 것을 형용하기 어렵고,
只是鼓五萬年鍾	다만 오만 년 종을 울린다.
神靈如如心一叢	신령은 같고 같아 마음 한 떨기요,
聖道眞眞山千峯	성도는 참되고 참되어 산에 천봉이라.
心如泰山氣如江	마음은 태산같고 기운은 강같아
徘徊夜半月明窓	머뭇거리는 밤중에 달이 창을 밝히니,
淸宵步步思不二	맑은 밤에 거닐고 거닐어도 생각은 둘이 아니요,

白日當當法無雙	백일이 당당하니 법은 쌍가닥이 없더라.
空谷種春今幾年	빈 골짜기에 봄을 심은 지 지금 몇 해인가,
花開先天未生枝	꽃은 선천의 미생지에 피었어라.
容如依空個個天	모양은 빈 데 의지한 것 같으나 낱낱이 한울님이요,
香非隨風處處仙	향기는 바람을 좇지 않아도 곳곳이 신선이라.
甘雨和風二月時	단비 내리고 화한 바람 부는 이월에
咏春歌曲弄花枝	봄을 읊는 노래가락이 꽃가지를 희롱하고,
道心似玉精無瑕	도심은 구슬같이 맑아 티가 없는데
智量如海深不知	지혜의 도량은 바다같아서 깊이를 알 수 없도다.
大道本源出自微	대도의 본원은 적은데로부터 나왔으나
能載天地也休非	능히 천지를 싣고도 쉬지 않더라.
世人莫謂物少焉	세상 사람아, 물건이 적다고 이르지 말라.
萬年不已咸此歸	만년이 다하지 못하여 다 이리 돌아온다.
水流聲聲掛滌溪	물 흐르는 소리 소리는 맑은 시내에 걸렸고,
花鳥谷谷弄春啼	꽃과 새는 골짝마다 봄을 희롱하며 울더라.
弘海如天無用地	큰 바닷가 한울같아도 쓸 땅이 없고,

世事繞心胸海底	세상 일이 마음에 둘렸으나 가슴바다 밑이라.
圓覺性中一樹佳	둥글게 깨달은 성품속에 한 나무가 아름답고,
萬枝花葉春色加	일만 가지 꽃과 잎에 봄빛을 더했어라.
建心百年事無二	마음을 세운 백년에 일은 두 가지가 없고,
用道億世德不偕	도를 쓰는 억대에 덕이 함께하지 않더라.
風無去去天空餘	바람은 가고 감이 없으나 한울은 비어 남고,
詩不詠詠意多書	시는 읊고 읊지 아니하나 뜻이 많은 글이라.
燈下黙念進退地	등불 아래서 잠잠하게 생각하여 나아가고 물러가는 곳에,
宇宙如如心無跡	우주는 같고 같아 마음에 자취가 없어라.
五萬年運此地回	오만 년 운이 이 땅에 돌아오니
吾心開處世亦開	내 마음 열리는 곳에 세상도 또한 열리고,
天地黙黙我獨惺	천지는 잠잠한데 나 혼자 깨니
帝心不在玉京垳	상제의 마음은 옥경대에 있지 않더라.
天塵世塵吾亦塵	한울도 티끌 세상도 티끌 내 또한 티끌이니,
能吞能吐我自新	능히 삼키고 능히 뱉으며 내 스스로 새로우리.

背負胸抱慈悲事　　　등에 지고 가슴에 안은 자비로운 일,

法步能濟億億人　　　법의 걸음이 능히 많은 사람을 건지리.

空界如如寂寂夜　　　공의 세계는 여여적적한 밤인데,

初月湧出白如晝　　　초승달이 솟아나니 밝기가 낮 같구려.

步步登空無量看　　　걸음 걸음 빈 데 올라 헤아릴 수 없는 것
　　　　　　　　　　을 보니,

天地與我一色空　　　한울 땅도 나와 더불어 일색공이더라.

虛虛大宇然然裡　　　비고 빈 큰 우주는 그렇고 그러한 속에

一切萬像自遊足　　　일체 만상이 스스로 놀기 족하더라.

心在一朶思二分　　　마음은 한 떨기인데 생각은 둘로 나뉘어

半開來處半開塵　　　반이나 열린 곳에 반은 티끌이고,

天地雖分理不分　　　한울 땅이 아무리 나뉘었어도 이치는 나
　　　　　　　　　　뉘지 아니하여

自心照見自心開　　　내 마음 비치어 보는데 내 마음 열리네.

法界眞眞精似玉　　　법의 경지 참되고 참되어 정미로운 옥
　　　　　　　　　　같고,

世事紛紛意如雲　　　세상일 어지럽고 어지러워 뜻이 구름같
　　　　　　　　　　아라.

個中料得用神權　　　개중에는 귀신을 부리는 권세를 얻어

能以起風能超雲　　　능히 바람을 일으키고 능히 구름을 뛰어
　　　　　　　　　　넘느니라.

夜來天地日半分	밤이 천지에 오니 해가 절반이요,
義擧鬼神意共聞	의를 드니 귀신이 뜻을 같이 듣더라.
猛風亂塵仙一夢	사나운 바람 어지러운 티끌은 신선의 한 꿈이니,
事畢男兒歸耕雲	일을 다한 사나이는 구름가로 되돌아가 리라.
返照先天未生顔	돌이켜 선천을 비치니 낯을 내지 못하고,
無聲無答無現歡	소리도 없고 대답도 없고 나타난 즐거움 도 없고,
百年舞坮風塵息	백년 춤추던 터에 바람과 티끌이 쉬고,
一片精神水月還	한 조각 정신이 물과 달에 돌아오더라.
多風手空頓覺昏	많은 바람이 손에 비니 문득 어두운 것을 깨닫고,
慈悲眼活天一村	자비로운 눈이 살았으니 한울이 한 마을 이라.
月入碧海渾無跡	달이 벽해에 잠기니 도무지 자취가 없고,
雲散蒼天內有痕	구름이 창공에 흩어지니 안으로 흔적이 있더라.
神風掃盡白日寒	귀신 바람이 흰 날의 추의를 쓸어 버리니
吾心虛虛宇宙欄	내 마음은 비고 비어 우주가 한 난간이라.
共和漸進六州界	공화는 점점 육대주로 나아가고

天是團也人一團	한울이 바로 둥그니 사람도 한 둥근 것이라.
兩君今至我自先	두 그대가 지금에 이르니 내가 스스로 먼저요,
共自仙緣一般天	함께 스스로 신선연분이니 한가지 한울이라.
法步充然思無疑	법의 걸음이 찼으니 생각에 의심없고,
大行男兒斷指年	크게 행할 사나이는 손가락을 끊고 맹서할 해로다.

萬法在我勿求遙	만법이 내게 있으니 멀리 구하지 말라.
一片心頭古今招	한 조각 마음머리에 예와 지금을 부르고,
號令江山正日月	강산을 호령하니 일월이 바르고,
義氣天地靈仙橋	의기 천지는 영선의 다리로다.
覺心通空無頭尾	깨달은 마음 빈 데를 통하니 머리도 꼬리도(차례가) 없고,
敍則無邊收不藏	펴는 법이 가가없어 거두어도 감추지 않나니,
誰使是兒聞又知	누가 이 사나이로 하여금 듣고 또 알게 하나,
萬智萬能我自由	만지만능은 내 자유로다.

月照蒼江裏 倒天無嫌隙	달이 푸른 강 속을 비치니 거꾸러진 한울

에 작은 틈도 없고

魚呑皎月色 腹中天地明　　고기가 흰 달빛을 삼키니 배 속에 한울
　　　　　　　　　　　　땅이 밝더라.

方入於中伴鬼神　　방금 중에 들어 귀신과 짝하니

運動之跡能如天　　운동하는 자취가 능히 한울같고,

放牛天地無間天　　소를 천지에 놓으니 한울과 간격이 없고,

敎牛聲中自成天　　소를 가르치는 소리 가운데 스스로 한울
　　　　　　　　　을 이루어라.

萬物盡是別無理　　만물은 별다른 이치가 없고

一成造化處處天　　한 조화로 이루어진 곳곳의 한울이라.

我無身無心亦無　　나도 없고 몸도 없고 마음도 또한 없는
　　　　　　　　　것이니,

一水始分陰陽天　　한 물이 처음으로 음과 양의 한울을 나누
　　　　　　　　　었어라.

大觀天地一氣天　　크게 한울 땅을 보니 한 기운의 한울이요,

形形色色造化天　　형형 색색 조화의 한울이요,

屈伸動靜任意天　　굴신동정 마음대로의 한울이요,

萬事治政一般天　　만사를 다스리는 한가지 한울이라.

能知萬事自爲天　　능히 만사를 알 수 있는 자연히 되는 한
　　　　　　　　　울이요,

一發開口如意天　　한 번 입을 열면 뜻과 같이 되는 한울

이요,

與物合德無間天　　　　물건과 같이 덕에 합하여 사이가 없는 한
　　　　　　　　　　　　울이요,

建道天地無疑天　　　　　도를 천지에 세워도 의심없는 한울이라.

天生萬物心受天　　　　　한울이 만물이 낳았으니 마음은 한울에
　　　　　　　　　　　　서 받으며,

道生萬事食補天　　　　　도는 만사를 낳았으니 밥먹는 것은 한울
　　　　　　　　　　　　을 돕는것이라.

今朝唱韻奉命天　　　　　오늘 아침에 운을 부르니 명을 받는 것은
　　　　　　　　　　　　한울이요,

明朝刱運許諾天　　　　　내일 아침에 창명한 운이니 허락한 한울
　　　　　　　　　　　　이라.

於千萬物始一氣　　　　　천만물이 한 기운에서 시작되어

各有成形各有性　　　　　각각 이룬 형상이 있으며 각각 성품이
　　　　　　　　　　　　있고,

天道只在體物間　　　　　천도는 다만 몸과 물건 사이에 있고,

人事自行敎化中　　　　　인사는 자연히 교화하는 가운데서 행하
　　　　　　　　　　　　여지더라.

夢中和語明如此　　　　　꿈속에 주고 받는 말이 밝기 이와 같으나,

醒則迻思難爲形　　　　　깨면 보내는 생각이 형용하기 어려워라.

夢中世界若如此	꿈 속의 세계가 만약 이같으면,
豈不爲形豈有異	어찌 형용하지 못하며 어찌 다른 것이 있으리.
氣滿天地無滯邊	기운은 천지가 막힘없는 가에 차고,
變化能作正心處	변화는 능히 바른 마음 가지는 곳에 되어지더라.
龍沈畵海鱗無濕	용이 그림바다에 잠겼으나 비늘은 젖지 아니하고,
影在示鏡語不和	그림자는 보이는 거울에 있으나 말은 화답치 못하고,
雲影落地踏無盡	구름 그림자가 땅에 떨어지니 밟아도 다함이 없고,
月色滿地禁無窮	달빛이 땅에 가득하니 금하여 다함이 없느니라.

急水聲高半天外	급한 물소리는 한울밖에 드높고,
緩步意出一世上	느리게 거니는 뜻은 온 세상에 드러나고,
雨聲風聲胸海起	비소리 바람소리는 가슴바다에서 일어나건만,
意自往來衣無濕	뜻은 스스로 가고 오나 옷은 젖지 아니하더라.
觀海惟是蒼蒼涯	바다를 보는 것은 오직 이것이 창창한 물가요,

讀書只在勞苦中 　글을 읽는 것은 다만 힘쓰고 괴로운 속에 있고,

思不去天天來思 　생각하는 것이 한울에 가는 것이 아니라 한울이 생각하는데 오고,

人不通道道通人 　사람이 도를 통하는 것이 아니라 도가 사람을 통하느니라.

體物一世天地影 　체와 물은 한 세상 천지의 그림자요,

心氣萬年鬼神跡 　마음과 기운은 만년 귀신의 자취니라.

靈莫靈於天地 　신령한 것은 한울과 땅보다 더 신령한 것이 없으나

非人生而不靈 　사람이 아니면 신령하지 못하고,

明莫明於日月 　밝은 것은 해와 달보다 더 밝은 것이 없으나

非耳目而不明 　귀와 눈이 아니면 밝지 못하느니라.

明兮明兮神亦明 　밝고 밝음이여, 신도 또한 밝고

知兮知兮人亦知 　알고 앎이여, 사람도 또한 알더라.

山來思仁人與孰 　산은 어진 것을 생각하는데 사람은 누구와 같이 할까.

意足茅屋堯日輝 　뜻은 초가집이라도 족하니, 요 임금의 날이 비친 것이라.

天地始創二字明 　한울 땅이 처음으로 생기어 두 글자가 밝아지고,

聖道誠盡三端止	성인의 도에 정성을 다하니 세 가지에 그치니라.
地載萬物一毫輕	땅은 만물을 실었으나 한 털끝같이 가볍고,
德被四海片心薄	덕은 사해에 덮였으나 조각 마음 같이 엷더라.
海帶月色水性潔	바다가 달빛을 두르니 수성이 깨끗하고,
人守聖道天心燭	사람이 성인의 도를 지키니 천심이 밝아지느니라.
無經無緯我獨生	날도 없고 씨도 없이 나 홀로 태어나니
幾多經緯使我苦	얼마나 많은 날과 씨가 나를 괴롭히고,
一超天堂破帝闕	한번 천당에 뛰어올라 상제의 대궐을 쳐부수면
孰能使我言經緯	누가 능히 나로 하여금 경위를 말하라고 하리.
月出夜無東 日落夕不西	달이 동쪽에 솟으나 밤은 동쪽이 없고, 해가 서쪽에 떨어지나 저녁은 서쪽이 아니라.
大地圓無境 人眼不離堤	큰 땅은 둥글어 경계가 없건마는 사람의 눈은 둑을 떠나지 못하느니라.
禍亂必責不正之道	재화와 난리는 반드시 바르지 못한 도를 꾸짖고,
飢寒自顧懶惰之心	주리고 추운 것은 스스로 느리고 게으른

마음을 돌아보라.

豁豁蕩蕩無碍地　넓고 넓고 크고 큰 거리낌없는 곳에서

上帝命教令我曉　상제의 명령하고 가르치는 것이 나로 하
여금 깨닫게 하고,

孰能無蕩蕩之心　누구인들 능히 넓고 큰 마음이 없으랴
마는,

但使利慾遮遮路　다만 사리사욕이 길을 막고 막느니라.

有鬼神則 堯舜治　귀신이 있으면 요순의 다스림이요,

無鬼神則 桀紂亂　귀신이 없으면 걸주의 난이니라.

鳳凰臺役鳳凰遊　봉황대를 지어야 봉황이 놀고,

天心守處天心開　천심을 지키는 곳에 천심이 열리더라.

臥龍水性合 風浪自然靜　누운 용이 물 성품에 합하니,
바람과 물결이 자연히 고요하니라.

鏡裡不生塵 萬塵起着鏡　거울속에서 티끌이 생기는 것이 아니라
많은 티끌이 일어나 거울에 붙나니,

若使本無鏡 萬塵何處着　만약 본래 거울을 없이 하면 많은 티끌이
어느 곳에 붙으랴.

一片月上東 幾家人登樓　한 조각 달이 동쪽에 솟으니 여러 집 사
람이 다락에 오르고,

野花千萬枝 遊客忘歸家　들꽃 천만 가지에 놀던 손님이 집에 돌아

가기를 잊었더라.

一天之下無二東	한 한울 아래 두 동녘이 없고
皓月登空四海同	흰 달이 공중에 솟으니 사해가 한가지요,
蕭蕭葉落九秋夜	우수수 잎지는 가을밤에
志士男兒手生風	뜻있는 사나이 손에 바람이 나느니라.
勇拔天賜劍 一斬萬魔頭	날래게 한울이 준 칼을 빼어서 단번에 만마의 머리를 베니,
魔頭如秋葉 枝上月精神	마귀머리 가을잎 같고 가지 위에 달빛과 같은 정신이로다.
心如天地氣如山	마음은 천지같고 기운은 산같은데,
雲裡龍亭自不閒	구름속 용정이 스스로 분주하고,
使此男兒難又生	이 사나이로 하여금 또 나게 하기 어려우니,
不惜精神扶人間	정신을 아끼지 말고 인간을 도우리라.
心投塵世上 去來都無跡	마음을 티끌 세상에 던지니 가고 오는 것이 도무지 자취가 없고,
無然疑訝中 忽覺我爲我	언뜻 의심나는 중에 홀연히 내가 나된 것을 깨닫느니라.

| 雖云天地闊 | 비록 천지가 넓다고 말하나 |
| 恒是心上明 | 언제나 이 마음 위에서 밝아라. |

| 靜中能盡無形外 | 고요한 속에서 능히 형상없는 밖을 다할 |

수 있고,

動處自知鬼神跡　　움직이는 곳에서 스스로 귀신의 자취를
　　　　　　　　　알 수 있더라.

道覺事事業 聾破聲聲天　도를 깨달으면 일마다 사업이요,
　　　　　　　　　귀먹은 것을 깨치면 소리마다 한울소리요,

滌塵有本天 遠害無惡人　티끌을 씻으면 본래 한울이 있고,
　　　　　　　　　해로운 것을 멀리하면 악한 사람이 없느
　　　　　　　　　니라.

君子無知不知無　　군자는 앎이 없으나 알지 못하는 것이
　　　　　　　　　없고,

小人有知不知有　　소인은 앎이 있으나 알지 못한 것이 있느
　　　　　　　　　니라.

日月光明亦爲塵　　해와 달이 밝고 빛나도 또한 티끌이요,

夜靜風寒鶴夢眞　　밤은 고요하고 바람은 차도 학의 꿈은 참
　　　　　　　　　되어라.

人事無道王城悲　　인사가 무도하니 왕성이 슬프고,

世聲不到仙樓新　　세상소리 이르지 아니하니 신선다락이
　　　　　　　　　새로워라.

32. 기타시문(其他詩文)

(1) 초정약수 음(椒井藥水 吟)

雖云芒木發花佳	비록 가시나무라 이를지라도 핀 꽃은 아름답고,
蕩池蓮花尤香好	더러운 못에 연꽃이라도 향기는 더욱 좋더라.
古今班常何有別	예와 지금 양반과 상놈이 무엇이 다름이 있으랴.
椒井洗心平等人	초정에 마음을 씻으니 사람은 평등이더라.

(2) 용문사 음(龍門寺 吟)

雲歸龍門寺 水流洛東江	구름은 용문사로 돌아가고 물은 낙동강으로 흐르고,
疎雨青山答 凉風碧空信	성근 비는 청산이 대답하고 서늘한 바람은 벽공의 편지로다.
遊魚碧海心 啼鳥青山意	노는 고기는 푸른 바다의 마음이요, 우는 새는 푸른산의 뜻이라.
白石萬年骨 紅花十日痕	흰 돌은 만년 뼈요, 붉은 꽃은 열흘 흔적이로다.

花鳥啼春色 驚人夢法界　　꽃과 새는 봄빛을 노래하고, 놀래 사람이 법계를 꿈 꾸도다.

轉到寺門聽佛語　　이럭저럭 절문에 이르러 부처의 말을 듣고,

忘却世界夢三生　　세계를 잊어버리고 삼생을 꿈꾸고,

弗人何可以有佛　　사람이 아니면 어찌 가히 부처가 있으며,

非無豈敢乎有有　　없는 것이 아니면 어찌 감히 있음을 있다 하리.

殿閣三佛進供養　　전각 세 부처께 공양을 드리니,

臭散歸虛味食天　　냄새가 흩어져 빈 데 돌아가 맛은 한울을 먹이고,

知是靈佛僧汝心　　이 영한 부처를 아는 것은 중 네 마음이니,

每食供養必成道　　매양 먹을 때에 공양하면 반드시 도를 이루리라.

(3) 금강산 음(金剛山 吟)

億萬山中金剛秀　　억만 산중에 금강이 빼어나고,

十兆人間天士高　　십조인간에 한울선비가 제일 높고,

世人莫言鴻濛天　　세상사람아, 홍몽천을 말하지 말라.

山在人在水亦在　　산도 있고 사람도 있고 물도 또한 있거니.

花發一樹萬世春　　　꽃이 한 나무에 피니 온 세상이 봄이요,

名高三人百代榮　　　이름이 세 사람에 높으니 백대의 영화
　　　　　　　　　　　로다.

武陵何處桃花遲　　　무릉이 어디냐, 복숭아 꽃이 더디구나.

惟恐漁舟藏白雲　　　오직 낚시 배가 무서워서 흰 구름에 숨고.

大海遙望上連天　　　큰 바다를 멀리 바라보니 위로는 한울이
　　　　　　　　　　　잇닿았고,

金剛一幅飛如烟　　　금강 한 폭은 날리는 연기와 같고,

百八九岳皆不俗　　　백팔 구악이 다 속되지 아니하고,

萬二千峯總古然　　　만이천봉이 전부 옛것인 듯하여라.

(4) 봉황각 음(鳳凰閣 吟)

德振四海明 地載三春晴　덕은 사해의 밝은 것을 떨치고,

　　　　　　　　　　　땅은 삼춘의 개인 것을 실었고,

誰能間其間 可得萬物情　누가 능히 그 사이에 끼어,

　　　　　　　　　　　가히 만물의 정을 얻으리.

(5) 몽시(夢詩)

尋者誰也工者何　　　찾는 자 누구이며 공부하는 자 누구인가.

尋者工者都是汝　　　찾는 자 공부하는 자 전부가 너로다.

夢破更醒依高枕　　　꿈을 꾸다 다시 깨어 높은 베개에 의지

하니,

思中惟見眞不見	생각 속에는 보이나 참을 보니 못하고,
思者何人眞者誰	생각하는 자 어떤 사람이며, 참된 자 누구인가.
思者眞者都是心	생각하는자 참된 자 전부가 마음이니라.

(6) 내원암 음(內院庵 吟)

守心以來三十年	마음을 지킨지 삼십년에
長看別天又有空	길이 별다른 한울과 또한 빈 것이 있음을 보았고,
輕風忽起萬塵頭	가벼운 바람이 홀연히 티끌머리에서 일어나니,
無疑左右一觀天	의심없이 좌우가 한가지로 한울을 보았노라.
空空本無空 心爲空寂界	비고 빈 것이 본래 빈 것이 아니라 마음이 비고 고요한 경지가 되니,
若使心不得 一塵不可形	만약 마음으로 하여금 얻지 못하면 한 티끌도 형용할 수 없느니라.
心上無上天 性天亦無痕	마음 위에 윗 한울이 없고 성품 한울도 또한 흔적이 없으니,
若誦天道者 守心性與世	만약 천도를 말하려는 자는

마음과 성품 지키기를 세상과 같이 하라.

虛鏡無天高 萬塵輕一毛　빈 거울은 한울 높음도 없고,
　　　　　　　　　　　　일만 티끌은 가볍기 한 터럭이라.
心白南海里 時紅東園桃　마음은 남쪽 바다 마을에 희고,
　　　　　　　　　　　　때는 동쪽 동산 복숭아에 붉었고,
當事諸君子 進義皆俊豪　일을 당한 여러 군자는 의에 나아가 다
　　　　　　　　　　　　영웅호걸이니
吾家好男兒 百世壯氣桃　우리 집의 호남아여, 백대의 장한 기운을
　　　　　　　　　　　　뽐내세.
然然一物無漏藏　　　　　그렇고 그러한 한 물건이 새는 것도 감춤
　　　　　　　　　　　　도 없으니
森羅萬象總是天　　　　　삼라만상이 모두 이 한울이라.
好好如眞醒醉夢　　　　　좋고 좋아 참인 듯 취한 꿈을 깨워
步步登空我爲我　　　　　걸음걸음 빈 데 오르니 내가 나를 위함
　　　　　　　　　　　　이라.
人生世間天春果　　　　　사람이 세간에 나니 한울은 봄열매요,
道明法界心秋海　　　　　도가 법계에 밝으니 마음은 가을 바다라.
吾厭塵世來處顧　　　　　나는 티끌세상이 싫어 온 곳을 돌아보니,
萬疊疑雲又重重　　　　　만겹 의심스러움이 또 거듭 겹쳤느니라.
左塵右塵無容也　　　　　왼쪽도 티끌 바른쪽도 티끌 형용할 수
　　　　　　　　　　　　없고,
一超無聲還墜聲　　　　　한 번 초월함에 소리없는 것이 도로 소리

에 떨어지고,

有聲無聲非二地 　소리 있고 소리 없음이 두 땅이 아니니,

穩看看熟一機綜 　조용히 보고 익히 보면 한 기틀에 모이느
　　　　　　　　니라.

雙看萬塵不脫離 　두 번만 티끌을 보아도 벗어나지 아니
　　　　　　　　하고,

一觀微塵不染基 　하나로 작은 티끌을 보아도 터전을 물들
　　　　　　　　게 하지 않고,

赤子抱玉無生心 　갓난 어린이 옥을 안아도 욕심이 없고,

聖道塵世不染塵 　성인의 도는 티끌세상에서도 티끌에 물
　　　　　　　　들지 않느니라.

眞是知塵者不脫 　참으로 티끌을 아는 사람은 이탈되지 아
　　　　　　　　니하고,

只是知道者不染 　다만 도를 아는 사람은 물들지 아니하네.

世法百年苦 聖法萬年愁 　세상법은 백년 괴로움이요, 성인의 법은
　　　　　　　　만년 근심이라.

一破二法獨步立 　한 번에 두 법을 깨치고 홀로 서니,

心自樂樂世自樂 　마음이 스스로 즐겁고 즐거움에 세상은
　　　　　　　　스스로 즐거우니라.

(7) 삼성암 음(三聖庵 吟)

億千萬年鏡無間	억천만년에 거울은 사이가 없고,
流照精神遍法界	흘러 비치는 정신은 법계를 밟았어라.

(8) 백오일기도 음(百五日祈禱 吟)

祈禱百五日 白雪大野深	기도 백오일에 흰 눈이 큰 들에 깊고,
寒風無人道 獨樂萬年心	찬 바람 사람없는 길에서 홀로 만년 마음을 즐기느니라.
天有天有天 我有我有天	한울이 있고 한울이 있는 한울이면 내가 있고 내가 있는 한울이요,
天無天無天 我無我無天	한울이 없고 한울이 없는 한울이면 내가 없고 내가 없는 한울이라.

(9) 삼난(三難)

人有上下 上亦難下亦難	사람은 상하가 있으니 위도 어렵고 아래도 어려우니,
居上周調難 在下不過難	위에 있으면 두루 고르게 하기 어렵고 아래 있으면 과하지 않기가 어려우니라.
人有貧富 貧亦難富亦難	사람은 빈부가 있으니 빈자도 어렵고 부

자도 어려우니,

在富止欲難 在貧爲勤難　부자는 욕심을 멈추기 어렵고
　　　　　　　　　　　　빈자는 부지런하기가 어려우니라.

人有死生 死亦難生亦難　사람은 사생이 있으니 죽기도 어렵고 살
　　　　　　　　　　　　기도 어려우니,

居生養志難 臨死持心難　살때는 뜻을 양하기 어렵고,
　　　　　　　　　　　　죽음에 임하여는 마음을 가지기 어려우
　　　　　　　　　　　　니라.

(10) 부여 음(扶餘 吟)

百濟江山虛影飛　　백제 강산에 빈 그림자 날리고,
餘存景色一亭依　　남아 있는 경색은 한 정자에 의지했네.
故國忠魂愁雲含　　고국의 충혼은 수심을 머금었고,
今日義士文明衣　　오늘의 의로운 선비는 문명을 입었더라.

(11) 영춘시부(詠春詩賦)

不勝春情更看天　　춘정을 못이겨 다시 한울을 보니,
萬山皆春杜鵑稀　　만산이 다 봄이언만 두견이 드물구나.
春日到此吾亦春　　봄날씨가 되니 나도 또한 봄이요,
萬區生靈都是花　　만 구역 생령이 전부 꽃이로다.

乾道循環 其氣下降　건도가 순환하니 그 기운이 내리고,

坤道調和 其情上升　곤도가 서로 화합하니 그 정열이 오른다.

春色夭夭化養物之布德　봄빛이 어여쁘고 어여쁘게 화하여 만물을 양하는 덕을 펴고,

百態俱備豁發道之露亨　백 가지 모양을 갖추어 통하니 도를 발하는 형통함을 드러내느니라.

山鳥啼時 枝枝葉葉靑靑　산새가 울 때에는 가지가지 잎새마다 푸르고 푸르고,

杜鵑花笑 方方谷谷紅紅　두견화 필 때에는 이곳저곳 골짝마다 붉고 붉더라.

渡水淵川 千派歸一　물 건너는 못과 내는 천 갈래가 하나로 돌아오고,

玩花東山 萬人同樂　꽃구경하는 동쪽산엔 만 사람이 같이 즐기느니라.

際玆 水光接天 月色滿世　이때를 당하여 물빛은 한울에 닿고, 달빛은 세상에 가득하고

潭魚成龍 林虎從風　못의 고기는 용이 되고, 숲의 범은 바람을 따르느니라.

端坐誦詩　단정히 앉아 시를 외우니

百疊塵埃 低然惟夢外之事　백겹쌓인 티끌이 꿈 밖의 일이요,

黙念經綸　고요히 경륜을 생각하니

萬古盛衰 怳若是鏡裡之貌　만고의 성쇠가 황연히 거울 속의 모습 같

더라.

權度在質 處卞在時　권도는 바탕에 있고, 처변은 시기에 있으나,

才氣過人 勝己者厭　재기가 사람에 지나면 자기보다 나은 사람을 싫어하느니라.

時運回春是芳暢而盡花容　시운에 봄 돌아오니 꽃답고 화창한 것이 다 꽃모습이요,

才德兼備如滄海之一道量　재주와 덕이 겸하여 갖추니 도량이 푸른 바다와 같더라.

盛衰迭代 陰陽之翻覆　성하고 쇠하고 서로 갈아드는 것은 음양의 번복이요,

進退盈縮 君子之時中　나아가고 물러가고 가득히 차고 줄어지는 것은 군자의 때에 맞춤이라.

抱道潛居 布衣寒士　도를 품고 숨어 사니 포의한사요,

得雨能濟 時乎丈夫　비를 얻어 능히 건지니 시호장부로다.

信如磻石 期此日之意成　믿음이 반석 같으니 오늘의 뜻 이룸을 기약함이요,

誠如堅城 當一時之可用　정성이 굳은 성 같으니 마땅히 한때에 쓸만하니라.

義兮義兮 美哉美哉　의로움이여 의로움이여, 아름답도다 아름답도다.

窮理正心 通古今之無窮　이치를 생각하고 마음을 바르게 하니

옛과 지금의 무궁한 것을 통하고,

和平天下 達造化之手段　천하를 화평케 하니 조화의 수단을 득달하였더라.

烏子反哺 誠一心之孝悌　가마귀 새끼가 도로 먹이는 것은 한결같은 마음의 효도와 공경을 정성함이요,

玄鳥知主 信萬事之不變　제비가 주인을 아는 것은 만사의 변치않는 것을 믿는 것이니라.

南辰圓滿 鳳凰來儀　남쪽 별이 둥글게 차니 봉황이 와 거동하고,

北河澄淸 大道脫劫　북쪽 하수가 맑고 맑으니 대도가 겁회를 벗느니라.

豁達貫通 平生之事業　도를 환히 깨달음은 평생의 사업이요,

盡誠盡敬 萬世之成功　정성과 공경을 다함은 만세의 성공이니라.

興兮興兮 樂哉樂哉　좋고 좋을시고, 즐겁고 즐거워라.

侍天奉天 感化神之樂樂　한울을 모시고 한울을 받드니 감화신의 즐거움이요,

讀書詠詩 泰和心之惺惺　글을 읽고 시를 읊으니 태화심의 깨달음이라.

物態風俗 已屬暮於西天　물질의 모양과 풍속은 어느덧 서쪽 한울에 저물고,

丈夫時乎 先刱明於東土　장부의 좋은 때는 먼저 동쪽 나라에서 창명되었느니라.

日去月來新日之春　　　날이 가고 달이 오니 새날의 봄이요,
時乎時乎男兒之秋　　　때가 가고 때가 오니 사나이의 가을이라.

(12) 남산공원 음(南山公園 吟)

南山에 숨은 虎는 威嚴을 감추었고 漢水에 잠긴 龍은 造化를 감췄더라. 日後에 風雲이 일면 天下振動… 歲月이 如流하여 春風和氣 돌아온다. 男兒一生宇宙間하여 快報天地尊師恩을. 어 좋다. 丈夫時乎 이때로다.

남산에 숨은 범은 위엄을 감추었고, 한수에 잠긴 용은 조화를 감췄더라. 일후에 풍운이 일면 천하가 진동…… 세월이 물과 같아 춘풍화기 돌아온다. 남아 일생 우주 사이에서 천지에 흔쾌히 보은하고 스승 은혜를 존숭하니, 어 좋다. 장부시호 이때로다.

(13) 개벽금(開闢琴)

開而闢之 闢而開之　　　개하고 벽하며 벽하고 개하니
開者天地之始也　　　　개란 것은 천지의 시작이요,
闢者 萬物之初卽始而無終　벽이란 것은 만물의 처음이라 시작하여
　　　　　　　　　　　마침이 없고
初而無窮　　　　　　　처음하여 다함이 없으니,
始初也吾生之無窮也　　시작과 처음은 곧 내가 사는 무궁한 것이라.

琴中有和 心中有樂　거문고 속에 화하는 것이 있고 마음속에 즐거운 것이 있으니,

和而樂之 天地位焉 萬物育焉　화하고 즐거워함에 천지가 자리잡고 만물이 길러지느니라.

(14) 결시(訣詩)

卿士貪榮忘後事　벼슬하는 선비는 영화를 탐내어 뒷일을 잊고,

富翁守貨暗來塵　돈 모으는 늙은이는 재물을 지키느라 오는 티끌에 어둡고,

往往風波漢水濱　이따금 바람과 물결이 한수가에서 이니,

天時地利不如人　천시 지리가 인화만 같지 못하고,

非山非水居何處　산도 아니요 물도 아닌 어느 곳에 살까.

只在弓弓待暮春　다만 궁궁에 있으니 저문 봄을 기다리라.

(15) 국화 음(菊花 吟)

笑爾群芳不同歸　웃는 너는 뭇 꽃과 같이 돌아가지 아니하고,

一鬚一向艷陽來　한 수염은 한결같이 고운 볕을 향하여 오더라.

(16) 옥중몽시(獄中夢詩)

春風三月登好館	봄바람 삼월에 좋은 집에 오르니,
日月光明萬姓歡	일월이 빛나고 밝아 만백성이 즐기더라.

(17) 유시(遺詩)

鐵身豈非煖	쇠 몸인들 어찌 덥지아니하리오.
三作分合緣	세 번 나누고 합하는 연분을 지으니
老龍歸沛澤	늙은 용은 패택으로 돌아가고,
候鳥送秋天	철새는 가을 한울로 보내고,
握手未喜樂	손을 잡고 기뻐하고 즐거워하지 못하니
別辭豈鮮明	이별하는 말인들 어찌 선명하리오.
前程益多艱	앞길에 더욱 어려움이 많으리니
後事任諸賢	뒷일을 여러 어진이에게 맡기노라.

1861년 4월 8일	충북 청원군 북이면 금암리에서 의조 손두홍과 경주 최씨 사이에서 태어남. 본관은 밀양이며, 초명은 응구이고 후에 규동으로 바꿈.
1875년 12월 24일	현풍 곽씨와 혼인.
1882년	동학에 입도.
1884년	해월 최시형을 처음 만나, 익산 사자암에서 49일 기도를 함께 봉행함. 이후 3년간 매일 주문 삼만독을 읽음.
1885년	공주 가섭사에서 49일 기도 봉행.
1892년 11월	삼례 교조신원운동에 참여.
1893년 1월	광화문 복합상소에 손천민, 박인호 등과 대표로 참여.
1893년 3월	보은군 장내리에서 개최한 보은취회에 충의대접주로 참여.
1894년 9월	동학군 북접 통령으로 임명돼 제2차 동학혁명에 가담.
1896년 1월 5일	해월 최시형으로부터 의암이라는 도호를 받음.

1897년 12월 24일	해월 최시형으로부터 동학의 3세 교조로 도통 전수.
1899년	「각세진경」, 『수수명실록』 지음.
1900년 4월	「입도문」을 제정하여 반포
7월	이용구의 집에서 종통설법식을 거행.
1901년 3월	세계 대세를 살피기 위해 미국행을 계획했다가 여의치 않아 일본에 체류. 이때 잠시 상해로 가서 쑨원과 교류하기도 하고, 당시 일본의 망명객으로 있던 권동진, 오세창, 박영효 등과 교류함.
10월	잠시 서울로 귀국하여 포교에 힘씀. 이때 황해도와 관서 지역에 동학 교세가 크게 일어남.
1902년 3월	유학생 24명을 데리고 재차 일본에 들어감. 「삼전론」 지음.
1903년	러일전쟁의 발발과 일본의 승리를 예상하고 이에 함께 참여해 조선을 전승국으로 만들 계책을 가지고 일본 참모총장 다무라를 만남. 다무라와 손병흠의 급사로 일이 무산됨.
1904년 3월	의정대신과 법무대신에게 「비정혁신안」을 제출함. 이용구 등 국내의 지도자들에게 민회를 조직해 신생활운동을 전개토록 함(갑진개화혁신운동).
1905년 12월 1일	동학을 천도교로 개편하여 세상에 알림.
1906년 1월 28일	4년간의 일본 외유를 마치고 권동진, 오세창 등과 함께 환국함. 귀국길에 「천도교대헌」, 「권도문」 100만 부와 『천도태원경』을 가지고 들어옴.
2월 16일	천도교대헌 반포, 오관 제정. 중앙총부 및 지방 교구 설치 결정.
3월 16일	지방에 72 대교구를 설치함.

6월 17일	사장 오세창, 편집 및 발행인 신광희, 주필 이인직으로 하는 기관지인 『만세보』 발간.
9월 17일	이용구 등 62인에 대한 출교 처분.
9월 20일	일진회에 가담한 천도교인에 대한 동회 탈퇴 결의.
1907년 4월	성미법 시행에 관해 논의.
8월 26일	김연국에게 대도주직 이양.
1908년 1월 17일	김연국 대도주직 사임하고 시천교에 입교.
1월 19일	박인호를 대도주로 내정.
2월	권동진을 대동하고 관서지방 순회설교에 나섬.
3월 4일	철산에서 무뢰한에게 테러를 당함.
6월 11일	천도교 교리강습소 설치.
1909년 12월 20일	통도사 내원암에서 49일 기도 개최.
1910년 2월	천성산 적멸굴에서 '성령출세'를 깨달음.
2월	『무체법경』 지음.
3월	천도교 사범강습소 설치.
8월 15일	『천도교회월보』 창간호 발간.
9월 3일	천도교회월보사 이교홍이 강점 반대 서한을 각국 영사에 보낸 것으로 경찰에 체포됨.
9월 20일	보성학원의 인수교섭 진행.
12월 31일	보성학원의 부채를 갚기 위해 8,000원 지불.
1911년 4월 1일	경성 제2헌병대에서 문초를 받음.
4월 23일	일제의 강압으로 성미법 폐지 결정.
1912년 12월 26일	우이동 봉황각 대지 매입하여 지방 교역자 49일 수련을 준비함.
1913년 4월	해외포교활동의 일환으로 중국 포교.
1914년 3월	무기명 성미제 실시.

4월 2일	공동전수심법식 거행.
7월	개정 대교구제를 반포(27대교구).
11월	동덕여자의숙 인수.
1916년 3월 31일	본정경찰서 사법계에서 문초를 당함.
1917년 2월	지방 순회 설교.
1918년 12월 2일	파리 강화회의 파견에 3만 원 후원.
12월 24일	인일기념일 거행 위해 수천 명의 교도 상경. 독립 선언을 위한 49일 기도 결정.
1919년 1월	1월 권동진, 오세창 등과 '독립 선언'을 모의하고, 각계와 연대하여 거국적으로 할 것과, 독립운동 원 칙으로 대중화, 일원화, 비폭력 세 가지를 정함. 독 립선언서 및 청원서를 최남선이 작성하도록 결정. 최린은 1월 중순부터 송진우, 현상윤, 최남선 등과 독립운동을 구체화할 방안을 논의.
2월 24일	천도교, 기독교, 불교 측 합류 최종 결정.
2월 25일	천도교 측 대표자 선정.
2월 27일	보성사에서「독립선언서」3만5천 매 인쇄.
2월 28일	민족대표자 23인 가회동 자택에서 최종 회합. 대도 주 박인호에게 유시문 전달.「독립선언서」각지 책 임자에게 송달,『조선독립신문』인쇄.
3월 1일	태화관에 모여 조선독립을 선언, 태화관에서 독립 선언서 낭독후 일본 경찰에 체포.
3월 5일	서대문형무소에 피감.
8월 1일	민족대표들 예심 종결, 내란죄로 고등법원 회부.
12월 20일	고등법원 특별형사부 예심 종결.
1920년 3월 23일	고등법원에서 보안법과 출판법 위법이라 하여 지

방법원에 환송.

8월 9일 지방법원에서 공소불수리 판결.

10월 30일 3.1운동 공소심 판결선고, 형집행정지 결정으로 병
보석 출감. 상춘원에서 치료.

1922년 5월 19일 새벽 3시 환원.

| 참고문헌 |

〈경전 및 사료〉

손병희, 『의암성사법설』, (천도교중앙총부, 『천도교경전』, 천도교중앙총
부출판부, 1993)

손병희, 『무체법경』, (최기영 · 박맹수 편, 『한말 천도교 자료집 1, 2』, 국
학자료원, 1997)

손병희, 『준비시대』, (손윤 옮김, 오늘 Korea, 2015.)

박인호, 『천도교서』, (천도교중앙총부출판부, 1921)

이돈화, 『천도교창건사』, 경인문화사, 1970.

이종일, 『묵암비망록』, 『한국사상』, 15-21집.

조기주 편저, 『천도교종령집』, 천도교중앙총부출판부, 1983.

조기주, 『동학의 원류』, 천도교중앙총부출판부, 1982.

천도교중앙총부, 『천도교경전』,천도교중앙총부출판부, 1993

천도교중앙총부, 『천도교백년약사(上)』, 미래문화사, 1981

최기영 · 박맹수 편, 『한말 천도교 자료집 1, 2』, 국학자료원, 1997,

한국학문헌연구소 편, 『동학사상자료집』 1,2,3권, 아세아문화사, 1979.

〈단행본〉

고건호, 「한말 신종교의 문명론: 동학·천도교를 중심으로」, 서울대학교
    박사학위 논문, 2002.
고려대학교 민족문화연구소, 『고려대학의 사람들 (2) 손병희』, 1986.
김상웅, 『33인의 약속 - 처음 밝히는 33인의 재판기록과 그 후 이야기』,
    산하, 1997.
김상웅, 『의암 손병희 평전』, 채륜, 2017.
김승복, 『천재하방, 한울은 어디에 있는가』, 모시는사람들, 2009.
김정인, 『천도교 근대 민족운동 연구』, 한울, 2009.
류광렬, 『인물한국사 독립운동의 거화 의암』 5, 인물한국사편찬회, 1965.
성주현, 『손병희』, 역사공간, 2012.
손윤, 『긴급명령, 국부 손병희를 살려내라』, 뷰스, 2012.
신일철, 『동학사상의 이해』, 사회비평사, 1995.
오문환 외, 『의암 손병희와 3.1운동 : 통섭의 철학과 운동』, 모시는 사람
    들, 2008.
의암손병희선생기념사업회, 『의암손병희선생전기』, 1967.
이광순, 『의암 손병희』, 태극출판사, 1970.
이돈화, 『신인철학』, 천도교중앙총부출판부, 1968.
이돈화, 『인내천요의』, 『동학사상자료집 2』, 아세아문화사, 1979.
이동초, 『천도교 민족운동의 새로운 이해』, 모시는 사람들, 2010.
이영노, 『의암성사법설해의』, 천법출판사, 2000.
이이화, 『진리는 다르지 않다』, 김영사, 2008.
이현희, 『의암 : 민족 없이는 구도도 없다』, 동아일보사, 1995.
임운길, 『무체법경 연구』, 천도교종학대학원, 연도미상.
정운채, 『무체법경』, 명지사, 1985년.

정혜정, 『동학・천도교의 교육사상과 실천』, 혜안, 2001.

조규태, 『천도교의 민족운동 연구』, 선인, 2006.

최동희, 『한국종교사상사 3』, 연세대학교출판부, 1999.

황선희, 『동학, 천도교 역사의 재조명』, 모시는사람들, 2009.

〈논문〉

김경재, 「종교적 입장에서 본 현도 100년의 천도교」, 『동학학보』, 제10권
　　1호, 2006. 6.

김용해, 「손병희의 '무체법경'과 조지 허버트 미드의 '정신, 자아 그리고 사
　　회'」, 동학학회, 『동학학보』 제10권 1호, 2006. 6.

김용휘, 「의암 손병희의 '무체법경'과 동학・천도교의 수련」, 『동학연구』
　　25, 한국동학학회, 2008.

김정인, 「의암의 문명개화노선과 3.1운동」, 『한국독립운동사연구』 19, 한
　　국독립운동사연구소, 2002.

김창수, 「3.1운동과 옥파 이종일」, 『중앙사론』 21, 한국중앙사학회, 2005.

박성수, 「3.1운동과 의암 손병희」, 『중앙사론』 21, 한국중앙사학회, 2005.

성주현, 「자료해제, 『북접대도주』 의암 손병희의 근대국가정치론」, 『한국
　　독립운동사연구』 38, 한국독립운동사연구소, 2011.

오문환, 「의암 손병희의 '교정쌍전'의 국가건설 사상」, 『정치사상연구』 10-
　　2, 한국정치사상학회, 2004.

오문환, 「의암 손병희의 성심관 : 『무체법경』을 중심으로」, 동학학회, 『동
　　학학보』 제10권 1호, 2006. 6.

이용창, 「동학농민운동 이후 의암의 단일지도체제 확립과정과 동향」, 『한
　　국민족운동사연구』 46, 한국민족운동사학회, 2006.

임태홍,「의암의 신관」,『동학연구』14-15, 한국동학학회, 2003.

장석흥,「권동진의 생애와 민족운동」,『한국학논총』30, 국민대 한국학연구소, 2008.

정광현,「3.1운동관계 피검자에 대한 적용법령」,『3.1운동 50주년기념논문집』, 동아일보사, 1969.

정진오,「의암의 정치사상에 대한 연구」,『논문집』22, 제주대, 1986.

정혜정,「의암 손병희의 성심신 삼단의 심성론과 본래적 자아로서 한울이해」,『종교교육학연구』24, 한국종교교육학회, 2007.

정혜정,「의암 손병희의 인내천 교육사상」,『문명연지』3, 한국문명학회, 2002.

조극훈,「의암 손병희의 '이신환성'에 나타난 철학적 의미」,『동학학보』24, 2012.

최기영,「한말 동학의 천도교로의 개편에 대한 검토」,『한국학보』Vol 20, No 3, 1994.

최민자,「화엄일승법계도와 무체법경에 나타난 통일사상」,『동학학보』26, 2012.

최효식,「의암과 3.1독립운동」,『동학연구』14-15, 한국동학학회, 2003.

허경,「푸코의 계보학으로 본 동학 개념의 근대적 변천 : 의암 손병희」,『동학학보』15, 2008.

황종원,「20세기 초엽 천도교의 인내천 교의 및 심성론에 대한 비판적 연구」,『대동철학』40, 2008.

| 찾아보기 |

손병희의 철학
인내천과 이신환성

펴낸날 1판 1쇄 2019년 3월 1일
지은이 김용휘
펴낸이 김헌민
펴낸곳 이화여자대학교출판문화원
주소 서울특별시 서대문구 이화여대길 52(우03760)
등록 1954년 7월 6일 제9−61호
전화 02) 3277−2965(편집)
       02) 362−6076(마케팅)
팩스 02) 312−4312
전자우편 press@ewha.ac.kr
홈페이지 www.ewhapress.com
책임편집 민지영
찍은곳 (주)현문자현

ⓒ 김용휘, 2019
ISBN 979−11−5890−308−4 94150
ISBN 978−89−7300−928−2(세트)

값 18,000원

이 도서의 국립중앙도서관 출판예정도서목록(CIP)은 서지정보유통지원시스템 홈페이지
(http://seoji.nl.go.kr)와 국가자료공동목록시스템(http://www.nl.go.kr/kolisnet)에서
이용하실 수 있습니다. (CIP제어번호: CIP2019006012)